职业教育机械类专业“互联网+”新形态教材

机械设计基础

第 2 版

主　编　蒋永彪　李　杨
副主编　饶应明　刘　林
参　编　曹贵鉴　雷乾勇　张　派　谢　珊
　　　　王　洁　贺　娟　吴康平　可　帅
　　　　令狐克均
主　审　张克峰　杨德校

机 械 工 业 出 版 社

本书是根据高等职业院校机械设计与制造及相关专业《机械设计基础课程教学基本要求》编写的，是职业教育机械类专业核心课教材。全书分为5部分，共13章，将机械原理和机械设计及部分工程材料等内容有机结合在一起，主要介绍机械设计基础概论、常用黑色金属材料、常用有色金属材料及其合金、非金属材料及复合材料、平面机构的运动简图及自由度计算、平面连杆机构及其设计、凸轮机构及其设计、带传动、链传动、齿轮传动及轮系、连接、轴系零部件、联轴器与离合器等内容。本书从培养学生的基础理论知识和工程实践技能角度出发，在内容的选择方面与时俱进，突出高等职业院校应用型人才培养的特点，尽可能结合工程实际和日常生活中的实例进行分析，在各章中均有重点学习内容指引，配有相应的例题和电子习题。

本书可作为职业院校机电类相关专业教材，也可作为工程技术人员的参考用书。

为便于教学，本书配套有微课视频、电子课件等教学资源，凡选用本书作为授课教材的教师，可登录 www.cmpedu.com 注册后免费下载。

图书在版编目（CIP）数据

机械设计基础/蒋永彪，李杨主编．—2版．—北京：机械工业出版社，2024.2

职业教育机械类专业“互联网+”新形态教材

ISBN 978-7-111-75166-3

Ⅰ.①机… Ⅱ.①蒋… ②李… Ⅲ.①机械设计—高等职业教育—教材 Ⅳ.①TH122

中国国家版本馆CIP数据核字（2024）第039502号

机械工业出版社（北京市百万庄大街22号 邮政编码100037）
策划编辑：黎 艳 责任编辑：黎 艳
责任校对：樊钟英 封面设计：张 静
责任印制：张 博
北京华宇信诺印刷有限公司印刷
2024年4月第2版第1次印刷
184mm×260mm · 13.5印张 · 329千字
标准书号：ISBN 978-7-111-75166-3
定价：49.00元

电话服务	网络服务
客服电话：010-88361066	机 工 官 网：www.cmpbook.com
010-88379833	机 工 官 博：weibo.com/cmp1952
010-68326294	金 书 网：www.golden-book.com
封底无防伪标均为盗版	机工教育服务网：www.cmpedu.com

前　言
PREFACE

本书是按照教育部颁布的《机械设计基础课程教学基本要求》编写的，第 1 版为“十四五”职业教育贵州省规划教材，本次修订深入贯彻党的二十大精神，结合职业教育人才培养特点，弘扬精益求精的工匠精神、创新精神、职业精神和劳模精神，以培养具有高尚道德情操和扎实专业知识的优秀技术技能型人才为目标，将新知识、新技术、新工艺和新材料融入教材内容，结合生产实际进行修订，主要体现了以下特色。

（1）立足高等职业教育培养目标和“机械设计基础”课程教学大纲，突出实践性，注重理论与实际相结合，紧密联系学生的生活与实践经验，并贯彻少而精的原则，力求做到精选内容。

（2）梳理了第二部分“工程材料”的内容，将“橡胶”和“高分子材料”内容重新整合，使该部分内容更加系统，具有条理性，简明实用。

（3）为避免课程知识点重复，重新梳理第四部分“传动机构”内容，删去了“液压与气压传动”部分内容。

（4）运用“互联网+”技术，对重要知识点均配套了微课视频，便于学生快速了解相关知识、典型案例等。

本书由贵州装备制造职业学院组织编写，贵州装备制造职业学院蒋永彪、李杨任主编，饶应明和贵州工业职业技术学院刘林任副主编，贵州航天林泉电机有限公司雷乾勇，贵州电子科技职业技术学院谢珊，贵州装备制造职业学院吴康平、令狐克均、曹贵崟、张派、可帅、贺娟、王洁参与了编写。

在本书的编写过程中，贵州装备制造职业学院副院长张克峰、贵州省工业和信息化发展研究院杨德校院长对本书进行了认真、细致的审阅，并提出了宝贵意见。此外，得到了主编、副主编及主审所在单位的领导和有关同志的大力支持和帮助，在此表示感谢！

由于编者水平有限，书中不足之处在所难免，敬请各位读者批评指正。

编　者

二维码索引

INDEX

目 录

CONTENTS

INDEX PREFACE

前言

二维码索引

PART 1 第一部分

概论

PART 2 第二部分

工程材料

PART 3 第三部分

常用机构

PART 4 第四部分

传动机构

第一部分

PART 1

1

概　　论

第1章 CHAPTER 1 机械设计基础概论

知识目标：

1. 了解机械设计的基本要求、机械零件的失效形式和设计准则。
2. 了解机器、机构等机械相关概念。
3. 了解机械、机器、机构、构件、零件、部件之间的联系与区别。

能力目标：开拓眼界、培养独立思考、自主判断、明辨是非的能力，建立对自己未来的职业规划目标。

融入素养：通过介绍国徽组成元素、古代机械及现代机械，激发学生的文化自信和民族自信，爱党爱国。

1.1 我国机械发展简史

我国的机械工程技术不但历史悠久，而且成就十分辉煌，不仅对我国的物质文化和社会经济的发展起到了重要的促进作用，而且对世界技术文明的进步做出了重大的贡献。

我国机械的发展大致可以分为三个时期，即早期传统机械，中期近代机械和发展至今的现代机械。

一、早期传统机械

传统机械发展时期是我国机械发展的第一个时期，石器的使用标志着这一时期的开始。商周时期青铜器的出现，标志着我国传统机械的发展进入了一个新的阶段。已发现的中国最早的青铜器，如甘肃东乡马家窑出土的铜刀，距今已有约4800年的历史。商晚期至西周早期，是青铜器发展的鼎盛时期，器型浑厚，工艺精巧，具有浓厚的生活气息，图1-1所示为毛公鼎。到春秋战国，铁器开始得到普遍使用，使古代机械在材料方面取得了重大突破。另外，钢铁技术的产生，铸造、锻造和柔化处理等机械热加工技术在这时期都有很大的发展，标志我国传统机械的发展又进入了一个新的阶段。

唐代的耕犁结构有了新的改进，出现了可以转动的犁槃装置。明代出现了活塞风箱，风箱靠活塞推动和空气压力自动启闭活门，成为金属冶铸的有效的鼓风设备；《天工开物》记载了明朝中叶以前我国古代的各项技术，其中包括在机械动力方面的发明，图1-2所示为《天工开物》工场图有关机械。清代乾隆年间，宫廷造办处曾制造大更钟，它依靠悬锤的重力驱动，并增添了精确的报更机构，加工精致，富有中国民族特色。

图 1-1　毛公鼎

图 1-2　《天工开物》工场图

二、中期近代机械

近代机械发展时期开始的主要标志是洋务运动。在洋务运动时期，我国开设了机械制造学校及机械制造工厂。这期间我国的机械工业逐步由手工业作坊式小生产，向使用动力机器的生产方式转变。

鸦片战争后，我国社会由封建统治开始转变为半殖民地半封建统治。这个时期的机械工业具有半殖民地半封建的特点：最早使用动力机器的机械厂是外商办的；最早自行创办的机械厂是清政府经营的军火企业；我国民族资本创办的企业在帝国主义、封建主义和官僚资本主义的压迫之下求生存。

三、现代机械

中华人民共和国成立后，我国的科学技术发展速度很快，机械工业已经发展成为具有一定综合实力的制造业，确立了在国民经济中的支柱地位。机械产品向大型化、精密化、自动化成套技术的趋势发展，在有些方面已经达到或超过了世界先进水平。机械制造企业具备了研制和生产重型、大型机械以及精密产品和成套设备的能力。

1.2　机械的组成

人类为了满足生产和生活的需要，设计和制造了类型繁多、功能各异的机器。机器是执行机械运动的装置，用来转换或传递能量、物料和信息，如内燃机、电动机、洗衣机、机床和各种食品机械等。机械的种类很多，它们的用途、性能、构造和工作原理各不相同，通常一台完整的机器包括以下三个基本部分。

1）动力部分。其功能是将其他形式的能量转换为机械能，如内燃机和电动机分别将热能和电能转换为机械能。动力部分是驱动整部机器以完成预定功能的动力源。

2）工作部分（或执行部分）。其功能是利用机械能去转换或传递能量、物料、信号等，如发电机把机械能转换成为电能，压力机变换物料的形状。

3）传动部分。其功能是把原动机的运动形式、运动和动力参数转变为工作部分所需的运动形式、运动和动力参数。

以上三部分都必须安装在支承部件上。为了使三个基本部分协调工作，并准确、可靠地完成整体功能，必须增加控制部分和辅助部分。

所有的机器都是由许多机械零件组合而成的。机械零件可分为两大类：一类是在各种机器中经常都能用到的零件，称为通用零件，如齿轮、链轮、蜗轮、螺栓、螺母等；另一类是在特定类型的机器中才能用到的零件，称为专用零件，如内燃机的曲轴、汽轮机叶片等。根据机器功能和结构要求，某些零件需固联成没有相对运动的刚性组合，成为机器中独立运动的单元，通常称为构件。构件与零件的区别在于：构件是运动的基本单元，而零件是加工单元。

图 1-3　单缸四冲程内燃机结构示意图

1—活塞　2—连杆　3—曲轴　4—外壳　5、6—齿轮

7—凸轮　8—推杆　9—排气阀　10—进气阀

若从运动的观点来研究机器，则可以说机器由机构组成，机构由若干构件组成，各构件之间具有确定的相对运动。机构通常是指传递运动的机械。一台机器可以包含一个机构（如电动机），也可以包含几个机构，如图 1-3 所示的单缸四冲程内燃机，其结构中包含由齿轮 5、齿轮 6 组成的齿轮机构；由曲轴 3、连杆 2、活塞 1 组成的曲柄滑块机构；由凸轮 7、推杆 8 组成的凸轮机构以及排气阀 9 和进气阀 10 等。

1.3　本课程研究的对象和任务

“机械设计基础”是高等职业院校机械设计与制造及相关专业的一门重要的专业核心课，主要讲解机械产品原理构思；机械产品性能分析；零件刚度、强度等计算工作；使用各类设计手册，完成机械产品设计过程中有效信息的选取工作；按照设计规范，完成技术资料的编写整理工作，并实施机械产品设计流程的管理。

本课程内容的第 2~4 章主要介绍机械设计中常用黑色金属材料、常用有色金属及其合金和非金属材料及复合材料，第 5~7 章主要介绍机械中的常用机构（平面连杆机构、凸轮机构等）的工作原理；第 8~10 章主要介绍常用传动部分（带传动、链传动、齿轮传动及轮系）的设计及选用；第 11~13 章主要介绍连接部分（如螺纹连接、键连接及其他类型连接）和轴系零部件（轴、轴承）、联轴器与离合器的设计及选用。这些常用机构和通用零件的工作原理、设计理论和计算方法，对于专用机械和专用零件的设计也具有一定的指导意义。本课程的内容可为学生学习专业机械设备课程提供必要的理论基础。本课程的主要任务是培养学生具备以下能力。

1）掌握常用机构和通用零件的工作原理和结构特点，使学生具有设计机械传动装置和简单机械的能力。

2）初步具有运用标准手册和图册、查阅相关技术资料设计机械装置的能力。

3）了解典型机械的实验内容，掌握相关实验方法。

1.4　机械零件的失效形式及设计准则

机械零件在预定的时间内和规定的条件下，不能完成正常的功能，称为失效。

机械零件的失效形式主要有整体断裂、过大的残余变形、表面破坏（磨损、腐蚀、接触疲劳和共振）等。

机械零件的失效形式与许多因素有关，具体取决于该零件的工作条件、材料、受载状态及其所产生的应力性质等多种因素。即使是同一种零件，由于材料及工作情况不同，也可能出现各种不同的失效形式。如轴在工作时，由于受载情况不同，可能出现断裂、过大的塑性变形、磨损等失效形式。

为了使零件能在预定时间内和规定工作条件下正常工作，设计机械零件时应满足下面的基本要求。

1. 强度

强度是指零件在载荷作用下抵抗破坏的能力。强度是保证机械零件正常工作的基本要求。为了避免零件在工作中发生断裂，必须使零件工作时满足下面的设计准则：

$$\sigma \leqslant [\sigma]$$

或

$$\tau \leqslant [\tau]$$

式中，σ、τ 分别为零件工作时横截面上的正应力和切应力；$[\sigma]$、$[\tau]$ 分别为零件材料的许用应力和许用切应力。

为了提高机械零件的强度，设计时可采用下列措施。

1）选用强度高的材料。

2）使零件具有足够的横截面尺寸。

3）合理设计机械零件的横截面形状，以增大横截面的惯性矩。

4）采用各种热处理和化学处理方法来提高材料的机械强度特性。

5）合理进行结构设计，以降低作用于零件上的载荷等。

2. 刚度

刚度是指零件在载荷作用下抵抗弹性变形的能力。若零件刚度不够，将产生过大的挠度或转角而影响机器正常工作，如若车床主轴的弹性变形过大，会使车床不能正常工作，产生振动和噪声。为了使零件具有足够的刚度，设计时必须满足下面的设计准则：

$$y \leqslant [y]$$
$$\theta \leqslant [\theta]$$
$$\varphi \leqslant [\varphi]$$

式中，y、θ、φ 分别为零件工作时的挠度、转角和扭转角；$[y]$、$[\theta]$、$[\varphi]$ 分别为零件的许用挠度、许用转角和许用扭转角。

3. 寿命

机械零件应有足够的寿命。影响零件寿命的主要因素有腐蚀、磨损和疲劳。至今还没有提出实用且有效的腐蚀寿命计算方法，磨损的计算也没有简单、可靠的定量计算方法。因此，只能采用条件性的计算。至于疲劳寿命，通常是算出使用寿命时的疲劳极限来作为计算的依据。

4. 可靠性

零件在规定的工作条件下和使用时间内完成规定功能的概率称为该零件的可靠度。可靠度是衡量零件工作可靠性的一个特征量，不同零件的可靠度要求是不同的。设计时应根据具体零件的工作需要选择适当的可靠度。

1.5 机械设计的基本要求及程序

一、机械设计的基本要求

虽然不同的机械其功能和外形不相同，但它们设计的基本要求大体是相同的，机械设计应满足的基本要求可归纳为如下几个方面。

1. 功能要求

满足机器预定的工作要求，如机器工作部分的运动形式、速度、运动精度和平稳性、需要传递的功率，以及使用方面的特殊要求（如耐高温、防潮等）。

2. 安全可靠性要求

1）使机器整个技术系统和零件在规定的外载荷和工作时间内，能正常工作而不发生零件断裂、过度变形、过度磨损及不丧失稳定性。

2）能实现对操作人员的防护，保证人身安全和身体健康。

3）对于机器的周围环境和人不致造成危害和污染，同时要保证机器对环境的适应性。

3. 经济性要求

在整个机械系统设计周期中，必须把设计、销售及制造三方面作为一个系统工程考虑，用价值工程理论指导产品设计，正确使用材料，采用合理的结构尺寸和工艺，以降低产品的成本。设计机械及其零部件时，应尽可能标准化、通用化、系列化，以提高设计质量，降低制造成本。

4. 其他要求

保证机器外形美观，便于操作和维修。此外，还必须考虑有些机械由于工作环境和要求不同，对设计提出某些特殊要求，如食品卫生条件、耐腐蚀和高精度等要求。

二、机械设计的一般程序

机械设计就是建立满足功能要求的技术系统的创造过程。机械设计一般过程如图 1-4 所示。

1. 明确设计任务

产品设计是一项为实现预定目标而进行的有目的的活动。因此，正确地确定设计任务（目标）是保证机械设计成功的基础。明确设计任务包括制订机器整个技术系统的总体目标和各项具体的技术要求，这是设计、优化、评价和决策的依据；分析所设计机械系统的用途、功能、各种技术经济性能指标和参数范围，预期的成本范围等，并对同类或相近产品的技术经济指标，同类产品的不完善性，用户的意见和要求，目前的技术水平以及发展趋势，认真进行调查研究、收集材料，做可行性论证，以进一步明确设计任务。

2. 总体设计

机械系统总体设计根据机器要求进行功能设计研究。总体设计包括确定工作部分的运动和阻力，选择原动机的种类和功率，选择传动系统，做机械系统的运动和动力计算，确定各级传动比和各轴的转速、转矩和功率。总体设计时要考虑到机器的操作、维修、安装、轮廓尺寸等要求，确定机械系统各主要部件之间的相对位置关系及相对运动关系、人-机-环境之间的合理关系。总体设计对机械系统的制造和使用都有很大的影响。为此，常须做出几个方案加以分析和比较，通过优化求解得出最佳方案。

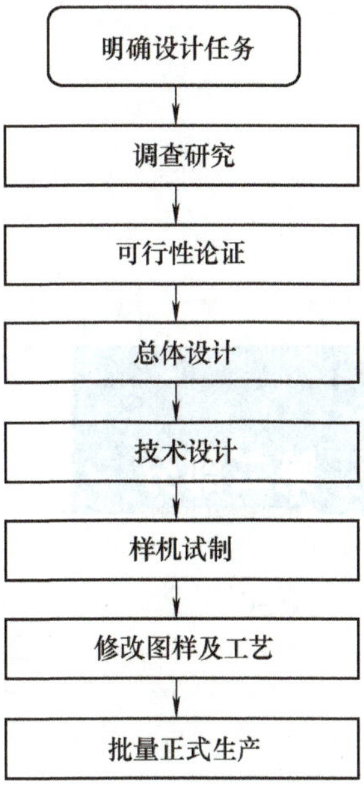

图 1-4　机械设计一般过程

3. 技术设计

技术设计又称结构设计。其任务是根据总体设计的要求，确定机械系统各零部件的材料、形状、数量、空间相互位置、尺寸、加工和装配工艺，并进行必要的强度、刚度和可靠性核算。若有几种方案时，须进行评价决策，选择最优方案。技术设计时还要考虑加工条件、现有材料、各种标准零部件、相近机器的通用零件。技术设计是保证机器质量、提高可靠性、降低成本的重要工作，还须绘制总装配图、部件装配图，编制设计说明书等，它是机械系统从定性到定量、从抽象到具体、从粗略到详细的设计过程。

4. 样机试制

样机试制是通过样机制造、样机试验，检查机械系统的功能及整机、零部件的强度、刚度、运转精度、振动、稳定性和噪声等方面的性能，随时检查及修正设计图样及工艺，以更好地满足设计要求。

5. 批量正式生产

批量正式生产是根据样机试验、使用、测试、鉴定所暴露的问题，进一步修正设计，以保证完成机械系统功能，同时验证各工艺的正确性，以降低成本、提高生产率，提高经济效益。

机械产品设计过程是人们智力活动过程，它体现了设计人员的创新思维活动，是逐步逼近解决方案并逐步完善的过程。设计过程中还应注意几点。

1）机械设计过程要有全局观，不能只考虑设计对象本身的特点，而要把设计对象看作一个系统，正确处理人-机-环境之间的关系。

2）善于运用创造性思维和方法，注意考虑多方案解决问题，避免方案的局限性。

3）设计的各阶段应有明确的目标，注意各阶段的评价和优选，以得到既满足功能要求，又有最大实现可能性的方案。

4）要注意问题反馈及必要的工作循环，要由抽象到具体、由局部到全面、由不确定性到确定性地解决问题。

第二部分

PART 2

2

工程材料

第 2 章

CHAPTER 2

常用黑色金属材料

知识目标：

1. 了解材料的强度、塑性、弹性、刚度、硬度等性能指标。
2. 了解钢、铸钢、铸铁等常用黑色金属材料的分类、牌号、性能及用途。

能力目标：

1. 了解黑色金属材料的性能指标。
2. 能看懂钢、铸铁、铸钢等黑色金属材料的牌号，了解主要特性。

融入素养：培养学生的探究精神，严谨踏实、一丝不苟、讲究时效的职业精神。通过了解铸铁、铸钢材料的实际应用，以物尽其用理念驱动不断创新。

材料、能源与信息是构建现代文明的三大支柱，而材料又是一切现代工程技术的基础和源泉。材料不仅是人类进化的标志，而且是社会现代化的物质基础与先导。自 20 世纪 80 年代以来，人们又把新材料、生物工程和信息作为产业革命的重要标志，尤其是新材料的研究、开发与应用可以反映一个国家的科学技术与工业水平，它关系到国家的综合国力与安全。

工程材料主要是指结构材料，指用来制作零件和元件的材料。按组成特点分类，常用的工程材料有金属材料、非金属材料和复合材料三大类。

- 工程材料
  - 金属材料
    - 黑色金属材料
      - 钢
      - 铸铁
    - 有色金属材料
      - 轻金属：铝、锂、镁
      - 重金属：铜、锌
      - 贵金属：金、银、铂-铑
      - 稀有金属：钛、锆
  - 非金属材料
    - 陶瓷材料
      - 普通陶瓷：日用陶瓷、建筑陶瓷、电绝缘陶瓷、多孔陶瓷等
      - 特种陶瓷：金属陶瓷、氧化物陶瓷、氮化物陶瓷、硅化物陶瓷等
    - 有机高分子材料
      - 塑料：聚乙烯塑料、聚酰胺塑料、聚甲醛、聚碳酸酯等
      - 橡胶：天然橡胶、丁苯橡胶、顺丁橡胶、氯丁橡胶等
      - 胶黏剂：非结构胶、结构胶、密封胶、导电胶、医用胶等
      - 合成纤维：聚酯纤维、聚酰胺纤维、聚丙烯腈纤维等
  - 复合材料
    - 高分子基复合材料：玻璃纤维、碳纤维增强树脂基复合材料等
    - 陶瓷基复合材料：纤维、粒子增强陶瓷基复合材料等
    - 金属基复合材料：铝基复合材料、钛基复合材料、镁基复合材料等

目前机械工程应用中（如农业现代化、工业现代化、国防和科学技术现代化）离不开金属材料的支持，小到农具、机械零件、日常用品，大到飞机、导弹、火箭、卫星、核潜艇等尖端武器以及原子能、通信、雷达等尖端技术所需的构件或部件大都是由金属材料制成。各种材料由于化学成分、分子结构等不同，导致其表现出的使用性能均有差异，尤其是黑色金属材料，通过热处理后其性能变化更大，且黑色金属材料也是目前机械工程领域中应用最广泛的材料之一，因此本章重点介绍黑色金属材料的基本知识。

2.1　金属材料常用力学性能

金属材料的性能包含使用性能和工艺性能。

使用性能是指金属材料在使用条件下所表现出来的性能，如力学性能、物理性能和化学性能。

工艺性能是指金属材料在制造工艺过程中，适应各种冷加工和热加工的性能。如铸造性能、锻造性能、焊接性能、切削加工性能、热处理工艺性能。

金属材料的力学性能是指金属材料在外力作用下其强度和变形方面所表现的性能，一般由试验来确定。室温下常用的力学性能有强度、塑性、弹性、刚度、硬度、冲击韧性和疲劳强度等。

1. 强度

金属材料在载荷作用下抵抗塑性变形或断裂的能力称为强度。抵抗能力越大，金属材料的强度越高。根据外力的作用方式，有多种强度指标，如抗拉强度、抗弯强度、抗剪强度、抗压强度等，其中以拉伸试验所得的抗拉强度指标应用最为广泛，通常强度是依据国家标准GB/T 228.1—2021《金属材料　拉伸试验　第1部分：室温试验方法》的规定进行静拉伸试验获得的。为便于比较试验结果，试样必须按照国家标准加工成标准试样：一种圆形截面的拉伸试样，如图2-1所示。

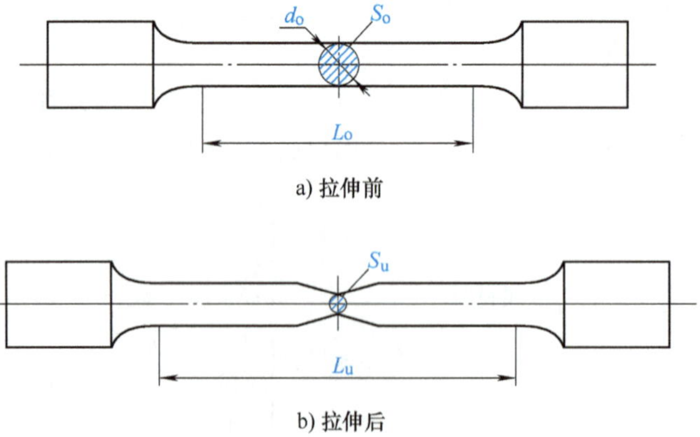

图2-1　圆形截面拉伸试样

如图2-2a所示，当应力值到达 s 点时，曲线上出现了水平的波折线，表明即使外力不增加，试样仍能继续伸长，这就是屈服现象。发生屈服现象所对应的应力值即为屈服强度（Yield Strength）。通常，金属材料的屈服强度分为上屈服强度和下屈服强度，分别用符号 R_{eH} 和 R_{eL} 表示。m 点是拉伸曲线的最高点，对应的应力是试样在断裂前所能承受的最大应力，称为抗拉强度（Tensile Strength），用 R_m 表示；超过 m 点后，缩颈处迅速伸长，应力明显下降，在 k 点处断裂。

2. 塑性

塑性是指金属材料在外力作用下产生塑性变形（外力去除后不能恢复的变形）而不断

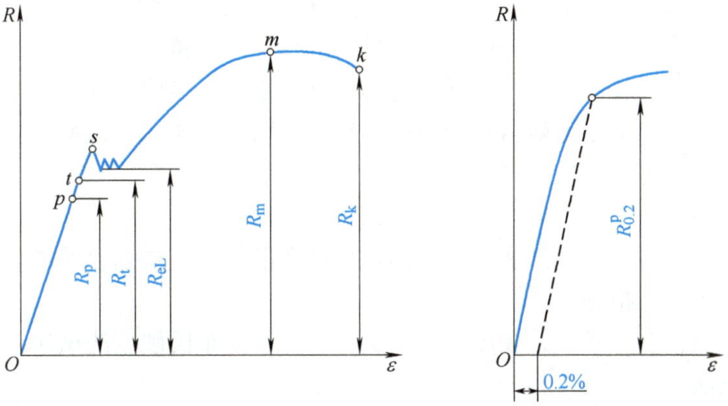

a) 低碳钢　　b) 铸铁

图 2-2　低碳钢和铸铁的应力-应变曲线

裂的能力。金属材料的常用塑性指标有断后伸长率和断面收缩率。

断后伸长率为试样被拉断后，标距部分的残余伸长量与原始标距之比的百分率，用 A 表示，即

$$A = \frac{L_u - L_o}{L_o} \times 100\% \tag{2-1}$$

式中　L_o ——试样原始标距；

L_u ——试样断裂后的标距长度。

断面收缩率为试样断裂后，横截面积最大缩减量与原始横截面积之比的百分率，用 Z 表示，即

$$Z = \frac{S_o - S_u}{S_o} \times 100\% \tag{2-2}$$

式中　S_o ——试样原始横截面积；

S_u ——试样断口处的横截面积。

3. 弹性

弹性是指金属材料受外力作用产生变形，当外力去除后能恢复其原来形状的性能。弹性的指标为弹性极限，即材料承受最大弹性变形时的应力。

如图 2-2a 所示，在试样拉伸的初始阶段，应力 R 与应变 ε 的关系在图中 Op 为一直线段，p 点所对应的应力值 R_p 称为规定塑性延伸强度，只有应力低于 R_p 时，胡克定律 $R=E\varepsilon$ 才适用。若加载后的应力不超过 σ_t，卸载后试样也会恢复原状，这种变形称为弹性变形（Elastic Deformation），弹性变形随外力卸去会全部消失。R_t 为材料在弹性变形阶段所能承受的最大应力，称为规定总延伸强度（Proof Strength total extension）。

4. 刚度

刚度是指金属材料受力时抵抗弹性变形的能力。刚度的指标为弹性模量 E（单位为 GPa）。弹性模量是指金属材料在弹性状态下的应力与应变的比值，即

$$E = \frac{R}{\varepsilon} \tag{2-3}$$

在图 2-2b 所示的应力-应变曲线上，弹性模量就是试样在弹性变形阶段应力-应变线段的斜率，即引起单位弹性变形所需的应力。材料的弹性模量越大，产生一定量的弹性变形所需要的应力也越大，即越不容易产生弹性变形，反之亦然。显然，在零件的结构、尺寸已确定的前提下，其刚度取决于金属材料的弹性模量，可以通过增加横截面积或改变截面形状来提高零件的刚度。

5. 硬度

硬度是指金属材料抵抗局部变形，特别是塑性变形、压痕或划痕的能力，是衡量金属材料软硬程度的一项性能指标。

硬度测试方法很多，常用的硬度测试方法有三种，即布氏硬度测试法、洛氏硬度测试法和维氏硬度测试法。

布氏硬度的试验原理是用一定直径的硬质合金球，以相应的试验力压入试样表面，经规定的保持时间后，卸除试验力，测量试样表面的压痕直径 d，然后根据压痕直径 d 计算其硬度值的方法，如图 2-3 所示。

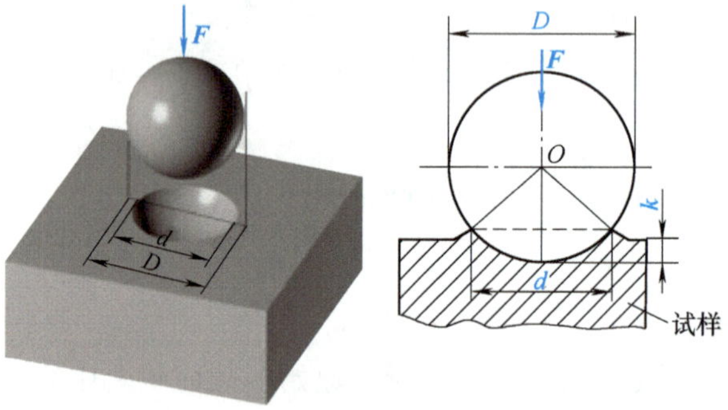

a) 测试原理

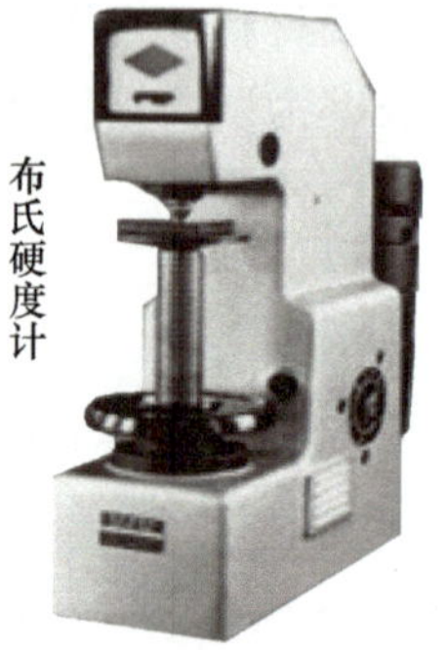

b) 布氏硬度计

图 2-3　布氏硬度 HB 测试示意图

布氏硬度（符号为 HBW）适用于测定 HBW 值小于 650 的金属材料，适合测定非铁金属材料、灰铸铁、可锻铸铁、球墨铸铁，以及经退火、正火、调质处理后的各类钢材。

洛氏硬度的试验原理是以锥角为 120° 的金刚石圆锥体或直径为 1.5875mm 的球（淬火钢球或硬质合金球），压入试样表面。试验时先加初试验力，再加主试验力，圆锥体或球压入试样表面之后，去除主试验力。在保留初试验力时，根据试样残余压痕深度增量来衡量试样的硬度大小，如图 2-4 所示。洛氏硬度的符号为 HRA、HRB 和 HRC，其中 HRA 用于测量高硬度材料，如硬质合金、表面淬火钢和渗碳钢；HRB 用于测量低硬度材料，如有色金属和退火、正火钢等；HRC 用于测量中等硬度材料，如调质钢、淬火钢等。

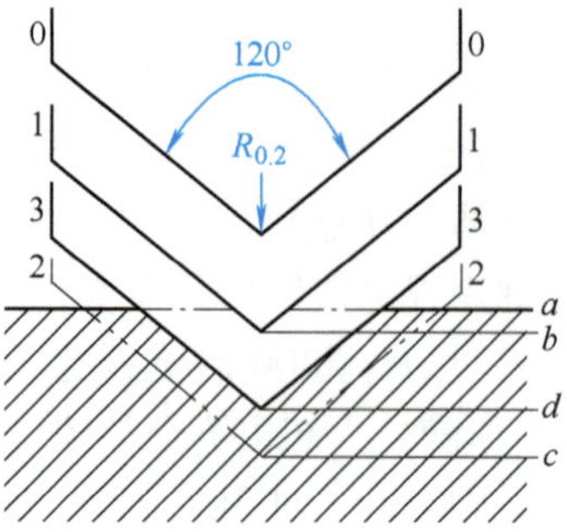

a) 测试原理

b) 洛氏硬度计

图 2-4　洛氏硬度 HR 测试示意图

维氏硬度的试验原理是以面夹角为 136°的正四棱锥体金刚石为压头。试验时，在规定试验力 $\boldsymbol{F}$(49.03~980.7N) 的作用下，将压头压入试样表面，经规定保持时间后，卸除试验力，试样表面上被压出一个正四棱锥形的压痕，测量压痕两对角线 d 的平均长度，可计算出其硬度值，如图 2-5 所示。维氏硬度的符号为 HV。

6. 冲击韧性

冲击韧性是指金属材料在冲击载荷作用下吸收塑性变形功和断裂功的能力，其指标以冲击吸收能量或冲击韧度 a_K 表示，a_K 值越大，金属材料冲击韧性越好。它是金属材料强度和塑性的综合表现。a_K 值低的金属材料称为脆性材料，断裂时无明显变形，有金属光泽，呈结晶状。a_K 值高的材料称为韧性材料，有明显塑性变形，断口呈灰色纤维状，无光泽。

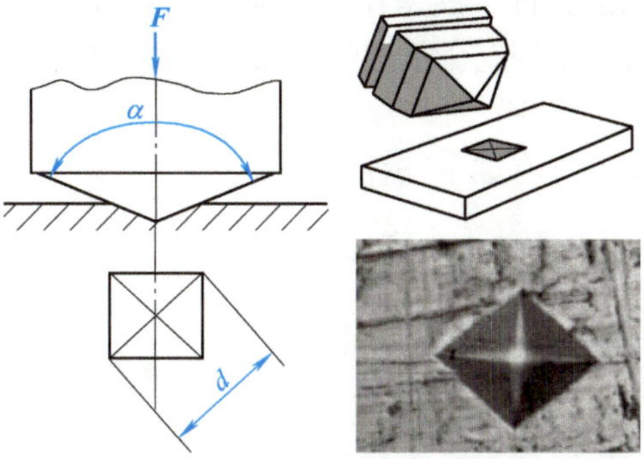

a) 试验原理

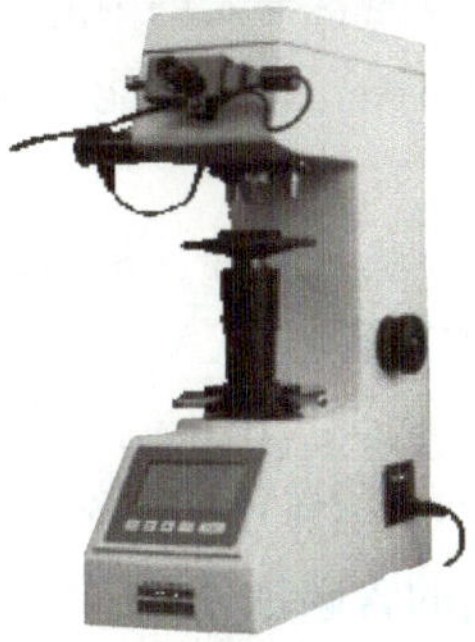

b) 维氏硬度计

图 2-5　维氏硬度 HV 测试示意图

7. 疲劳强度

疲劳是指金属材料在受到循环应力作用时，经过一定的循环周次后，往往在工作应力远小于抗拉强度，甚至小于屈服强度的情况下发生断裂。

疲劳强度是指金属材料经无数次应力循环而不发生疲劳断裂的最高应力值。

疲劳断裂的特点是：不管是脆性材料还是韧性材料，其疲劳断裂都是突然发生的，无明显的塑性变形，属低应力脆断，具有很大的危险性。

疲劳失效过程分为疲劳裂纹产生、疲劳裂纹扩展和瞬时断裂三个阶段。

2.2　钢

钢和铸铁是机械工业生产中广泛应用的金属材料，它们是以铁和碳两种元素为基本组元的复杂合金，统称为铁碳合金。钢中碳的质量分数一般在 2.11%以下，并含有其他元素，铸铁是碳的质量分数大于 2.11%的铁碳合金。碳的质量分数 2.11%通常是钢和铸铁的分界线。图 2-6 为常见钢材类型。

一、钢的分类

钢按化学成分可分为非合金钢、低合金钢和合金钢三大类。非合金钢又称碳素钢，是指碳的质量分数小于 2.11%并含有少量的硫、磷、锰、硅等杂质元素的铁碳合金，其中硫、

a) 型材

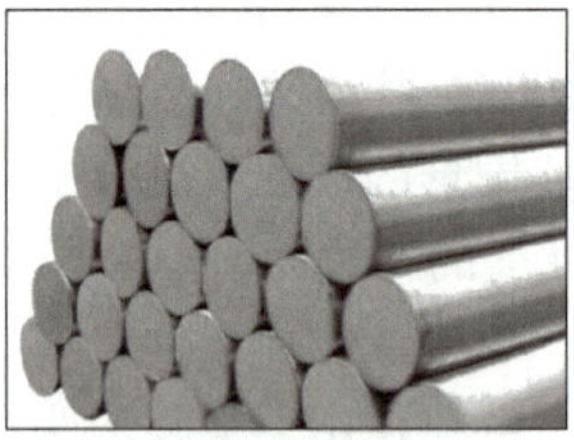

b) 管材

c) 板材

图 2-6 常见钢材类型

磷是在炼钢时由原料带入钢中的杂质元素，锰、硅是在炼钢加入脱氧剂时带入的有益元素。合金钢是指为了提高钢的性能，在普通碳素钢基础上适量加入一种或多种合金元素所获得的铁基合金。

钢的分类方法有多种，常用的分类方法有如下三种。

（1）按用途分类

1）碳素结构钢：用于制造金属结构和机械零件。

2）碳素工具钢：用于制造刀具、量具和模具。

（2）按钢的含碳量分类

1）低碳钢：碳的质量分数 $w_C<0.25\%$。

2）中碳钢：碳的质量分数 $w_C=0.25\%\sim0.6\%$。

3）高碳钢：碳的质量分数 $w_C>0.6\%$。

（3）按钢的质量分类　碳素钢的质量是以磷、硫的含量来划分的，分为普通碳素钢、优质碳素钢、高级优质碳素钢，见表 2-1。

表 2-1 碳素钢的分类

钢类	质量分数	
	w_P	w_S
普通碳素钢	≤0.035%	≤0.035%
优质碳素钢	≤0.030%	≤0.030%
高级优质碳素钢	≤0.025%	≤0.025%

1. 常用碳素结构钢的牌号、性能与用途

凡用于制造机械零件各种工程结构件的钢都称为结构钢。

碳素结构钢易于冶炼，价格便宜，其性能基本能满足一般工程结构件的要求，主要用于制造各种金属构件和不重要、不需要热处理的机械零件，是目前产量最大、使用最多的一类钢种。

碳素结构钢和低合金高强度结构钢的牌号由代表屈服强度的“屈”的汉语拼音字首+屈服强度数值+质量等级符号（A、B、C、D）+脱氧方法符号（F—沸腾钢、B—半镇静钢、Z—镇静钢、TZ—特殊镇静钢，其中 Z 和 TZ 可省略）四部分组成，即 Q+最低屈服强度值+质量等级符号+脱氧方法符号。屈服强度值的单位是 MPa。质量等级符号为 A、B、C、D、E，由 A 到 E，其 P、S 含量依次下降，质量逐渐提高。如碳素结构钢牌号可表示为 Q235AF、Q235BZ。碳素结构钢的牌号及用途见表 2-2。

表 2-2　碳素结构钢的牌号及用途

牌号	等级	下屈服强度 R_{eL}/MPa	对比旧标准	用　途
Q195	—	315~390	A1	用于制造承载较小的零件、铁丝、铁圈、垫圈、开口销、拉杆、冲压件及焊接件等
Q215	A	335~410	A2	用于制造拉杆、套圈、垫圈、渗碳零件及焊接件等
	B		C2	
Q235	A	375~460	A3	A、B 级用于制造金属结构件、心部强度要求不高的渗碳件或碳氮共渗件、拉杆、连杆、吊钩、车钩、螺栓、螺母、套筒、轴以及焊接件；C、D 级用于制造重要的焊接结构件
	B		B3	
	C		—	
	D		—	
Q275	A	490~610	C5	用于制造轴类、链轮、齿轮、吊钩等强度要求高的零件
	B			
	C			
	D			

优质碳素结构钢是用来制造较为重要机械零件的非合金结构钢，是碳的质量分数小于 0.8%的碳素钢，这种钢中所含的硫、磷及非金属夹杂质比碳素结构钢少，力学性能较优良。

优质碳素结构钢的牌号用两位数字表示，这两位数字表示钢中平均碳的质量分数的万分之几，如 45 钢表示钢中平均碳的质量分数为万分之四十五（即 0.45%）的优质碳素结构钢。常用优质碳素结构钢的牌号、热处理及用途见表 2-3。

表 2-3　常用优质碳素结构钢的牌号、热处理及用途

钢组	牌号	热处理种类	硬度 HBW（不大于）	用　途
普通含锰量钢	15	正火	143	塑性、韧性、焊接性能和冷压性能均极好，但强度较低，用于制造受力不大，韧性要求较高的零件、紧固件、冲压件及不要求热处理的低负荷零件，如螺栓、螺钉、拉条、法兰盘等
		正火 回火	99~143	
	20	正火	156	用于制造不承受很大应力而要求很高韧性的机械零件，如杠杆、轴套、螺钉、起重钩等；还可用于制造表面硬度高而心部有一定强度和韧性的渗碳零件
		正火 回火	103~156	
	45	正火	197~241	用于制造要求强度较高，韧性中等的零件，通常在调质、正火状态下使用，淬火硬度一般在 40~50HRC，如齿轮、齿条、链轮、轴、键、销、压缩机及泵的零件和轴辊等。可代替渗碳钢制造齿轮、轴、活塞销等，但需要进行过高频淬火或火焰表面淬火
		正火 回火	156~217	
			217~255	
	60		229~255	具有相当高的强度和弹性，但在淬火时有产生断裂的倾向，仅小型零件才能进行淬火，大型零件多采用正火；用于制造轴、弹簧、垫圈、离合器、凸轮等，冷变形时塑性较低

（续）

钢组	牌号	热处理种类	硬度 HBW（不大于）	用途
较高含锰量钢	20Mn	正火	197	此钢为高锰低碳渗碳钢，可用于制造凸轮轴、齿轮、联轴器、铰链、拖杆等
	60Mn	正火	229~269	此钢的强度较高，淬透性好，脱碳倾向性小，但有过热敏感性，容易产生淬火裂纹，并有回火脆性，用于制造螺旋弹簧、板簧、各种扁圆弹簧、弹簧环片以及冷拔钢丝和发条等

2. 合金钢的性能、特点和应用

合金钢就是在碳素钢的基础上，为了改善钢的某些性能或使之具有某些特殊性能，在炼钢时适量加入元素。这些元素称为合金元素。它使钢具有较高的力学性能、淬透性和回火稳定性等，有的还具有耐热、耐酸、耐蚀等特殊性能。

合金钢中加入的合金元素主要有硅（Si）、锰（Mn）、铬（Cr）、镍（Ni）、钨（W）、钼（Mo）、钒（V）、钛（Ti）、铌（Nb）、钴（Co）、铝（Al）、硼（B）及稀土元素（RE）等。合金元素在钢中主要以两种形式存在，一种形式是溶入铁素体中形成合金铁素体；另一种形式是与碳化合形成合金碳化物。

（1）合金钢的分类　合金钢的分类方法有很多，常见的分类方式有按用途和按合金元素总含量分类两种。

1）按用途分类可分为合金结构钢、合金工具钢和特殊性能钢。

① 合金结构钢用作机械零件和各种工程构件，并且含有一种或数种一定量的合金元素的钢。合金结构钢由于具有合适的淬透性，经适宜的金属热处理后，显微组织为均匀的索氏体、贝氏体或极细的珠光体，因而具有较高的抗拉强度和屈强比（一般在0.85左右），较高的韧性和疲劳强度，较低的韧性-脆性转变温度，可用于制造截面尺寸较大的机械零件。

② 合金工具钢是在碳素工具钢基础上加入铬、钼、钨、钒等合金元素以提高淬透性、韧性、耐磨性和耐热性的一类钢种。它主要用于制造量具、刀具、耐冲击工具和冷、热模具及一些特殊用途的工具。

③ 特殊性能钢具有特殊物理或化学性能，用来制造除要求具有一定的力学性能外，还要求具有特殊性能的零件。其种类很多，机械制造中主要使用不锈耐酸钢、耐热钢、耐磨钢。不锈耐酸钢包括不锈钢与耐酸钢。能抵抗大气腐蚀的钢称为不锈钢，而在一些化学介质（如酸类等）中能抵抗腐蚀的钢称为耐酸钢。

2）按合金元素总含量分类可分为低合金钢、中合金钢和高合金钢。

① 低合金钢：合金元素总质量分数<5%。

② 中合金钢：合金元素总质量分数=5%~10%。

③ 高合金钢：合金元素总质量分数>10%。

（2）合金钢的牌号

1）合金结构钢的牌号由两位数字（碳的质量分数）+元素符号（或汉字）+数字组成，前面两位数字表示钢中平均碳的质量万分数；元素符号（或汉字）表明钢中含有的主要合金元素；后面的数字表示该元素的平均质量分数。当钢中某合金元素平均质量分数小于1.5%时不用标注，平均质量分数为1.5%~2.5%、2.5%~3.5%…时，则相应地标以2、3…

如下所示。

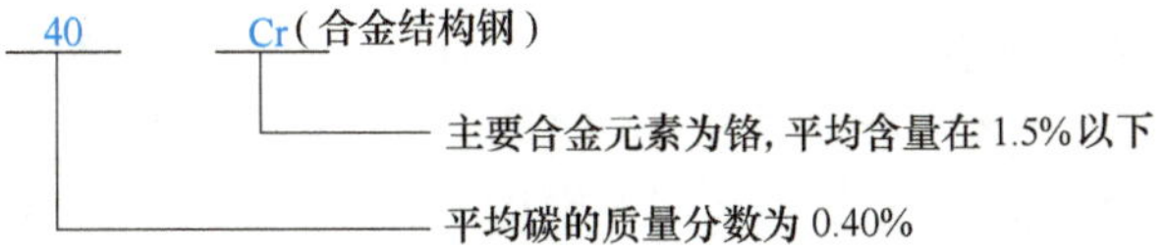

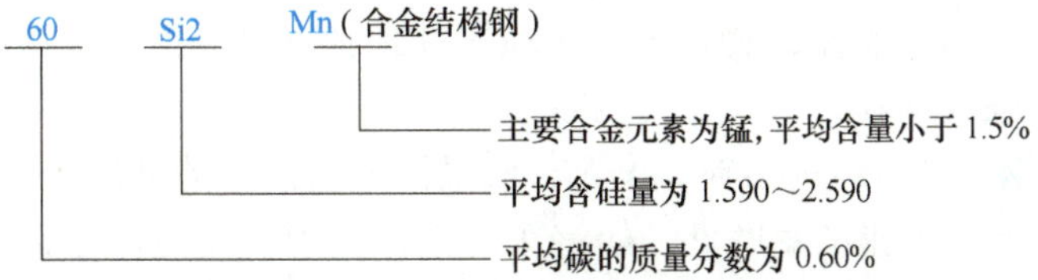

合金钢多为优质钢，无须特殊表示。当合金钢为高级优质钢时，在其牌号尾加 A 表示。必要时可将表示产品用途、特性或工艺方法的字符加在牌号尾部。

2）合金工具钢与合金结构钢的区别仅在于含碳量的表示方法。合金工具钢用一位数字表示平均碳的质量千分数，当碳的质量分数≥1.0%时，则不予标出。合金工具钢中合金元素含量表示方法与合金结构钢相同，当铬的平均质量分数小于 1%时，在铬含量（以千分数计）前加数字“0”。

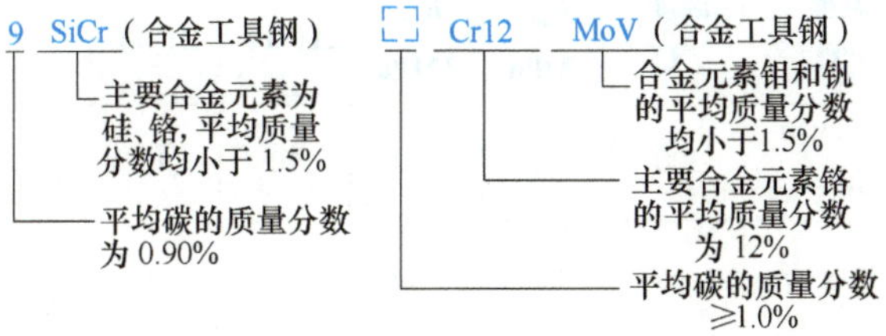

高速工具钢牌号中碳的质量分数均不标出，如 W18Cr4V，表示钢中平均碳的质量分数为 0.7%~0.8%。

3）特殊性能钢。不锈钢或耐热钢的牌号用两位或三位阿拉伯数字表示碳的质量分数的最佳控制值（以万分之几或十万分之几计），合金元素含量的表示方法与合金结构钢相同。

当材料只规定碳的质量分数上限时，若碳的质量分数上限小于或等于 0.10%，则以其上限值的 3/4 表示，若碳的质量分数上限大于 0.1%时，则以其上限值的 4/5 表示（两位数，以万分数计），如 06Cr18Ni9，表示碳的质量分数不大于 0.08%，铬的平均质量分数为 18%，镍的平均质量分数为 9%的铬镍不锈钢；12Cr17，表示碳的质量分数不大于 0.15%，铬的质量分数为 17%的高碳铬不锈钢。

当碳的质量分数上限小于或等于 0.03%（超低碳），则以三位数表示碳的质量分数最佳控制值（以十万分数计），如 015Cr19Ni11，是一种碳的质量分数上限为 0.02%，最佳控制值为 0.015%，平均铬的质量分数为 19%，镍的质量分数为 11%的极低碳不锈钢。

当碳的质量分数规定上、下限时，则采用平均碳的质量分数表示（两位数，以万分数计）。如 20Cr13，其碳的质量分数为 0.16%~0.25%，平均碳的质量分数为 0.20%，铬的质量分数为 13%；当不锈钢中适量加入铌、钛、锆、氮等元素时，虽然质量分数很低也应在牌号中标出。如 022Cr18Ti，表示一种碳的质量分数不大于 0.03%，最佳控制值为 0.022%，铬的质量分数为 18%，钛的质量分数小于 1.0%的不锈钢。

4）特殊专用钢。为了表示钢的用途，在钢的牌号前面冠以汉语拼音字首，并不标注碳的质量分数，合金元素质量分数的标注也和上述方法有所不同。滚动轴承钢中高铬轴承钢的前面标注“G”，（“滚”字的汉语拼音字首）而不标注碳的质量分数，如 GCr15。牌号中铬元素后面的数字是表示含铬量的千分数，其他元素仍按百分数表示，如 GCr15SiMn，表示铬的质量分数为 1.5%，硅、锰的质量分数均小于 1.5%的滚动轴承钢。

（3）合金结构钢　按合金结构钢的用途和热处理特点可分为合金渗碳钢、合金调质钢、合金弹簧钢和超高强度钢等。

1）合金渗碳钢　是指经过渗碳、淬火、低温回火后使用的低碳合金结构钢，具有外硬内韧的性能，用于承受冲击的耐磨件，如汽车、拖拉机中的变速齿轮，内燃机上的凸轮轴、活塞销等。合金渗碳钢的碳的质量分数 $w_C = 0.10\% \sim 0.25\%$，加入铬、镍、锰、硼、钨、钼、钒、钛等合金元素可提高淬透性。部分渗碳零件（齿轮、轴、活塞销等）要求表面具有高硬度（55~65HRC）和高耐磨性，心部具有较高的强度和足够的韧性，克服了低碳钢淬透性差、心部强度较低的缺点。常用合金渗碳钢的牌号、热处理、力学性能及用途见表 2-4。

表 2-4　常用合金渗碳钢的牌号、热处理、力学性能及用途

牌号	渗碳温度/℃	淬火温度/℃	回火温度/℃	力学性能（不小于）				用　途
				R_m/MPa	R_{eH}/MPa	A(%)	Z(%)	
20Cr	910~950	780~820 水冷或油冷	200	835	540	10	40	制作小齿轮、小轴、活塞销、凸轮、蜗轮等
20CrMnTi		870 油冷	200	1080	850	10	45	汽车、拖拉机中承受高速、中等或重载荷的齿轮和传动件
20CrMnMo		850 油冷	200	1180	855	10	45	大型曲轴、凸轮轴、连杆、齿轮轴、齿轮
20MnVB		860 油冷	200	1130	930	10	45	可代替 20CrMnTi 制作重型机床齿轮及其他渗碳件
18Cr2Ni4WA		860 油冷	200	1180	835	10	45	制作截面较大、交变载荷较高且韧性良好、缺口敏感度低的重要齿轮、轴类零件

2）合金调质钢是指经过调质处理（淬火+高温回火）后使用的中碳合金结构钢，主要用于制造在多种载荷（如扭转、弯曲、冲击载荷等）下工作，受力比较复杂，要求具有良好综合力学性能的重要零件，如汽车、拖拉机、机床等的齿轮，轴类件，连杆，高强度螺栓等。

合金调质钢中碳的质量分数为 0.25%~0.50%，以保证调质处理后具有良好的综合力学性能。其主要加入的合金元素有铬、铌、锰、硅、硼等，能提高淬透性和强化钢材，而加入少量的钨、钼、钒、钛等元素可形成稳定的合金碳化物，阻止奥氏体晶粒长大，起细化晶粒及防止回火脆性的作用。常用合金调质钢的牌号、热处理、力学性能及用途见表 2-5。

3）合金弹簧钢是利用弹簧的弹性变形储存能量，减缓与机械设备的振动和冲击。中碳钢（55 钢）和高碳钢（65 钢、70 钢）都可以作为弹簧材料，但淬透性差、强度低，只能用来制造截面较小、受力较小的弹簧。而合金弹簧钢则可制造截面大、弹力大、屈服强度高的重要弹簧。合金弹簧钢的碳的质量分数为 0.50%~0.70%，常加入的合金元素有锰、硅、

铬、钒、钼、钨、硼等。常用合金弹簧钢的牌号、热处理、力学性能及用途见表 2-6。

表 2-5 常用合金调质钢的牌号、热处理、力学性能及用途

牌号	热处理		力学性能（不小于）				用途
	淬火温度/℃	回火温度/℃	R_m/MPa	R_{eL}/MPa	A(%)	Z(%)	
40B	840 水冷	550 水冷	785	540	9	45	制作轴、齿轮、拉杆、凸轮、拖拉机曲轴
40Cr	850 油冷	520 水冷或油冷	980	785	9	45	齿轮、蜗轮、蜗杆、轴、套筒、花键轴、曲轴、进气阀
40MnB	850 油冷	500 水冷或油冷	980	785	10	45	制作转向轴、半轴、花键轴、蜗杆、机床主轴和齿轮等
38CrMoAl	940 油冷	640	980	835	12	55	高硬度、高耐磨性和高疲劳强度的零件，如航空发动机轴、重要齿轮、机床精密丝杠、压缩机活塞杆
40CrMnMo	850 油冷	600	1000	800	10	45	重载荷的轴、齿轮、大货车的连杆、后桥半轴、轴、偏心轴等

表 2-6 常用合金弹簧钢的牌号、热处理、力学性能及用途

牌号	热处理		力学性能（不小于）				用途
	淬火温度/℃	回火温度/℃	R_{eL}/MPa	R_m/MPa	A(%)	Z(%)	
			≥				
55Si2Mn	870 油冷	480	1225	1373	—	6	制作汽车、拖拉机、机车减振板簧或螺旋弹簧，气缸安全阀弹簧，工作温度小于 250℃ 耐热弹簧等
55SiMnVB					—	6	
60Si2Mn					—	5	
60Mn	830 油冷	540	800	1000	—	5	制作冷卷弹簧、阀门弹簧、离合器簧片、制动弹簧等
50CrVA	850 油冷	500	1128	1275	10	—	制作载荷较高、重要的螺旋弹簧，发动机气门弹簧及工作温度小于 400℃ 的重要弹簧
30W4Cr2VA	1050 油冷	600	1324	1471	7	—	制作工作温度不大于 500℃ 的耐热弹簧，锅炉安全阀弹簧等

4）超高强度钢是指下屈服强度（R_{eL}）大于 1370MPa、抗拉强度（R_m）大于 1500MPa 的特殊质量合金结构钢。按其化学成分和强韧化机制可分为低合金超高强度钢（30CrMnSiNi2 等）、二次硬化型超高强度钢（4Cr5MoSiV 等）、马氏体时效钢（如 Ni25Ti2AlNb 等）和超高强度不锈钢（07Cr15Ni7Mo2Al 等）四类。超高强度钢主要用于制造航空和航天工业中重要零件，如 35Si2MnMoV，其抗拉强度可达 1700MPa，可用于制造飞机的起落架、框架、发动机曲轴等。

二、铸钢

将熔炼好的钢液直接铸成零件或毛坯的铸件称作铸钢件。铸钢按其化学成分可分为铸造

合金钢和铸造碳钢，也可以按其使用特性分为铸造工具钢、铸造特殊钢、工程与结构用铸造碳钢和铸造合金钢等。铸钢的牌号用 ZG 后面加两组数字组成，如 ZG200-400，表示屈服强度不低于 200MPa，抗拉强度不低于 400MPa 的铸钢。

与铸铁相比，铸钢件的抗拉强度、塑性、韧性都较高，因此一般用在铸造形状复杂、力学性能要求较高的场合。如果制造高拉伸强度或动态载荷部件、重要的压力容器铸件和在低温或高温下承担重载荷的核心部件时，原则上优先使用铸钢件。同时，与锻钢件相比，铸钢件的力学性能在各个方向相差不大，比锻钢件占有优势。

三、钢的热处理

钢的热处理是指将钢在固态下加热到预定温度，保温一定时间，再以不同速度冷却来改变钢的内部组织，从而改善其使用性能和工艺性能的一种工艺方法。与其他加工工艺（如锻造、铸造、焊接、切削加工等）不同，它的目的不是改变材料或零件的外形尺寸，而是改变内部组织和性能。

影响钢的热处理的因素有加热温度、加热速度、保温时间、冷却速度等。根据热处理的目的、加热和冷却方式的不同，常见钢的热处理工艺有退火、正火、淬火、回火以及表面热处理等，见表 2-7。

表 2-7 钢的热处理工艺

整体热处理	表面热处理	
退火	表面淬火	化学热处理
正火	感应淬火	渗碳
淬火	火焰淬火	渗氮
回火	接触电阻加热淬火等	碳氮共渗
		渗金属（铌、钒）

1. 钢的退火与正火

（1）退火　退火是指将钢件加热至适当温度，保温一定时间，然后缓慢冷却（炉冷）的热处理工艺。

退火的目的是消除钢件的内应力，降低钢件的硬度，提高塑性；细化晶粒改善组织及切削加工性能，为后续工序做好组织准备。

退火的种类很多，常用的有完全退火、等温退火、球化退火、扩散退火、去应力退火、再结晶退火。

一般将退火作为预备热处理工序，安排在铸造、锻造、焊接等工序之后，粗加工之前。

（2）正火　正火是指将钢件加热至奥氏体化后在空气中冷却的热处理工艺。正火的目的是细化晶粒，提高其硬度，消除钢件中的网状碳化物（或渗碳体），为后续工序做好组织准备。对于低、中碳钢（$w_C \leqslant 0.6\%$），正火的目的与退火相同；对于过共析钢，正火主要用于消除网状二次渗碳体，为球化退火做好组织准备；对于普通结构零件，正火可作为最终热处理工艺。

2. 钢的淬火与回火

（1）淬火　淬火是指将钢件加热至奥氏体化后以适当方式冷却获得马氏体或（和）贝

氏体组织的热处理工艺。

常用的淬火冷却介质有油、水、盐类水溶液、硝盐浴、碱浴、聚乙烯醇水溶液和空气等。

淬火可与回火工艺合理配合，使钢件获得较高的硬度和耐磨性，提高弹性和韧性，以达到强化材料的目的。

（2）回火　回火是指将淬火后的钢件重新加热到规定的温度，保温一定时间，然后冷却到室温的热处理工艺。

根据钢材在回火时的加热温度不同，可将回火分为低温回火、中温回火和高温回火。

回火主要有如下目的。

1）降低钢件脆性，减少或消除内应力，防止钢件的变形和开裂。

2）稳定钢件组织，调整硬度。

3）稳定钢件尺寸。

4）降低钢件的硬度，以改善切削加工性能。

3. 钢的表面热处理

表面热处理是指为了改善钢件表面的组织和性能，仅对其表面进行热处理的工艺。通常分为表面淬火和化学热处理两种类型。

（1）表面淬火　表面淬火是指仅对钢件表层进行淬火的工艺。它将钢件表层快速加热，在热量尚未大量传到内部的情况下，使表层达到淬火温度，迅速淬冷，获得预定淬火组织的热处理工艺。

表面淬火的目的是使钢件表面获得高硬度和高耐磨性，而心部保持较好的塑性和韧性。因此，钢件的表面淬火多用于要求耐磨性高、抗扭转、抗弯曲疲劳和接触疲劳的零部件。钢件表面淬火前一般经正火或调质处理。

（2）化学热处理　化学热处理是指将钢件置于适当的活性介质中加热、保温，使一种或几种元素渗入它的表层，以改变其化学成分，改善组织和性能的热处理工艺。

目前常用的化学热处理有渗碳、渗氮、碳氮共渗等。

2.3　铸铁

铸铁是碳的质量分数大于2.11%（一般为2.5%~4%）的铁碳合金。它是以铁、碳、硅为主要组成元素并比碳钢含有较多的锰、硫、磷等杂质的多元合金。有时为了提高铸铁的力学性能或物理性能、化学性能，还可加入一定量的合金元素，得到合金铸铁。

与铸钢相比，铸铁的力学性能通常较低，特别是塑性、韧性较差，但石墨型铸铁具有优良的减振性、耐磨性、铸造性能和切削加工性能，而且成本较低廉，因此在工业中得到了广泛的应用。

一、铸铁的分类

1. 根据碳在铸铁中存在形式分类

铸铁可分为如下几类。

（1）白口铸铁　碳除了少数溶于铁素体外，其余的碳都以渗碳体的形式存在于铸铁中，其断口呈银白色，故称白口铸铁。由于硬度很高，难以进行切削加工，目前白口铸铁主要用作炼钢原料和生产可锻铸铁的毛坯。

（2）灰铸铁　碳全部或大部分以片状石墨存在于铸铁中，其断口呈暗灰色，故称灰铸铁。

（3）麻口铸铁　碳一部分以石墨形式存在，类似灰铸铁；另一部分碳以自由渗碳体形式存在，类似白口铸铁。其断口中呈黑白相间的麻点，故称麻口铸铁。这类铸铁也具有较大硬脆性，故工业中很少应用。

2. 根据铸铁中石墨形态分类

铸铁可分为灰铸铁、可锻铸铁、球墨铸铁和蠕墨铸铁。

二、铸铁的热处理

灰铸铁因其片状石墨的特征，石墨的形态、大小、数量对性能起主导作用（石墨尖端易产生应力集中），基体组织对性能的影响较小，一般不进行整体淬火，可进行表面淬火，而仅由具体产品特点进行去应力退火，消除局部白口组织的高温石墨化退火，以利于切削加工。

在球墨铸铁中，石墨呈球状，对性能的影响相对减小，而基体对性能的影响相对变大，可像钢一样进行各种处理，以改变基体组织类型，从而改善球墨铸铁的性能。

应当注意的是，热处理不能改变已存在石墨的形态和分布。

第 3 章

CHAPTER 3

常用有色金属材料及其合金

知识目标：

1. 了解铝及铝合金。
2. 了解铜及铜合金。

能力目标： 熟悉铝及铝合金、铜及铜合金的性能特点及其应用。

融入素养： 培养学生对有色金属材料的深入了解与应用，敢于创新与应用新材料。

3.1 铝及铝合金

1. 纯铝

铝是一种轻型金属，密度为 2.7g/cm^3，仅为铁的 1/3，具有良好的导电、导热性，仅次于金、银、铜；无低温脆性，强度、硬度很低（抗拉强度仅为 80~100MPa），塑性很好（断后伸长率 A 为 30%~40%，断面收缩率 Z 为 80%）。由于铝无同素异构转变，因此纯铝不能借助热处理工艺进行性能强化，可通过冷变形提高强度。可通过压力加工成各种型材，可进行气焊、氩弧焊、点焊，磁化率极低。在大气中有良好的耐蚀性，但不耐酸、碱和盐。

纯铝的牌号用“1×××”四位数字或四位字符表示，牌号的最后两位数字表示最低铝百分含量。如 1A93，表示铝的质量分数为 99.93%；1A97，表示铝的质量分数为 99.97%。

图 3-1　纯铝显卡散热器

纯铝用途非常广泛，可用作电工铝，如母线、电线、电缆、电子零件（图 3-1）；可用于制作换热器、冷却器、化工设备；可用于制作茶、糖等食品和药物的包装用品；可用于制作建筑上的屋面板、天棚、间壁墙、吸声和绝热材料（图 3-1），以及家庭用具、炊具等。

2. 铝合金

纯铝的强度和硬度都很低，难以用作工程结构材料。为了提高纯铝的强度，加入适量的硅、铜、镁、锌、锰等合金元素，形成铝合金，再经过冷变形和热处理后，强度可得到明显提高（图 3-2）。

根据铝合金的成分和工艺特点不同，可分为变形铝合金和铸造铝合金，变形铝合金又分为可热处理强化和不可热处理强化两类。

（1）变形铝合金　所谓变形铝合金，是指合金经过熔化后浇成铸锭，再经压力加工（如锻造、轧制、挤压等）制成板材、带材、棒材、管材、线材以及其他各种型材，具有较高的塑性和良好的工艺成形性能。

变形铝合金可按其主要性能特点分为防锈铝（铝—锰系合金或铝—镁系合金）、硬铝（铝—铜—镁系合金）、超硬铝（铝—铜—镁—锌系合金）与锻铝（铝—铜—镁—硅系合金）合金等。

图 3-2　美 F-117 隐形战斗机
（所用材料大部分是铝合金）

1）防锈铝合金。一般为 Al-Mn、Al-Si 系，强度不高，塑性、耐蚀性好，不能借助热处理工艺强化其性能，只能通过冷变形产生加工硬化来提高其强度。工程上常用于制作轻载冲击件和耐蚀件，如油箱、仪表盘、门窗、卫星天线（图 3-3）、汽化器热交换管（图 3-4）等。

图 3-3　卫星天线（LF2）

图 3-4　汽化器（热交换管为 LF21）

2）硬铝合金。硬铝合金经时效强化后，能获得很高的强度和硬度，但耐蚀性远不及纯铝，应用时常在表面涂覆一层纯铝以增加耐蚀性。硬铝合金经过热处理强化后可获得高强度，变形强化也有一定作用。常用于制作中等载荷的受力件，如飞机蒙皮、铆钉、文体用品等。

3）在硬铝合金基础上加入了锌元素，经时效强化后，可以获得极高的强度和硬度（强度在铝合金中最高），常用于制作受力很大的构件，如飞机大梁、加强框、起落架（图 3-5）等。

4）锻铝合金的力学性能与硬铝合金相当，经软化处理后，有良好的热塑性，适合锻造成形；其经过时效强化后的强度水平与硬铝相当，常用于制作一些形状复杂、承受中等载荷的锻造件，如活塞、风扇叶轮等。

图 3-5　飞机主起落架

（2）铸造铝合金　铸造铝合金是以熔融金属充填铸型，获得各种形状零件毛坯的铝合金，密度低，比强度较高，耐蚀性和铸造性能好，受零件结构设计限制小。

铸造铝合金牌号由铝和主要合金元素的化学符号，以及表示主要合金元素名义质量百分含量的数字组成，并在其牌号前加“铸”字的汉语拼音字首“Z”，如 ZAlSi12，表示硅的质量分数为 12%，铝的质量分数为 88%的铸造铝合金。

铸造铝合金主要用于制造承力部件，如飞机的梁框、燃汽轮叶片、泵体、挂架、轮毂、进气唇口和发动机的机匣等，还用于制造汽车的气缸盖、变速器箱体和活塞，仪器仪表的壳体和增压器泵体等零件。

3.2 铜及铜合金

1. 纯铜

纯铜（图 3-6）顾名思义就是含铜量最高的铜（铜的质量分数为 99.5%～99.95%），其密度为 $8.94g/cm^3$，属于重金属，熔点为 1083℃。纯铜无同素异构转变，无磁性，化学稳定性高，耐蚀性好。

图 3-6　纯铜

纯铜的标准电位比氢高，在大气、淡水及许多非氧化性酸溶液中具有良好的耐蚀性，但在海水中耐蚀性较差，同时在硝酸、硫酸及各类盐中极易被腐蚀。

常用的加工铜牌号为 T1、T2、T3、T4，数字越大，表示杂质含量越高、纯度越低。此外，当纯铜中的氧含量小于或等于 0.003%称为无氧铜（TU1、TU2），还有磷脱氧铜，如 TP1、TP2 等。

2. 铜合金

在纯铜中加入锌、锡、铝、铍、铌、锰、锆、硅、钛等合金元素形成铜合金，这是改善铜的性能最有效的方法，其强化方式类似于铝合金。工业上广泛采用的是铜合金，铜合金按加工方式可分为变形铜合金和铸造铜合金；按成分可分为黄铜、青铜、白铜。

（1）黄铜　黄铜是以锌为主加元素的铜合金，有较高的强度和塑性，良好的导电性、导热性和铸造性能，耐蚀性与纯铜相近。

黄铜价格低廉，色泽明亮，按化学成分可分为普通黄铜和特殊黄铜；按工艺可分为加工黄铜和铸造黄铜。

普通黄铜是铜和锌组成的二元合金，根据黄铜中锌的含量，又可分为单项黄铜（$\omega_{Zn} \leqslant$ 30%～32%）和双相黄铜（$32\% < \omega_{Zn} < 45\%$），当 $\omega_{Zn} > 45\%$，黄铜变脆，已无使用价值。单相黄铜塑性好，适于制造冷变形零件，如弹壳、冷凝器管等，如图 3-7a 所示；双相黄铜热塑性好，强度高，适于制造受力件，如垫圈、弹簧、导管、散热器等，如图 3-7b 所示。

黄铜的牌号由“黄”的汉语拼音字首 H+数字组成，数字表示铜的含量，如 H62，表示铜的质量分数为 62%、其余为锌元素的普通黄铜。

常用黄铜的牌号、力学性能及用途见表 3-1。

a) 弹壳

b) 垫圈

c) 阀

图 3-7 黄铜产品

表 3-1 常用黄铜的牌号、力学性能及用途

组别	牌号	化学成分（质量分数,%）		状态[①]	力学性能			主要用途
		Cu	其他		R_m/MPa	A(%)	HBW	
简单黄铜	H96	95.0~97.0	Zn：余量	T L	240 450	50 2	45 120	冷凝管、散热器及导电零件
	H62	60.5~63.5	Zn：余量	T L	330 600	49 3	56 164	铆钉、螺母、垫圈、散热器零件
特殊黄铜	HPb59-1	57.0~60.0	Pb：0.8~0.9 Zn：余量	T L	420 550	45 5	75 149	用于热冲压和切削加工制作的各种零件
	HMn58-2	57.0~60.0	Sn：1.0~2.0 Zn：余量	T L	400 700	40 10	90 178	腐蚀条件下工作的重要零件和弱电流工业零件
铸造黄铜	ZCuZn38	57.0~63.0	Zn：余量	S J	295 295	30 30	59 69	一般结构件及耐蚀零件，如法兰
	ZCuZn31Al2	66.0~68.0	Al：2.0~3.0	S J	295 390	12 15	79 89	制作电动机、仪表等压铸件及耐蚀件
	ZCuZn16Si4	79.0~81.0	Si：2.5~4.5 Zn：余量	S J	345 390	15 20	89 98	船舶零件、内燃机零件，在水、油中工作的零件

① T—退火状态；L—冷变形状态；S—砂型铸造；J—金属型铸造。

（2）青铜　除了黄铜和白铜（铜和镍的合金）以外，所有的铜合金都称为青铜，按照主加元素的不同，青铜可分为锡青铜和特殊青铜（无锡青铜）两种；按加工方式分为压力加工青铜和铸造青铜两类。

锡青铜是以锡为主加元素的铜合金，锡的质量分数一般为3%~14%。青铜中锡的质量分数对组织和性能影响很大。锡青铜铸造流动性差，铸件密度低，易渗漏，但体积收缩率在有色金属中最小。锡青铜的牌号由“Q”+主加元素的元素符号及质量分数+其他加入元素的质量分数组成。例如QSn4-3，表示锡的质量分数为4%、锌的质量分数为3%、其余为铜的锡青铜。

锡青铜具有良好的耐蚀性，在大气、海水及无机盐溶液中的耐蚀性比纯铜和黄铜好，但在硫酸、盐酸和氨水中的耐蚀性较差，主要用于制造耐蚀承载件，如弹簧、轴承、齿轮轴、蜗轮、垫圈等。

特殊青铜不含锡元素，根据主加元素可分为铝青铜、铍青铜、硅青铜等。铝青铜中铝的质量分数为 5%~11%，其强度、硬度、耐磨性、耐热性及耐蚀性高于黄铜和锡青铜，铸造性能好，但焊接性能差，主要用于制造船舶、飞机及仪器中强度高、耐磨性好、耐蚀性好的零件，如齿轮、轴承、蜗轮、轴套、螺旋桨等。

（3）白铜　白铜是以镍为主要合金元素的铜合金，分为普通白铜和特殊白铜两类。铜与镍可任意比例互溶，这是罕见的冶金现象。因为白铜的组织均呈单相，故白铜不能借助热处理工艺强化其性能。

白铜具有较高的强度和塑性，可进行冷、热变形加工，具有很好的耐蚀性，电阻率较高。由于白铜价格昂贵，因此主要用于耐蚀场合及电工仪表零件的制作。

普通白铜是铜-镍二元合金，具有较高的耐蚀性及优良的冷加工和热加工性能。普通白铜的牌号由 B+数字（平均镍的质量百分数）组成，如 B5，表示平均镍的质量分数为 5%。普通白铜主要用于制造在蒸汽和海水环境下工作的精密机械、仪表零件等。

特殊白铜是在普通白铜基础上添加锌、锰、铝等元素形成的，分别称为锌白铜、锰白铜、铝白铜，其耐蚀性好，强度和塑性高，成本较低。常用牌号为 BMn40-1.5（康铜）、BMn43-0.5（考铜），主要用于制造精密机械、仪表零件及医疗器械等。

第 4 章

CHAPTER 4

非金属材料及复合材料

知识目标：

1. 了解非金属材料。
2. 了解高分子材料、陶瓷材料与复合材料的基本知识。

能力目标：

1. 熟悉常用非金属材料的性能及其应用。
2. 熟悉陶瓷材料与复合材料的应用。

融入素养： 培养学生了解特殊材料，积极推广应用新材料，提高生产率，改善设备性能，勇于创新的精神。

4.1 高分子材料

高分子材料是以高分子化合物为主要组分的材料。高分子化合物（又称高聚物）是指相对分子质量（高达几千到几百万）很大的化合物。高分子化合物包括有机高分子化合物和无机高分子化合物两类。有机高分子化合物又分为天然的和合成的。机械工程中使用的高分子材料主要是人工合成的有机高分子化合物，如塑料、合成橡胶（图 4-1）、合成纤维、涂料和胶黏剂以及各种功能性高分子材料。

图 4-1　合成橡胶

与金属材料的性能相比，高分子材料的密度小，多数密度为 1~2g/cm^3，质量轻、强度低、塑性相对较好，比强度较高（和一些金属材料相当），故其冲击韧性较钢铁等低很多；弹性模量小、弹性高，因此减振性好；耐磨性好、摩擦系数小、大多具有自润滑性，因此在无润滑的条件下，耐磨、减摩性优于金属材料；耐蚀性好，不受电化学腐蚀，一般情况下与周围介质不发生化学反应，具有很高的化学稳定性。

高分子材料的缺点是在紫外线、机械力、水蒸气、微生物等因素一定时间内的作用下逐渐失去弹性，出现应力松弛、蠕变、龟裂、变硬或发黏软化，也会变色失去光泽，这种现象称为老化。此外，高分子材料降解困难，对环境影响大。

一、橡胶

橡胶是一种具有极高弹性及低刚度的高分子材料，其弹性变形量可达 100%~1000%。同时，橡胶还具有一定的耐磨性，良好的绝缘性和不透气、不透水性，可作为常用的弹性材料、密封材料、减振防振材料和传动材料。

（一）橡胶的组成

橡胶是以生胶为主要成分，添加各种配合剂和增强材料制成的。

1. 生胶

从橡胶树上采集的天然橡胶及大多数人工合成用以制胶的高分子聚合物，还不具备橡胶的各种性能，称为生胶。生胶要先进行塑炼，使其处于塑性状态，再加入各种配料，经过混炼、成型、硫化处理，才能成为可以使用的橡胶制品。

生胶是粘合各种配合剂和骨架材料的黏结剂，橡胶制品的性质主要取决于生胶的性质。按生胶来源的不同，橡胶分为天然橡胶和合成橡胶。

2. 配合剂

配合剂是用来改善橡胶制品的性能而加入的物质。常用配合剂有硫化剂、硫化促进剂、活化剂、填充剂、增塑剂、防老化剂、着色剂等。

3. 增强材料

通常在橡胶制品中还加入增强骨架材料，如各种纤维、金属丝及其编织物等，主要作用是增加橡胶制品的强度，并限制其变形。常用的增强材料有纤维织品、钢丝加工制成的帘布、丝绳、针织品等。

（二）橡胶的成型加工工艺

橡胶的成型加工一般包括塑炼、混炼、压延与压出、成型和硫化五个工序。

1. 塑炼

生胶具有很高的弹性，难以加工。塑炼是指生胶在机械力或化学作用下，部分橡胶长分子链被切断，分子量降低，塑性增加的过程，通常在炼胶机中进行。

2. 混炼

混炼是将生胶和配合剂混合均匀的过程。混炼的加料顺序是塑炼胶、防老化剂、填充剂、增塑剂、硫化剂及硫化促进剂等。混炼时要注意严格控制温度和时间。

3. 压延与压出

混炼好的生胶通过压延与压出等工艺，可以制成一定形状的橡胶半成品。

4. 成型

成型是把橡胶半成品通过粘贴、压合等方法制成成品形状的过程。

5. 硫化

胶料大分子结构由线形转变为立体网状结构的过程称为硫化，硫化后即得橡胶制品。

（三）工业中常用的橡胶

1. 天然橡胶（NR）

天然橡胶是从天然植物中采集来的一种弹性材料。在自然界中，含橡胶成分的植物不少于 2000 种，常见的橡胶树、橡胶草、蒲公英等都含有橡胶成分，是最早应用的橡胶。

天然橡胶是以橡胶烃（聚异戊二烯）为主，含少量蛋白质、水分、树脂酸、糖类和无机盐等。其优点是弹性大，定伸强度高，抗撕裂性和绝缘性能优良，耐磨性良好，加工性能佳，易于与其他材料粘结，在综合性能方面优于多数合成橡胶。其缺点是耐氧和耐臭氧性差，容易老化变质；耐油和耐溶剂性不好，耐蚀性差；耐热性不高。

天然橡胶常用于制作轮胎、胶鞋、胶管、胶带、电线电缆的绝缘层和护套以及其他通用制品，如图 4-2 所示，特别适用于制造扭振消除器、发动机减振器、机器支座、橡胶-金属悬挂元件、膜片及模压制品。

a)　　b)

图 4-2　天然橡胶制品

2. 丁苯橡胶（SBR）

丁苯橡胶是用量最大的合成橡胶，由丁二烯和苯乙烯共聚而成。它的耐磨性高，透气性弱，耐臭氧性、耐老化性、耐热性比天然橡胶好，介电性和耐蚀性与天然橡胶相近；但弹性较低，抗撕裂性能较差，加工性能差，特别是自粘性差、生胶强度低。丁苯橡胶可与天然橡胶及其他橡胶混用，可以部分或全部替代天然橡胶，主要用于制造轮胎、胶板、胶布、胶鞋及其他通用制品，不适用于制造高速轮胎。

3. 顺丁橡胶（BR）

顺丁橡胶是由丁二烯聚合而成的顺式结构橡胶，是丁二烯在特定催化剂作用下，由溶液聚合而制得，是弹性最好的橡胶。其优点是弹性与耐磨性优良，耐老化性好，耐低温性优异，在动态负荷下发热量小，易于与金属粘合。其缺点是强度较低，抗撕裂性差，加工性能与自粘性差。

4. 氯丁橡胶（CR）

氯丁橡胶是由氯丁二烯作为单体乳液聚合而成的聚合体。这种橡胶分子中含有氯原子，与其他通用橡胶相比具有优良的耐氧化、耐臭氧性，不易燃，着火后能自熄，耐油性、耐溶剂性、耐酸碱性，气密性好等优点；其力学性能也比天然橡胶好，可用作通用橡胶，也可用作特种橡胶。氯丁橡胶的主要缺点是耐寒性较差，比重较大，相对成本高，绝缘性能不好，加工时易粘滚、易焦烧及易粘模。此外，生胶稳定性差，不易保存。

氯丁橡胶主要用于制造要求耐臭氧、耐老化性高的电缆护套及各种防护套、保护罩；耐油、耐化学腐蚀的胶管、胶带和化工衬里；耐燃的地下采矿用橡胶制品，以及各种模压制品、密封圈、垫、黏结剂等，如图 4-3 所示。

5. 丁腈橡胶（NBR）

丁腈橡胶是丁二烯和丙烯腈的共聚体。其特点是耐汽油和耐脂肪烃油类的性能特别好，仅次于聚硫橡胶、丙烯酸酯和氟橡胶，而优于其他通用橡胶。同时其耐热性好，气密性、耐磨及耐水性等均较好，粘结力强，缺点是耐寒及耐臭氧性较差，强度及弹性较低，耐酸性差，绝缘性能不好，耐极性溶剂性能也较差。

丁腈橡胶主要用于制造各种耐油制品，如耐油胶管、燃料桶、液压泵密封圈、耐油胶黏

a)

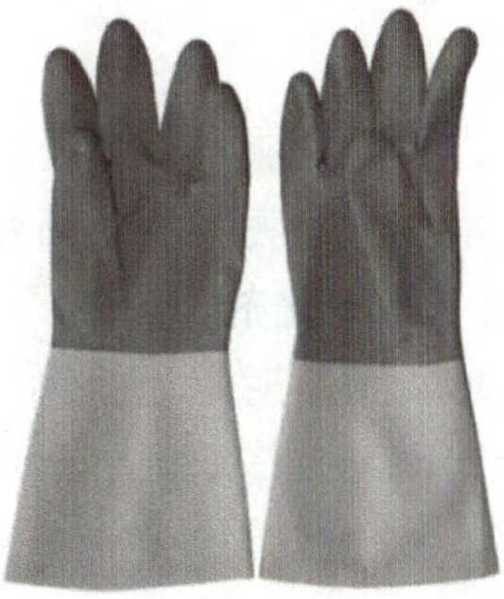

b)

图 4-3　氯丁橡胶制品

剂、油罐衬里等。

6. 乙丙橡胶（EPM、EPDM）

乙丙橡胶是乙烯和丙烯的共聚体，一般分为二元乙丙橡胶（EPM）和三元乙丙橡胶（EPDM）。其特点是耐臭氧、耐紫外线、耐老化等性能居于通用橡胶之首，绝缘性能、耐蚀性、冲击韧度很好，耐酸碱，比重小，可进行高填充配合，耐热温度可达 150℃，耐极性溶剂（酮、酯等），但不耐脂肪烃和芳香烃，其他力学性能略次于天然橡胶而优于丁苯橡胶。同时，乙丙橡胶的自粘性和互粘性很差，不易粘合，主要用作化工设备衬里、电线电缆包皮、蒸汽胶管、耐热输送带、汽车用橡胶制品及其他工业制品。

二、常用工程塑料与应用

当代生活中，有一种高分子材料更是占据了材料应用领域的半壁江山，那就是塑料。塑料已被广泛应用于农业、工业，以及人们日常生活等各个领域。在农业领域中，大量塑料用于制造地膜、育秧薄膜、大棚膜、排灌管道、渔网和养殖浮标等；电气和电子工业广泛使用塑料制作绝缘材料和封装材料；在机械工业领域中，用塑料代替金属制作齿轮、轴瓦等多种零部件；在化学工业领域中，用塑料制作各种容器及其他防腐材料。在日常生活中，塑料的应用更为广泛，如塑料袋、保鲜膜、雨衣、牙刷、电视机、电风扇等。

塑料在医学领域中也有许多应用，如医疗仪器、医用制品。

塑料是以合成树脂为主要成分，加入一些用来改善使用性能和工艺性能的添加剂而制成的高分子材料。树脂的种类、性能、数量决定了塑料的性能。因此，塑料基本上都是以树脂的名称命名的，如聚氯乙烯塑料的树脂就是聚氯乙烯。工业领域中使用的树脂主要是合成树脂，如聚乙烯、聚氯乙烯等。

（一）塑料的组成

1. 树脂

树脂是分子质量不固定的，在常温下呈固态、半固态或流动态的有机物质，在塑料中起胶粘各组分的作用，占塑料组成材料的 40%～100%，如聚乙烯、尼龙、聚氯乙烯、聚酰胺、酚醛树脂等。大多数塑料以所用树脂命名。

2. 填充剂

填充剂用来改善塑料的某些性能。常用填充剂有云母粉、石墨粉、炭粉、氧化铝粉、木屑、玻璃纤维、碳纤维等。

3. 增塑剂

增塑剂用以增加树脂的可塑性、柔软性、流动性，降低脆性。常用的增塑剂有磷酸酯类化合物、甲酸酯类化合物和氯化石蜡等。

4. 稳定剂（防老化剂）

稳定剂可增加塑料对阳光、热、氧气、臭氧等老化作用的抵抗力，延长塑料的寿命。稳定剂包括热稳定剂和光稳定剂。常用热稳定剂有硬脂酸盐、环氧化合物和铅的化合物等。光稳定剂有炭黑、氧化锌等遮光剂，水杨酸酯类、二苯甲酮类等紫外线吸收剂，金属络合物类猝灭剂和受阻胺类自由基捕获剂。

5. 润滑剂

加入少量润滑剂可改善塑料成型时的流动性和脱模性，使制品表面光滑美观。常用的润滑剂有硬脂酸等。

6. 固化剂

固化剂是能将高分子化合物由线型结构转变为体型交联结构的物质，如六次甲基四胺、过氧化二苯甲酰等。

7. 发泡剂

发泡剂是受热时会分解产生气体的有机化合物，用于制备泡沫塑料等。常用发泡剂为偶氮二甲酰胺。

（二）塑料的特性

1）质轻、比强度高。塑料的密度为0.9~2.2g/cm^3，只有钢铁的1/8~1/4。泡沫塑料的密度约为0.01g/cm^3。塑料的强度比金属低，但比强度高，这对减轻机械产品的重量具有重要意义。

2）化学稳定性好。塑料能抵抗大气、水、碱、有机溶剂等的腐蚀，如聚四氟乙烯在沸腾的王水中仍很稳定。

3）优异的电绝缘性。塑料有良好的电绝缘性，介质损耗小，其电绝缘性可与陶瓷、橡胶等绝缘材料相媲美。

4）减摩性、耐磨性好。塑料的硬度低于金属，但多数塑料的摩擦系数小，有些塑料（聚四氟乙烯、尼龙等）具有自润滑性。因此，塑料可用于制作在无润滑条件下工作的某些零件。

5）消声和吸振性好。塑料轴承和齿轮工作时平稳无声，大大减小了噪声污染。泡沫塑料常被用作隔音材料。

6）成型加工性好。塑料有注射、挤压、模压、浇注等多种成型方法，并且工艺简单，生产率高。

7）耐热性差。多数塑料只能在100℃左右的温度下使用，少数品种可在200℃左右的温度下使用；易老化（因阳光、热、载荷、热水、碱、酸、氧等的长期作用，使塑料发生变硬、变脆、开裂等现象，称为老化）；导热性差，约为金属的1/500；热膨胀系数大，为金属的3~10倍。

（三）塑料的分类

（1）按塑料受热时的性质　可将塑料分为热塑性塑料和热固性塑料。

1）热塑性塑料受热时软化或熔融，冷却后硬化，并可反复多次进行。它包括聚乙烯、聚氯乙烯、聚苯乙烯、聚丙烯、聚酰胺、聚甲醛、聚碳酸酯、聚苯醚、聚砜、聚四氟乙烯等。

2）热固性塑料在加热、加压并经过一定时间后固化为不溶、不熔的坚硬制品，不可再生。常用热固性塑料有酚醛树脂、环氧树脂、氨基树脂、呋喃树脂、有机硅树脂等。

（2）按塑料的功能和用途　可将塑料分为通用塑料、工程塑料和特种塑料。

1）通用塑料是指产量大、用途广、价格低的塑料。常见的通用塑料主要包括聚乙烯、聚氯乙烯、聚苯乙烯、聚丙烯、酚醛塑料、氨基塑料等，产量占塑料总产量的 75%以上。

2）工程塑料是指能承受一定外力的作用，具有良好的力学性能、耐高温和耐低温性能，尺寸稳定性较好，可以用作工程结构的塑料，如聚酰胺、聚砜等。

工程塑料中又将工程塑料分为通用工程塑料和特种工程塑料两类。工程塑料在力学性能、耐久性、耐蚀性、耐热性等方面能达到更高的要求，而且加工更方便并可替代金属材料。工程塑料被广泛应用于电工电子、汽车、建筑、机械、航空航天等行业。

3）特种塑料是指具有特殊性能，可用于航空航天等特殊应用领域的塑料，如氟塑料和有机硅具有突出的耐高温、自润滑等特殊性能，增强塑料和泡沫塑料具有高强度、高缓冲性等特殊性能，这些塑料都属于特种塑料的范畴。

（四）常用塑料

1. 典型热塑性塑料

（1）聚乙烯（PE）　聚乙烯是由乙烯单体聚合而成，为所有聚合物中最简单的一种，它无毒、无味，呈半透明状，强度较低，耐热性不高，易燃烧，抗老化性能较差，如图 4-4 所示。由于分子中有无极性基团存在，使聚乙烯吸水性小，因此具有优良的电绝缘性能，特别是高频绝缘性。此外，聚乙烯具有良好的耐化学腐蚀性，与除强氧化剂外的大多数化学品都不发生作用。

图 4-4　聚乙烯

（2）聚氯乙烯（PVC）　聚氯乙烯是最早实现工业化的合成热塑性树脂品种，由氯乙烯单体聚合而成。聚氯乙烯具有较高的机械强度，较大的刚性，良好的电绝缘性，良好的耐化学腐蚀性，能溶于四氢呋喃和环己酮等有机溶剂，具有阻燃性；但热稳定性较差，使用温度较低，介电常数、介电损耗较高。

根据增塑剂用量的不同聚氯乙烯分为硬质和软质两种。硬质聚氯乙烯强度较高，绝缘性和耐蚀性好，耐热性差，在-15～60℃环境中使用，用于化工领域耐蚀的结构材料，如输油管、容器、离心泵、阀门管件等，用途很广，如图 4-5a 所示。软质聚氯乙烯强度低于硬质聚氯乙烯，伸长率大，绝缘性较好，在-15～60℃的环境中使用，用于电线、电缆的绝缘包皮，农用薄膜，工业包装等，如图 4-5b 所示。需要注意的是，软质聚氯乙烯有毒，不能包装食品。

（3）聚丙烯（PP）　聚丙烯是由丙烯单体聚合而成的热塑性聚合物，是半透明蜡状固体，如图 4-6a 所示。其密度小，强度、硬度、刚性、耐热性均高于低压聚乙烯，可在 120℃以下环境中长期工作。聚丙烯绝缘性好，且不受湿度影响，无毒、无味，但低温脆性大，不耐磨，易老化，用于制作一般机械零件，如齿轮、耐蚀件（泵叶轮、化工管道、容器）、绝

a) 聚氯乙烯防水膜

b) 聚氯乙烯管

图 4-5　聚氯乙烯

缘件也用于制作电视机、收音机、电扇等壳体，以及生活用具，医疗器械，食品和药品包装等，如图 4-6b 所示。

a) 聚丙烯

b) 用聚丙烯制成的电饭煲外壳

图 4-6　聚丙烯及其产品

（4）聚苯乙烯（PS）　聚苯乙烯是苯乙烯单体聚合而成的典型线形无定形热塑性塑料。它是无毒、无味、无色的透明状固体，吸水性小，电绝缘性优良，介电损耗极小，耐蚀性优良，但不耐苯、汽油等有机溶剂；机械强度较低，硬度高，脆性大，不耐冲击，耐热性差且易燃。

聚苯乙烯主要用于制作日常生活、装饰及工业产品的仪器仪表外壳、灯罩、光学零件、装饰件、透明模型、玩具、化工储酸槽、管道的保温层、冷冻绝缘层等，如图 4-7 所示。

图 4-7　用聚苯乙烯制成的保温板

（5）ABS 塑料　ABS（Acrylonitrile Butadiene Styrene）是指丙烯腈-丁二烯-苯乙烯共聚物，是一种强度高、韧性好、易于加工成型的热塑型高分子材料。丙烯腈能提高材料强度、硬度、耐热性和耐蚀性，丁二烯能提高材料韧性，苯乙烯能提高材料电性能和成型加工性能。不同的组分可获得不同的性能。

ABS 塑料具有较好的抗冲击性能、尺寸稳定性和耐磨性，成型性好，不易燃，耐蚀性好，但不耐酮、醛、酯、氯化烃类溶剂。常用于制造齿轮、叶轮、轴承、安全帽、管道、仪表盘、轿车车身、汽车挡泥板、电话机、电视机、仪表的壳体，如图 4-8 所示，应用较广。

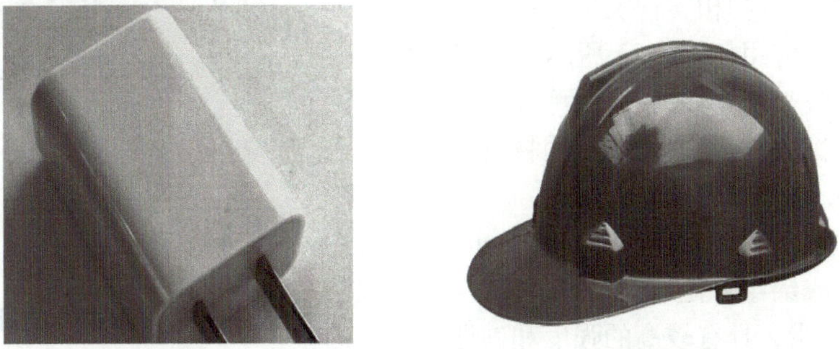

a) 电源外壳　　　　b) 安全帽

图 4-8　ABS 塑料制品

（6）聚甲基丙烯酸甲酯（PMMA）　聚甲基丙烯酸甲酯，俗称有机玻璃，是由甲基丙烯酸甲酯聚合而成的高分子化合物，是一种开发较早的重要热塑性塑料。有机玻璃分为无色透明、有色透明、珠光、压花有机玻璃四种类型，主要用于制作航空、仪器、仪表、汽车中的透明件和装饰件，如飞机窗户、灯罩、雷达屏幕、油标、油杯、标牌等，如图 4-9 所示。

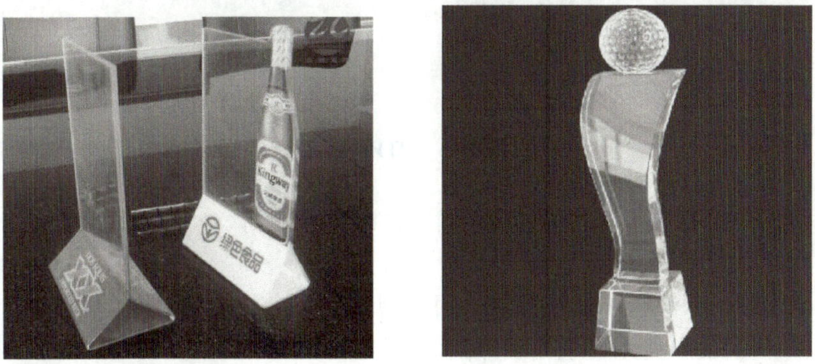

a)　　　　b)

图 4-9　有机玻璃制成的标牌

（7）聚碳酸酯（PC）　聚碳酸酯是一种韧性很好的热塑性树脂，是无毒、无味、微黄的透明状固体，具有优良的耐热性、冲击强度和绝缘性能，耐低温性好，尺寸稳定性高，吸水性小，透光率高，阻燃性好；但化学稳定性差，耐磨性和抗疲劳性欠佳，容易发生应力腐蚀。

PC 常用于制造齿轮、蜗轮、凸轮等机械零件，电气仪表零件，护目镜，大型灯罩，飞机挡风罩，它作为高级绝缘材料，用途很广，如图 4-10 所示。

（8）聚四氟乙烯（F-4 或 PTFE）　聚四氟乙烯（Poly Tetra Fluoro Ethylene），一般称作不粘涂层或易清洁物料，它是一种线形结晶型聚合物。在所有塑料中，PTFE 有最优良的耐高温和低温性能，能在-180~260℃环境下长期使用，几乎所有强酸、强碱、强氧化剂都对其无影响，也不溶于任何溶剂，化学稳定性超过玻璃、陶瓷、不锈钢、金、铂等。PTFE 是自然界中摩擦系数最小、介电损耗最小、吸水性最小的塑料，所以又被称为“塑料王”。此外，其无味、无毒、不燃，有良好生物相容性及抗血栓性。

PTFE的典型应用如图4-11所示，也包括机械上的减摩密封零件、电器上的耐高频绝缘零件及强腐蚀场合中设备的衬里结构及零件，医用材料中的人造血管、人工心脏、人工食道等。

图4-10　护目镜

(9) 聚酰胺（PA）　聚酰胺（Polyamide）俗称尼龙（Nylon）或锦纶，是分子主链上含有重复酰胺基团的热塑性树脂，具有较高的强度和韧性，良好的耐磨性和自润滑性，摩擦系数低，电绝缘性好，耐油

a) 生料带

b) 不粘锅涂层

图4-11　PTFE制品

性、耐溶剂性好，但吸水性大，热膨胀系数大，耐热性不高。

不同种类的尼龙性能有所差异，常用的有尼龙6、尼龙66、尼龙610、尼龙1010等，可用于制造耐磨、耐蚀的某些承载和传动零件，如轴承、机床导轨、齿轮、螺母及一些小型零件，如图4-12所示；也可用于制作高压耐油密封圈或喷涂在金属表面作为防腐、耐磨涂层。

图4-12　尼龙制成的齿轮

(10) 热塑性聚酯（PET）　热塑性聚酯是指具有热塑性特性的饱和聚酯，多指聚对苯二甲酸酯类，是一种常见塑料。PET的最大用途是制成纤维、薄膜，其次用于注塑制品，其纤维俗称涤纶。

(11) 聚甲醛（POM）　聚甲醛（Polyfor Maldehyde）是一种热塑性结晶聚合物，聚合度不高，且易受热解聚。常用于制造减摩、耐磨件及传动件，如轴承、滚轮、齿轮、绝缘件等。

2. 典型热固性塑料

(1) 酚醛树脂（PF）　酚醛树脂俗称电木粉，以酚醛树脂为基材的塑料称为酚醛塑料，是一种硬而脆的热固性塑料，是最重要的一类热固性塑料。

酚醛塑料强度、硬度高，绝缘性、耐蚀性、尺寸稳定性好，工作温度大于 100℃，脆性大，耐光性差，只能模压成型，价格低。常用于制造仪表外壳，灯头电器绝缘板，耐酸泵，制动片，电器开关，水润滑轴承等，如图 4-13 所示。

a)　　b)

图 4-13　酚醛树脂制品

（2）氨基树脂（AF）　氨基树脂俗称电玉，是指含有氨基或酰氨基的化合物与甲醛反应而生成的热固性树脂。目前，工业上应用较多的氨基树脂有脲醛树脂（UF）、蜜胺树脂（三聚氰胺-甲醛树脂 MF）。氨基树脂无毒、无臭、坚硬、耐刮伤、无色、半透明，耐热性和绝缘性好，可制成各种色彩鲜艳的塑料制品，广泛应用于航空、电器等领域，如图 4-14 所示。

a)　　b)

图 4-14　氨基树脂制品

（3）聚氨酯（PU）　聚氨酯是指在大分子主链中含有氨基甲酸酯基的聚合物。聚氨酯分为聚酯型聚氨酯和聚醚型聚氨酯两大类。

聚氨酯弹性体的性能介于橡胶与塑料之间，具有高回弹性和良好的吸振性，同时耐磨、耐油、耐撕裂、耐化学腐蚀及耐辐射，强韧性高，低温韧性好，使用温度为-60～80℃，易于成型，生物相容性好。工业上主要用聚氨酯生产软质和硬质泡沫塑料、聚氨酯弹性体及纤维、胶黏剂和涂料。同时，聚氨酯作为很好的隔热、吸声、防振材料，用于生产座椅海绵、高级人造皮革、鞋底、体育跑道、实心轮胎、人造血管、电冰箱保温层等，如图 4-15 所示。

（4）环氧塑料（EP）　环氧塑料俗称万能胶，是以环氧树脂为基本成分，加入填料及其他添加剂而制成。环氧塑料的强度、韧性、绝缘性、化学稳定性好，能防水、防潮、防霉，可在-80～155℃环境下长期使用，成型工艺简便，成型后收缩率小，粘接力强。环氧塑料常用于制造塑料模具、仪表和电器零件、电子元件及线圈等。

（5）有机硅塑料（SI）　有机硅塑料是以硅树脂为基本成分，加入云母粉、石棉、玻璃丝纤维或玻璃布等填料，经压塑或层压而制成的。它具有优良的耐热性和电绝缘性，吸水性小，抗辐射，但强度低。有机硅塑料主要用于制造耐热零件、绝缘零件、耐热绝缘漆、高温黏结剂、密封件、医用材料等。

a)

b)

图 4-15　聚氨酯制品

4.2　工程陶瓷

陶瓷材料是指用天然或合成化合物经过成型和高温烧结制成的一类无机非金属材料。它具有高熔点、高硬度、高耐磨性、耐氧化等优点，可用作结构材料、刀具材料，由于陶瓷还具有某些特殊的性能，又可作为功能材料。

由于陶瓷是脆性材料，大部分陶瓷是通过粉体成型和高温烧结来成型的，因此陶瓷是烧结体。

一、陶瓷材料的分类

按使用的原材料可将陶瓷材料分为普通陶瓷和特种陶瓷；按用途可将陶瓷材料分为日用陶瓷和工业陶瓷，按化学成分可将陶瓷材料分为氧化物陶瓷、碳化物陶瓷、氮化物陶瓷及其他化合物陶瓷。

1. 普通陶瓷

普通陶瓷是用黏土、长石和石英为原料，经成型、烧结而成的。其组织中主晶相为莫来石，占 25%~30%，玻璃相占 35%~60%，气相占 1%~3%。

普通陶瓷加工成型性好，成本低，产量大，除日用陶瓷、瓷器外，大量用于制作电器、化工、建筑、纺织等工业领域，如图 4-16 所示。

2. 氧化铝陶瓷

氧化铝陶瓷的主要成分是 Al_2O_3，强度比普通陶瓷高 2~6 倍，硬度高（仅低于金刚石）；耐高温（陶瓷可在 1600℃时长期使用，空气中使用温度最高为 1980℃），高温蠕变小；耐酸、碱和化学药品腐蚀，绝缘性能好；脆性大，不能承受冲击。

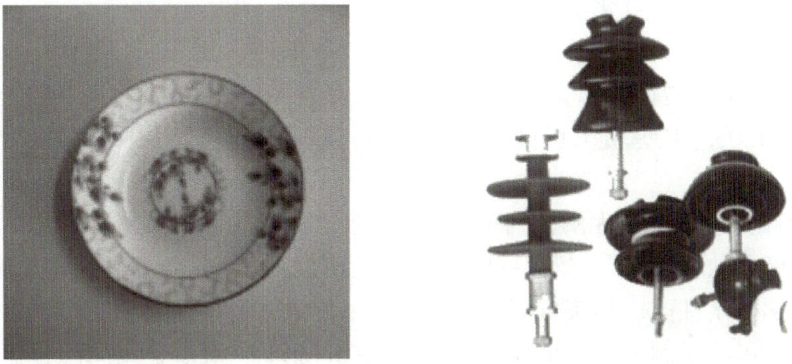

a) 景德镇瓷器　　b) 绝缘件

图 4-16　普通陶瓷

氧化铝陶瓷用于制作高温容器（如坩埚），内燃机火花塞；切削高硬度、大工件、精密件的刀具；耐磨件（如拉丝模）；化工、石油用泵的密封环（图 4-17a）；高温轴承（图 4-17b）；纺织机用高速导纱零件等。

3. 碳化硅陶瓷

这类陶瓷高温强度大，抗弯强度在 1400℃ 仍保持在 500～600MPa 范围内，热传导能力强，具有良好的热稳定性、耐磨性、耐蚀性和抗蠕变性。

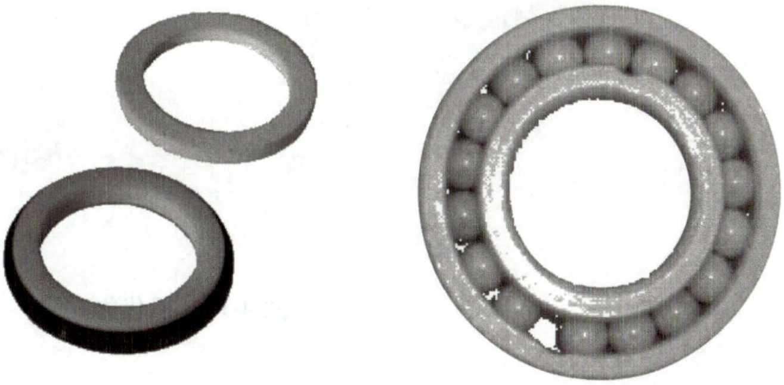

a) 氧化铝陶瓷密封环　　b) 氧化铝陶瓷轴承

图 4-17　氧化铝陶瓷

碳化硅陶瓷常用于制作工作温度高于 1500℃ 的结构件，如火箭尾喷管的喷嘴，浇注金属的浇口杯，热电偶套管、炉管，汽轮机叶片，高温轴承和泵的密封圈，如图 4-18 所示。

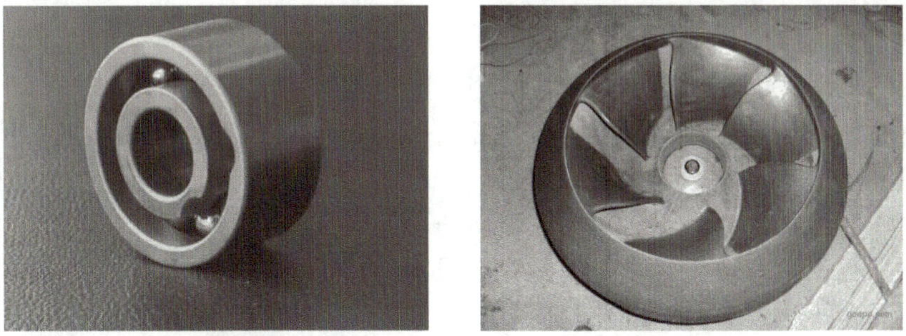

a) 碳化硅轴承　　b) 碳化硅叶轮

图 4-18　碳化硅陶瓷

4. 氮化物陶瓷

（1）氮化硅陶瓷　氮化硅是由 Si_3N_4 四面体组成的共价键固体，其强度、比强度、比模量高，硬度仅次于金刚石、碳化硼等，摩擦系数仅为 0.1～0.2，热膨胀系数小，抗热振性大大高于其他陶瓷材料，并且化学稳定性高。

在氮化硅基础上发展的赛隆陶瓷是在 Si_3N_4 中添加一定量的 Al_2O_3、MgO、Y_2O_3 等氧化物形成的一种新型陶瓷，它是目前强度最高的陶瓷，具有良好的化学稳定性和耐磨性，抗热振性好，主要用于切削刀具（图 4-19a）、金属挤压模内衬、汽车上的针形阀、底盘定位销等。

（2）氮化硼陶瓷　氮化硼陶瓷的主晶相是 BN，属于共价键晶体。其晶体结构与石墨相似，为六方晶格，故有白石墨之称。此类陶瓷具有良好的导热性和耐热性，热膨胀系数小，绝缘性好，化学稳定性高，具有自润性。

氮化硼陶瓷可用于制造熔炼半导体的坩埚（图 4-19b）及冶金用高温容器、半导体散热绝缘零件、高温轴承、热电偶套管及玻璃成型模具等。

a) 氮化硅刀具

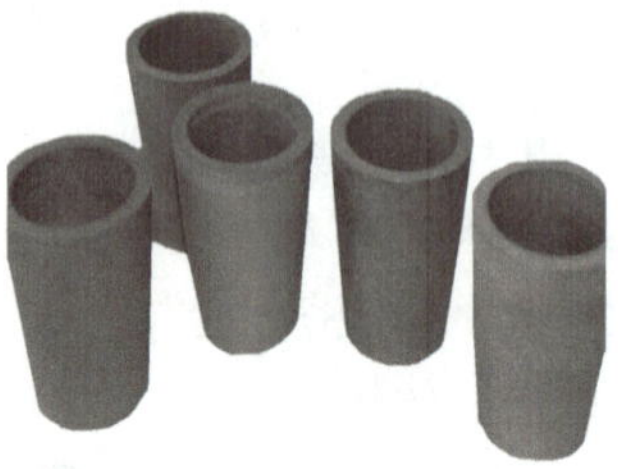

b) 氮化硼坩埚

图 4-19　氮化物陶瓷

二、金属陶瓷

金属陶瓷是一种复合材料，是由金属和陶瓷原料制成的材料，兼有金属和陶瓷的某些优点，如前者的韧性和抗弯性，后者的耐高温、高强度和耐氧化性能等。

金属陶瓷中的陶瓷相是具有高熔点、高硬度的氧化物或难熔化合物，金属相主要是过渡元素（铁、钴、镍、铬、钨、钼等）及其合金。陶瓷基金属陶瓷主要可以细分为氧化物基金属陶瓷、碳化物基金属陶瓷、氮化物基金属陶瓷、硼化物基金属陶瓷和硅化物基金属陶瓷。

金属陶瓷兼有金属和陶瓷的优点，它密度小，硬度高，耐磨性、导热性好，不会因为骤冷或骤热而脆裂。另外，在金属表面涂覆一层气密性好、熔点高、传热性能很低的陶瓷涂层，也能防止金属或合金在高温下氧化或腐蚀。金属陶瓷既具有金属的韧性、高导热性和良好的热稳定性，又具有陶瓷的耐高温、耐腐蚀和耐磨损等特性。

金属陶瓷广泛应用于制造火箭、导弹、超音速飞机的外壳和燃烧室的火焰喷口，以及高速精加工切削刀具等，如图 4-20 所示。

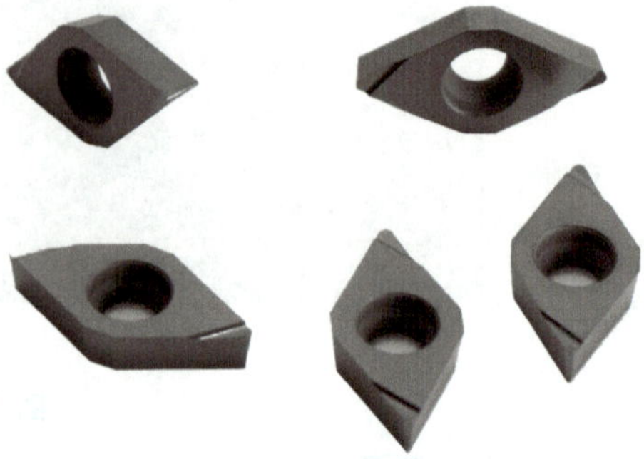

图 4-20　金属陶瓷刀具

4.3 复合材料

复合材料是由有机高分子、无机非金属或金属等几类不同材料通过复合工艺组合而成的新型材料。它既保留原组成材料的重要特点，又通过复合效应获得原组分所不具备的性能，可以通过材料设计使各组分的性能互相补充并彼此关联，从而获得更优秀的性能，与一般材料的简单混合有本质区别。

航空航天技术要求飞行器材料具有很高的比强度和比模量，以减轻其重量，提高飞行速度，因此，复合材料在航空航天领域中得到了广泛的应用。图 4-21 所示的美国F-22 战斗机，机身材料重量比为：42%钛合金，23%复合材料，15%铝合金以及 20%其他材料。

图 4-21　F-22 战斗机

一、复合材料的性能

复合材料是由多种组分的材料组成，许多性能优于单一组分的材料。例如，纤维增强的树脂基复合材料，具有质量轻、强度高、可设计性好、耐化学腐蚀、介电性能好、耐烧蚀及容易成型加工等优点。

复合材料的比模量高，因此它的自振频率很高，不容易发生共振而快速脆断。另外，复合材料是一种非均质多相体系，振动衰减时间要短得多，抗疲劳性能好、减振能力强。

二、复合材料的分类和命名

1. 复合材料的分类

随着材料品种不断增加，人们为了更好地研究和使用材料，需要对材料进行分类。复合材料的分类方法也很多，常见的分类方法有以下几种。

1）按基体不同，分为非金属基复合材料和金属基复合材料。

2）按增强相的种类和形状不同，分为颗粒复合材料、层叠复合材料和纤维增强复合材料。

3）按性能不同，分为结构复合材料、功能复合材料等。

2. 复合材料的命名

复合材料可根据增强材料与基体材料的名称来命名。将增强材料的名称放在前面，基体材料的名称放在后面，再加上“复合材料”即为材料名。为书写简便，也可仅写增强材料和基体材料的缩写名称，中间加一条斜线隔开，后面再加“复合材料”。有时为了突出增强材料或者基体材料，视强调的组分不同，也可将不需强调的部分加以省略或简写。复合材料的命名常有以下四种方式。

1）以基体为主来命名，如金属基复合材料。

2）以增强材料来命名，如碳纤维增强复合材料。

3）基体与增强相并用，如 C/Al 复合材料，即碳纤维增强铝基复合材料。

4）商业名称命名，如玻璃钢，即玻璃纤维增强树脂基复合材料。

三、复合材料的基体和增强体

复合材料是多相体系，由基体（即连续相）和增强体（即增强相）通过一定的工艺方法组合而成。复合材料基体，即复合材料中作为连续相的材料，起到粘结、均衡载荷、分散载荷、保护增强体（纤维）的作用。增强体起到骨架的作用，用作支撑复合材料基体的结构，作为整个复合材料的支架。不同的基体和增强体可以组成不同的复合材料。

以纤维增强为例，对增强体和基体提出以下基本要求：

1. 纤维

纤维是复合材料主要的增强相，应有比基体更高的强度和刚度。纤维的密度要小，热稳定性要高。现在应用最多的是玻璃纤维、碳纤维、芳纶纤维、硼纤维、陶瓷的线形晶体和晶须、高熔点的金属丝。

例如玻璃纤维增强塑料（玻璃钢），其性能特点是具有高强度和冲击韧度、良好的低温性能，较低的热膨胀系数，绝缘性能、耐蚀性、防磁性、微波穿透性好，吸水性小。常用于制造要求自重轻的受力构件，要求无磁性、绝缘性、耐蚀性的零件，如制造航天和航空工业中的雷达罩、直升机的机身，轻型船、舰艇和赛艇，冷却塔，代替不锈钢制造一些容器和管道等，如图 4-22 所示。

a) 玻璃钢飞艇　　b) 玻璃钢罐

图 4-22　玻璃钢制品

2. 基体

基体对纤维要有很好的相容性和浸润性，以使二者在界面处有较强的结合力，并能起保护纤维免受损伤的作用。高聚物和金属能同时满足两者要求。

对于纤维增强复合材料，基体材料将复合材料所受外力通过一定的方式传递并分布给增强纤维，增强纤维承担大部分外力，基体主要提供塑性和韧性。纤维处于基体之中，相互隔离，表面受基体保护，不易损伤，受载时也不易产生裂纹。当部分纤维产生断裂时，基体能阻止裂纹迅速扩展并改变裂纹扩展方向，将载荷迅速重新分布到其他纤维上，从而提高了材料的强韧性。

纤维增强复合材料的性能，既取决于基体和纤维的性能及相对数量，又与二者之间的结合状态及纤维在基体中的排列方式等因素有关。增强纤维在基体中的排列方式有连续纤维单向排列、长纤维正交排列、长纤维交叉排列、短纤维混杂排列等，如图 4-23 所示。

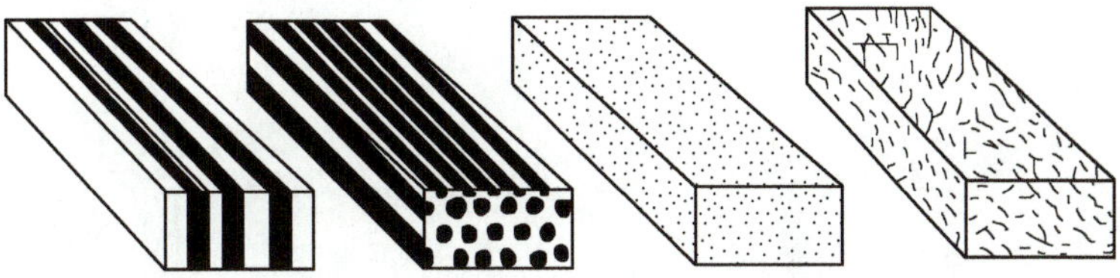

a) 层叠复合　b) 连续纤维复合　c) 细粒复合　d) 短切纤维复合

图 4-23　复合纤维基体

四、复合材料的应用领域

材料是高新技术发展和现代文明的物质基础，在当今材料的应用中，复合材料的应用尤为重要。除了常见结构复合材料外，还有各种功能复合材料，如电功能复合材料、光功能复合材料、热功能复合材料、磁功能复合材料、隐身功能复合材料、摩擦复合材料等。

复合材料的主要应用领域有以下几方面。

1）航空航天领域。由于复合材料热稳定性好，比强度、比刚度高，可用于制造飞机机翼和前机身、卫星天线及其支撑结构、太阳能电池翼和外壳、大型运载火箭的壳体、发动机壳体、航天飞机结构件等。

2）汽车工业领域。由于复合材料具有特殊的振动阻尼特性，可减振和降低噪声，抗疲劳性能好，损伤后易修理，便于整体成型，故可用于制造汽车车身、受力构件、传动轴、发动机架及其内部构件。

3）化工、纺织和机械制造领域。由良好耐蚀性的碳纤维与树脂基体复合而成的材料可用于制造化工设备、纺织机、造纸机、复印机、高速机床、精密仪器等零部件。

4）医学领域。碳纤维复合材料具有优异的力学性能和不吸收 X 射线特性，可用于制造医用 X 光机和矫形支架等。碳纤维复合材料还具有生物组织相容性和血液相容性，生物环境下稳定性好，也用作生物医学材料。

此外，复合材料还用于制造体育运动器件和用作建筑材料等。

第三部分

PART 3

3

常用机构

第 5 章

CHAPTER 5

平面机构的运动简图及自由度计算

知识目标：

1. 了解平面机构的运动副及分类。
2. 理解平面机构相关的基本概念。
3. 掌握机构运动简图的绘制方法。
4. 掌握平面机构自由度的计算方法。
5. 了解自由度计算中应注意的问题。
6. 掌握平面机构具有确定运动的条件。

能力目标：

1. 能绘制简单机械的机构运动简图。
2. 具备平面机构自由度计算的能力。
3. 能识别复合铰链、局部自由度和常见虚约束。
4. 具备判定机构具有确定相对运动的能力。

融入素养：通过按比例绘制机构运动简图，培养细致、耐心、严谨的工作态度，精益求精的工匠精神。

5.1 认识机器

人类在长期的生活和生产中，发明并创造了各种各样的机器，如日常生活中的汽车、自行车、洗衣机等，生产中的机床、运输机、起重机等。

一、机器的基本概念

1. 零件

零件是机器及各种设备的基本组成单元，是制造的最基本的单元，是不可拆卸的单元体，如图 5-1 所示内燃机连杆体上的螺母、螺栓等。有时也将使用简单方式连成的单元件称为零件，如轴承等。

零件可以分为通用零件和专用零件。通用零件是以一种国家标准或国际标准为基准而生产的零件，各种机器中常用的零件，如螺母、螺栓、螺钉、螺柱、齿轮、弹簧等。只在某类型机械中使用的零件称为专用零件，如内燃机、曲轴等。

2. 构件

机构中相互之间能做相对运动的部分称为构件。构件是机器的运动单元，它可以是一个零件或由多个零件构成，组成单一构件的零件之间没有相对运动，而是一个运动的整体，如图 5-1 所示内燃机连杆体由连杆体、连杆盖、轴瓦、套筒四个构件组成。

3. 机构

1）机构是具有确定相对运动的构件的组合，是用来传递运动和力的构件系统。

2）机构是由许多具有确定相对运动的构件组成的，构件是机构中的运动单元体，按照在机构中所起作用不同，构件可分为原动件、从动件和机架，如图 5-2 所示内燃机曲柄滑块机构中的曲柄、连杆和滑块等。

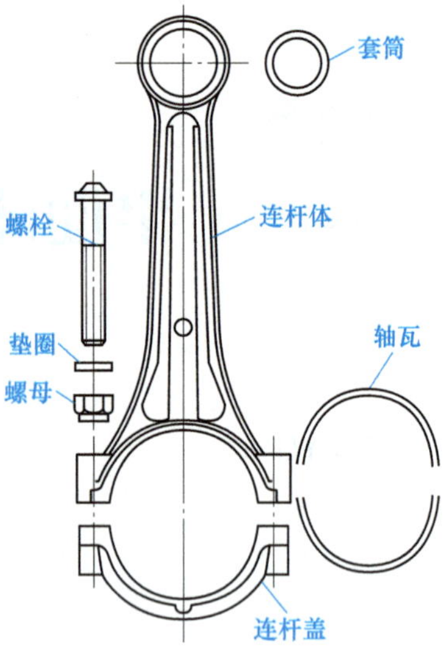

图 5-1　内燃机连杆体

4. 机器

机器是人们根据使用要求而设计制造的一种执行机械运动的装置，用来变换或传递能量、物料与信息，从而代替或减轻人类的体力劳动和脑力劳动。

机器应同时具备以下三个特征。

1）任何机器都是由许多机构组合而成的。

2）各构件之间具有确定的相对运动。

3）能够代替或减轻人类的劳动，完成有用的机械功或实现能量的转换。

内燃机虽然是组成汽车这部机器的一个部件，但它本身也是一部机器，因为它符合机器应同时具备的以上三个特征。

机器是由一个或多个机构组成的系统。机器与机构的区别在于功能不同。机器的主要功能是利用机械能做功或实现能量的转换；机构的主要功能是传递运动和动力或转换运动形式。零件、构件与机器的区别和联系见表 5-1。

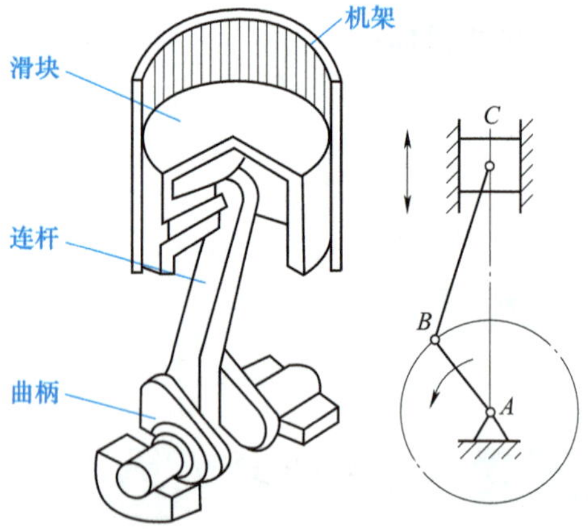

图 5-2　内燃机曲柄滑块机构

表 5-1　零件、构件与机器的区别和联系

名称	区别	联系
零件	制造	构件可以是一个独立的零件，也可以由若干个零件组成
构件	运动单元	
机器		

零件、构件、机构、机器之间的关系如下。

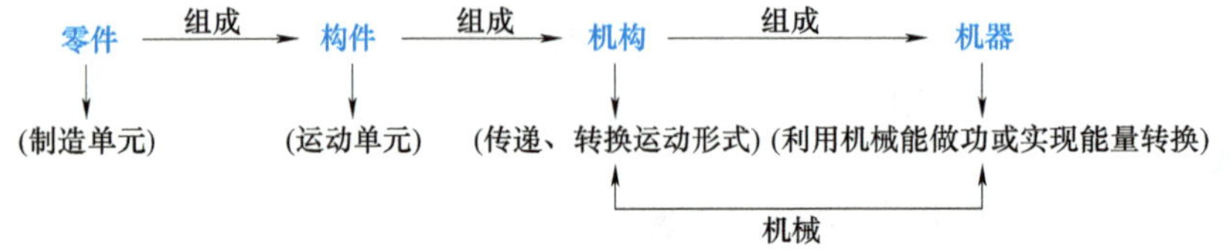

二、机器及其组成部分

机器的结构形式和用途各不相同，机器的功能需要多部分配合才能完成。图 5-3 所示的多关节机械臂机器人，是一种能模仿人的手臂的某些动作功能，可按固定程序抓取、搬运物件或操作工具的自动操作装置。机械臂主要由执行机构、驱动机构和控制系统三大部分组成。手爪是用来抓持工件（或工具）的部件，根据被抓持物件的形状、尺寸、重量、材料和作业要求而有多种结构形式，如夹持型、托持型和吸附型等。

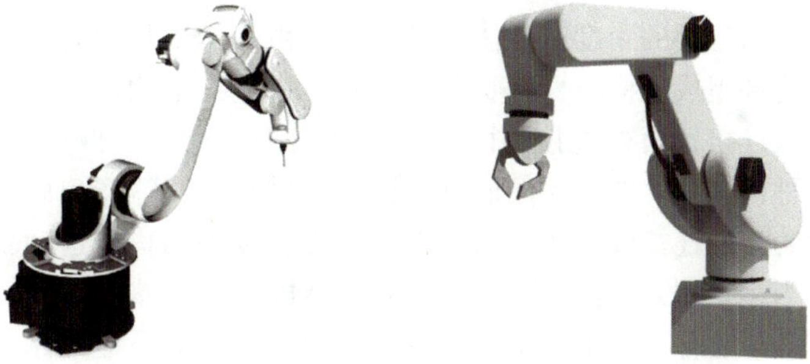
a)　　b)

图 5-3　多关节机械臂

电动机、手爪、手臂、躯干、控制器在机械臂中起着不同的作用。一般而言，按照各部分实体的功能不同，现代一台完整的机器通常由动力部分、传动部分、执行部分和控制部分组成。

1. 动力部分

动力部分也称原动部分，是机器的动力来源。其作用是把其他形式的能量转换为机械能，以驱动机器各部件运动。常见机器的动力部分有电动机、内燃机和空气压缩机等。在机械臂中其动力部分为电动机。

2. 传动部分

传动部分是将动力部分的运动和动力传递给工作部分的中间环节，如金属切削机床中的带传动、螺旋传动、齿轮传动和连杆机构等。机械臂传动部分为丝杠螺母传动。

3. 执行部分

执行部分也称工作部分，是直接完成机器工作任务的部分，处于整个传动装置的终端。其结构形式取决于机器的用途，如金属切削机床的主轴、洗衣机的拨水盘、汽车的车轮等。在机械臂中其执行部分为机械手爪。

4. 控制部分

控制部分可以显示和反映机器的运行位置和状态，控制机器正常运行和工作，包括自动检测、自动控制两个部分。如机电一体化产品中的控制装置、无人机中央控制面板等。在机械臂中其控制部分为 PLC 或 VC 代码编写控制系统等。

动力部分、传动部分、执行部分和控制部分相互之间的关系如下。

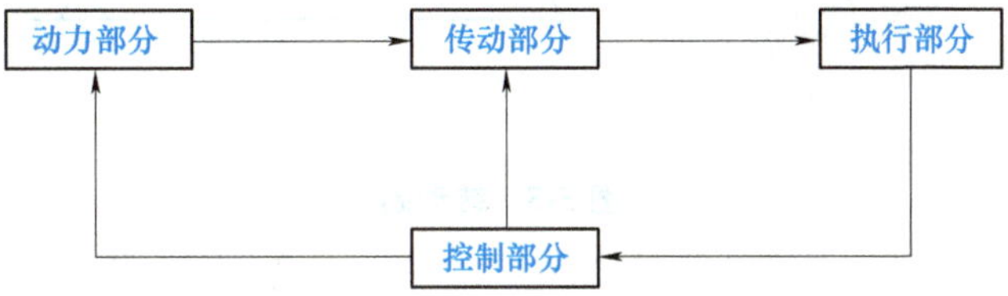

5.2　运动副及其分类

一、运动副的概念

从运动的角度讲，任何机构都是由若干机构组合而成的。当由构件组成机构时，需要以一定的方式把各个构件以一定的方式相互连接，而被连接的两个构件之间仍须产生某种相对的运动，这种两个构件之间既保证直接接触和制约，又能产生确定相对运动的活动连接称为运动副。构件上直接接触而构成运动副的表面称为运动副元素。在图 5-4 所示内燃机中，缸体与活塞、活塞与连杆、连杆与曲轴、曲轴与轴承之间分别形成了运动副。它们的运动副元素分别为圆柱面和圆孔面。

两构件在未构成运动副之前，在空间中共有六个相对自由度，而当两个构件组成运动副之后，它们之间的相对运动将受到约束限制。

图 5-4　内燃机

二、运动副的分类

常根据构成运动副的两构件的接触形式对运动副进行分类，根据点、线、面的接触情况，运动副可分为低副和高副两大类。

1. 低副

两构件通过以面接触而形成的运动副称为低副。低副的特点是承受载荷时的单位面积压力较小，故较耐用，传力性能好，但低副是滑动摩擦，摩擦损失大，因而效率低。此外，低副不能传递较复杂的运动。根据组成低副的两构件的相对运动形式，低副可分为转动副、移动副和螺旋副三类。

（1）转动副　组成运动副的两构件之间的相对运动为相对转动的运动副称为转动副或旋转副，也称铰链。转动副可分为两个构件都可运动的活动转动副和只有一个构件可运动的固定转动副两类，如图 5-5 所示。

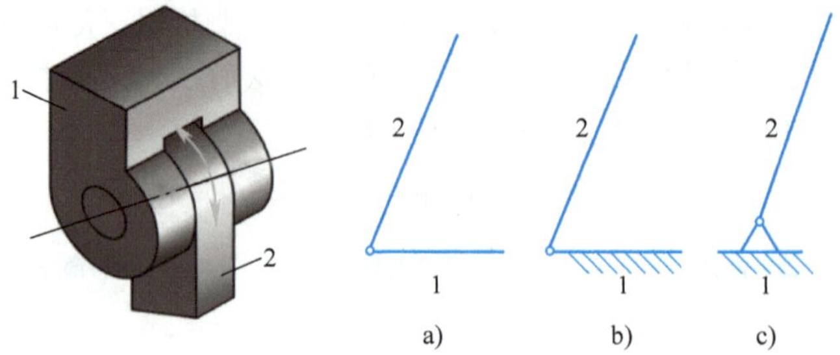

图 5-5　转动副

（2）移动副　组成运动副的两构件之间只能沿某一轴线相对移动的运动副称为移动副，也称滑块。移动副可分为两个构件都可运动的活动移动副和只有一个构件可运动的固定移动副两类，如图 5-6 所示。

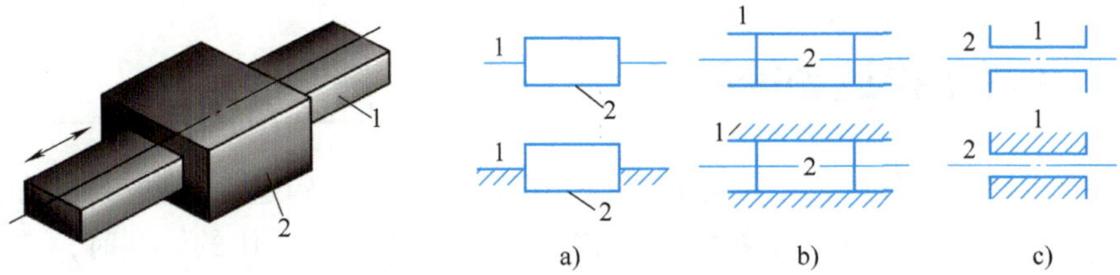

图 5-6　移动副

2. 高副

两构件通过点或线接触而形成的运动副称为高副。高副的特点是承受载荷时的单位面积压力较大，两构件接触处容易磨损，制造和维修困难，但高副能传递较复杂的运动。图 5-7a 所示凸轮机构中凸轮与从动件、图 5-7b 所示齿轮传动中齿轮 1 与齿轮 2 分别在接触点 A 处组成高副。

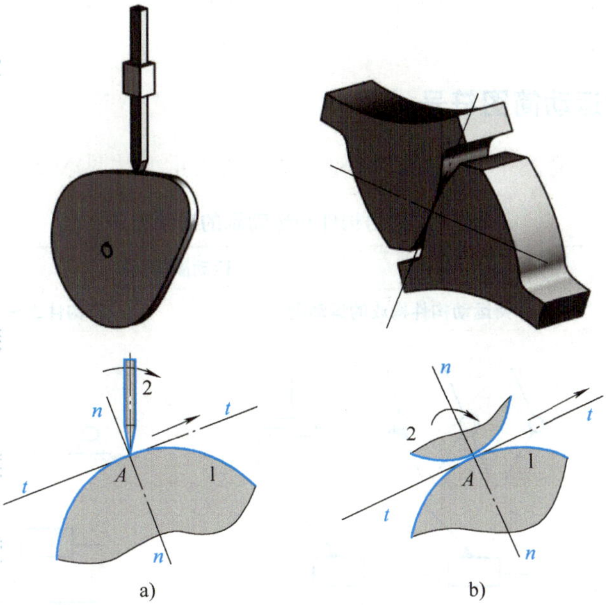

图 5-7　高副

除上述平面运动副之外，机械中还经常见到图 5-8 所示的螺旋副和图 5-9 所示的球面副。这些运动副中两构件间的相对运动是空间运动，故属于空间运动副。本章主要讨论平面运动副。

图 5-8　螺旋副

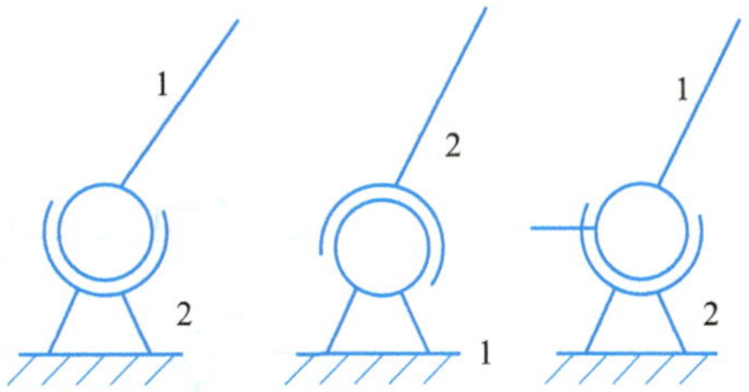

图 5-9　球面副

5.3 平面机构运动简图

在对现有机械进行分析或设计新机械时，都需要绘制机构运动简图。对平面机构进行分析，目的在于了解组成机构的各构件是如何工作的。此时，需要考虑与运动有关的构件数目、运动副数目、类型及其相对位置，而无须考虑机构的真实外形、断面尺寸、组成构件的零件数目和具体的结构。

一、平面机构运动简图的概念

平面机构运动简图是表示机构的组成和各构件相对运动关系的简化图形。只根据机构的运动尺寸，按一定的比例尺定出各运动副的位置，就可以用运动副、常用机构运动简图符号和一般机构的表示方法将机构的运动传递情况表示出来。利用平面机构运动简图可方便地分析机构的原理、运动特性及受力情况。只为了表示机构的结构及运动情况，而不严格按照比例绘制的简图称为机构的示意图。

二、常用机构运动简图符号

在平面机构的运动简图中，常用构件和运动副的表示方法见表 5-2。

表 5-2　常用构件和运动副的表示方法

运动副名称		运动副符号	
		两运动构件构成的运动副	两构件之一为固定时的运动副
平面运动副	转动副	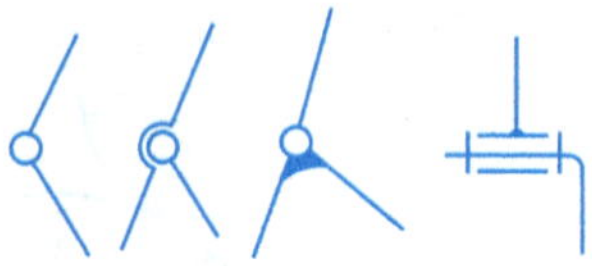	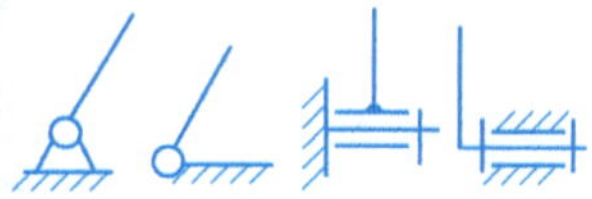
	移动副	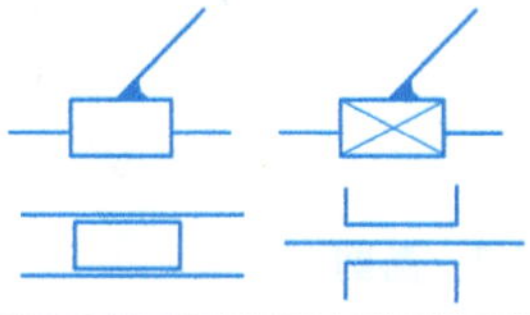	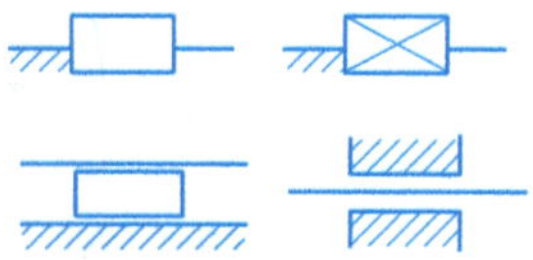
	平面高副	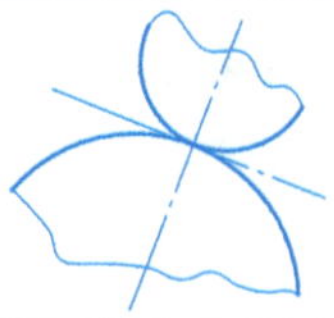	
空间运动副	螺旋副	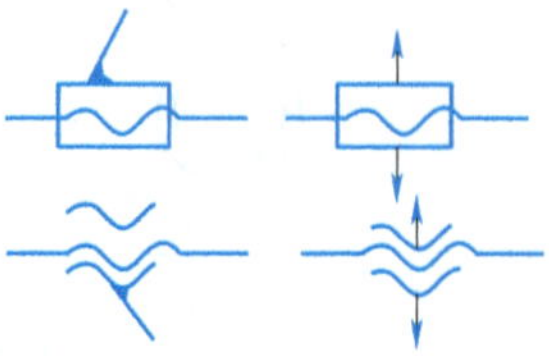	

（续）

运动副名称	运动副符号		
	两运动构件构成的运动副		两构件之一为固定时的运动副
空间运动副	球面副及球销副	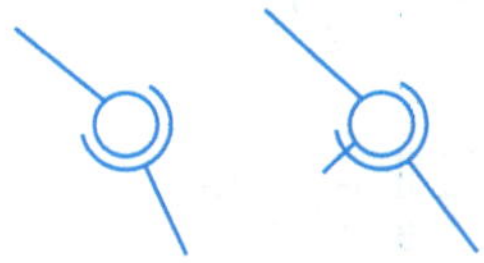	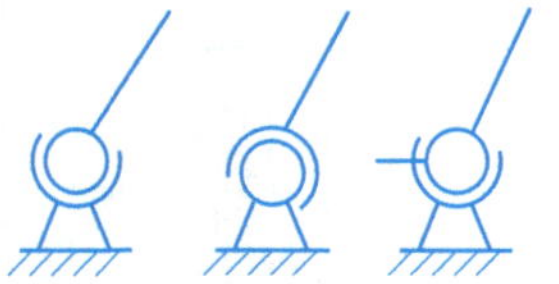

机构中的构件按其运动性质可分为以下三类。

1. 固定构件

机构中固定不动的构件称为机架，用来支承活动构件。任何机构中机架只有一个。

2. 原动件

机构中已知运动规律的构件称为原动件，它的运动是由外界输入的，又称为主构件。机构中有一个或几个原动件。

3. 从动件

由原动件带动而运动的构件称为从动件，可输出预期的运动，也起传递运动的作用。

三、平面机构运动简图的绘制

在绘制机构运动简图时，首先要把该机械的实际构造和运动传递情况搞清楚。为此，首先需要确定其原动件和执行构件，然后再循着运动传递的路线搞清楚原动件的运动是怎样经过传递部分传递到执行构件的，从而认清该机械是由多少构件组成的，各构件之间组成了何种运动副以及它们所在的相对位置，这样才能正确绘制出机构运动简图。

绘制平面机构运动简图的步骤如下。

1. 分析机构的组成，确定构件数目

观察机构的运动传递情况，找出机架、主动件和从动件。从主动件开始，沿传动线路分析构件数目及各构件的相对运动情况，确定运动关系。

2. 确定运动副的类型及数目

分析各构件间的连接关系，确定运动副的类型和数目。

3. 选择视图平面

为了清楚地将平面机构运动简图表示出来，一般选择机构多数构件的运动平面为视图平面，允许把机构不同部分的视图展开到同一视图面上，或为难于表达清楚的部分另外绘制一个局部视图。

4. 选择适当比例尺，绘制机构运动简图

在选定视图平面和机构原动件的某一适当位置后，便可选择适当的比例尺，根据机构的运动尺寸，确定各运动副之间的相对位置，之后可用常用机构运动简图符号和构件的表达方法将各部分画出，即可得到机械的平面机构运动简图。作图比例$\mu=\frac{构件实际尺寸}{构件图示尺寸}\left(\frac{m}{mm}\right)$。

下面举例说明机构运动简图的画法。

例 5-1　绘制图 5-10a 所示颚式破碎机主体机构的运动简图。

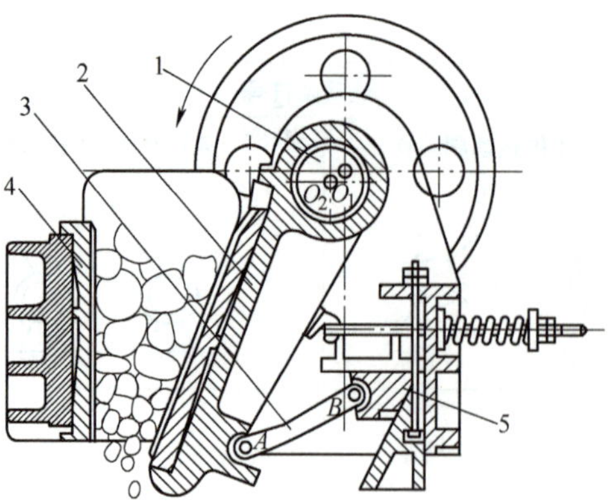

a)

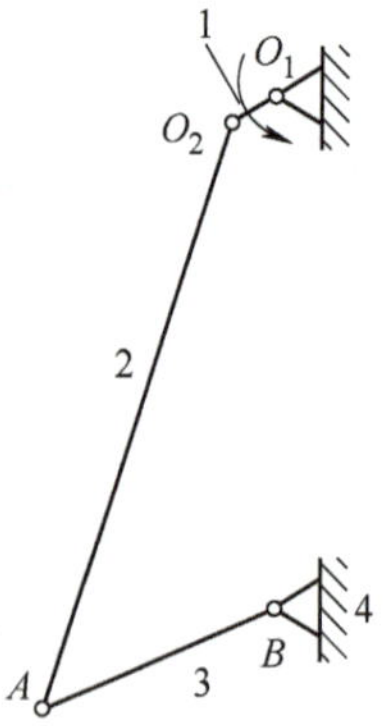

b)

图 5-10　颚式破碎机主体机构运动简图

1—偏心轮　2—动颚　3—肘板　4—机架

分析：

1）分析机构运动及组成，确定构件数目。

2）确定运动副的类型和数目。

3）选择颚式破碎机主体机构的一般运动平面作为视图平面，测量各运动副间的相对位置。

4）确定长度比例尺。

5）绘制机构运动简图。

解　1）颚式破碎机主体机构由机架4、原动件偏心轮1、从动件动颚2和肘板3四个构件组成。

2）偏心轮1与机架4组成转动副O_1，偏心轮1与动颚2组成转动副O_2，动颚2与肘板3组成转动副A，肘板3与机架4组成转动副B。整个机架共有四个转动副。

3）图5-10a所示为机构运动的瞬时位置，能够清楚地表达各构件的运动关系，所以按此位置绘制机构运动简图。

4）选定转动副O_1的位置，然后根据各转动副中心间的尺寸，按选定比例尺确定转动副O_2、A及B的位置。最后用规定符号绘制机构运动简图，并标出构件号及表示原动件运动方向的箭头，如图5-10b所示。

5.4　平面机构的自由度

机构是由构件和运动副组成的，机构要实现预期的运动，必须使其能够运动和具有确定的运动规律。一个机构在什么条件下才能实现确定的运动？机构的自由度又怎么计算？下面介绍机构的自由度计算和平面机构具有确定运动的条件。

一、自由度与约束

如图 5-11 所示，在 xoy 坐标系中，构件做任意平面运动时，其运动可分解为三个独立运动：沿 x 轴方向的移动，沿 y 轴方向的移动，以及绕垂直于 xoy 平面轴线的转动，因此做平面运动的自由构件具有三个独立运动，则具有三个自由度。将做平面运动的构件在相对参考系中所具有的独立运动的数目称为构件的自由度。

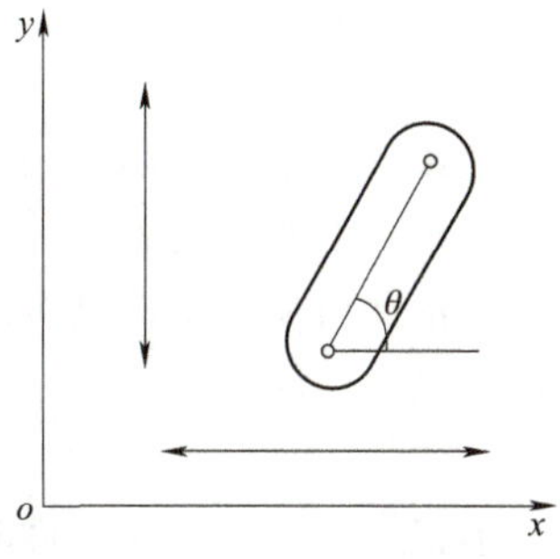

图 5-11　构件的自由度

自由构件通过运动副连接起来后，独立的运动就会受到限制，相对运动所加的限制称为约束，即构件被约束了。两个平面构件间形成的运动副引入多少个约束，限制了构件的几个独立运动，取决于运动副的类型。如转动副约束了沿 x 轴方向和 y 轴方向移动的两个自由度，只保留了一个在 xoy 平面内的转动自由度；移动副约束了沿 x 轴或 y 轴和在 xoy 平面内转动的两个自由度，只保留了一个沿 y 轴或 x 轴的移动自由度；高副则只约束了沿接触点公法线 $n—n$ 方向的移动自由度，保留了绕接触点转动和沿接触点公切线 $t—t$ 方向移动的两个自由度。因此，在平面机构中，每个低副引入两个约束，保留一个自由度；每个高副引入一个约束，保留两个自由度。

二、平面机构的自由度计算

假设平面机构中共有 n 个活动构件（机架不是活动构件），在各构件尚未用运动副连接时，它们共有 $3n$ 个自由度。当各构件用运动副连接之后，假设共有 N_L 个低副和 N_H 个高副，则它们将提供（$2N_L+N_H$）个约束，故平面机构自由度的计算公式为

$$m = 3n - 2N_L - N_H \tag{5-1}$$

式（5-1）为平面机构自由度的计算公式，下面举例说明公式的应用。

例 5-2　计算图 5-12 所示曲柄滑块机构的自由度。

解　该机构为铰链四杆机构，其中构件 4 为机架，因此该机构的活动构件数 $n=3$，低副个数 $N_L=4$，高副个数 $N_H=0$。按式（5-1）求得机构自由度为

$$m = 3n - 2N_L - N_H = 3 \times 3 - 2 \times 4 - 0 = 1$$

例 5-3　计算图 5-13 所示五杆铰链机构的自由度。

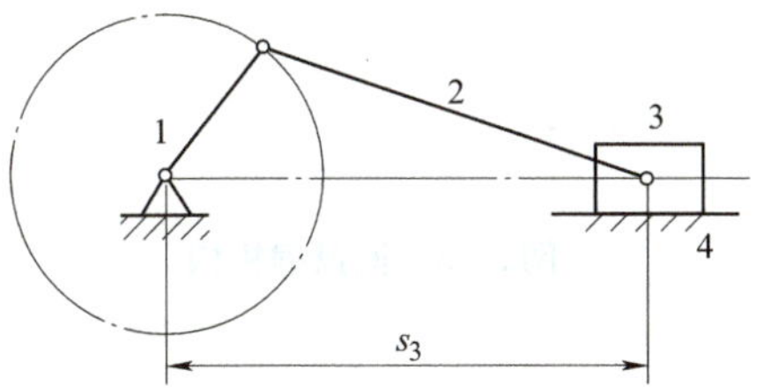

图 5-12　曲柄滑块机构

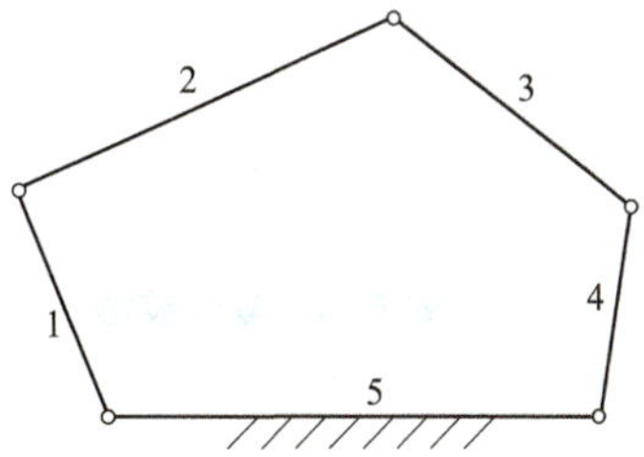

图 5-13　五杆铰链机构

解　该机构为铰链五杆机构，其中构件 5 为机架，因此该机构的活动构件数 $n=4$，低副

个数 $N_L=5$，高副个数 $N_H=0$。按式（5-1）求得机构自由度为

$$m = 3n - 2N_L - N_H = 3 \times 4 - 2 \times 5 - 0 = 2$$

三、机构具有确定运动的条件

平面机构所具有的独立运动的数目称为机构的自由度，其数目常以 m 表示。没有用运动副连接的做平面运动的构件称为自由构件。

由于一般机构的主动件都是和机架相连的，对于这样的主动件，一般只能给定一个独立运动。由此可见，机构具有确定运动的条件为：机构的主动件数目 W 应大于 0 且等于机构的自由度 m，即

$$W = m > 0$$

当机构不满足这一条件时，如果机构的主动件数目 W 小于机构的自由度 $m(W<m)$，则机构的运动将不完全确定。如果主动件数目 W 大于机构的自由度 $m(W>m)$，则会造成机构中最薄弱的环节产生破坏。但是，当机构主动件的数目小于机构的自由度时，机构的运动也并不是毫无规律的，而是遵循最小阻力定律，即优先沿阻力最小的方向运动。

在分析现有机构或设计新机构时，一般可以通过计算机构的自由度来检验所做的机构运动简图是否满足具有确定运动的条件，以避免出现原理的错误。

四、计算平面机构自由度的注意事项

在计算平面机构自由度时，应该注意局部自由度、虚约束和复合铰链三种特殊情况。

1. 复合铰链

复合铰链是两个以上的构件在同一处以同轴线转动副相连接。图 5-14 所示为三个构件在一点以转动副连接而形成的复合铰链。图中可看出三个构件组成两个转动副。在机构中若有 n 个构件以复合铰链进行连接，应具有（$n-1$）个转动副。

例 5-4　计算图 5-15 所示圆盘锯机构的自由度。

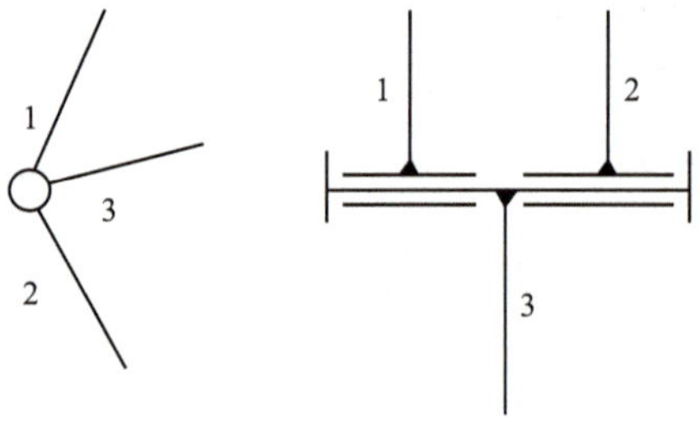

图 5-14　复合铰链

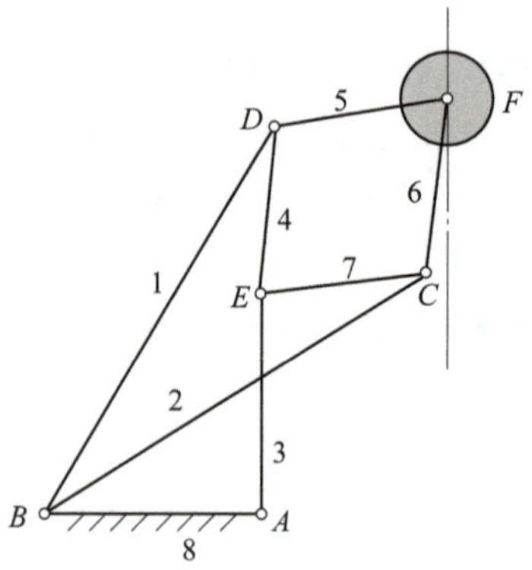

图 5-15　圆盘锯机构

解　机构中有七个活动构件，$n=7$；B、C、D、E 四处都是由三个构件组成的复合铰链，各有两个转动副，A、F 处各有一个转动副，故低副个数 $N_L=10$，高副个数 $N_H=0$。由式（5-1）可得

$$m = 3n - 2N_L - N_H = 3 \times 7 - 2 \times 10 - 0 = 1$$

2. 局部自由度

在有些机构中，某些构件所产生的局部运动并不影响其他构件的运动，所具有的自由度仅与其自身的局部运动有关，这种局部运动的自由度称为局部自由度。在计算机构自由度时，局部自由度应略去不计。

例如，在图 5-16 所示滚子推杆凸轮机构中，当主动件凸轮转动时，通过滚子驱使从动件以一定运动规律在机架中做往复运动。在这个机构中，无论滚子绕其自身轴线是否转动或其转动是快是慢都丝毫不影响从动件的运动，因而滚子转动的自由度属于局部自由度。在计算该机构的自由度时，应将滚子与从动件看成一个构件。该机构的自由度为

$$m = 3n - 2N_L - N_H = 3 \times 2 - 2 \times 2 - 1 = 1$$

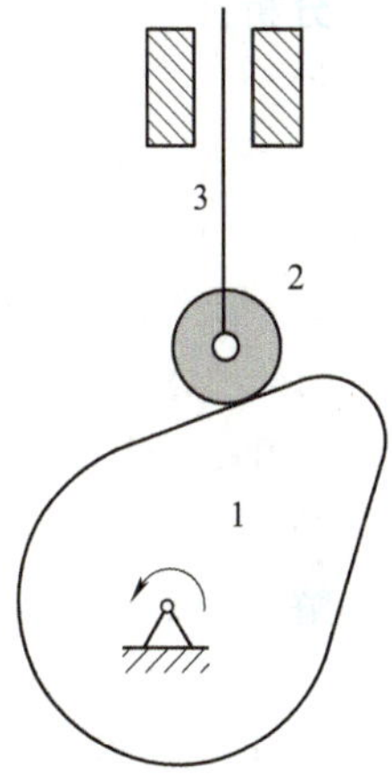

图 5-16　滚子推杆凸轮机构

3. 虚约束

在机构中有些运动副带入的约束对机构的运动只起重复约束的作用，对机构的运动实际上不起独立限制作用，这种约束称为虚约束。

机构中的虚约束常出现在以下场合。

1）用运动副连接的两构件在连接点的运动轨迹相重合，则该运动副连接将引入一个虚约束。在图 5-17a 所示平行四边形机构中，连杆 2 做平行移动，由于杆 EF 平行并且长度等于杆 AB 及 CD，杆 2 上 E 点的轨迹与杆 4 上 E 点的轨迹完全重合，因此杆 EF 引入了虚约束，计算时，应将其简化为图 5-17b 所示的机构形式。该机构的自由度为

$$m = 3n - 2N_L - N_H = 3 \times 3 - 2 \times 4 - 0 = 1$$

2）用双转动副杆连接的是两运动构件上某两点之间的距离始终保持不变的两点，也将带入一个虚约束。如图 5-18 所示椭圆机构中存在一个虚约束，也可以看作是由双转动副杆 1 将 A、C 两点相连而引入的，该两点之间的距离始终保持不变。

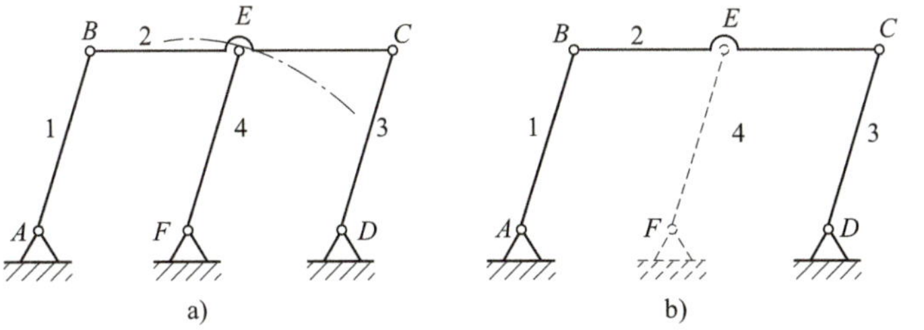

图 5-17　平行四边形机构

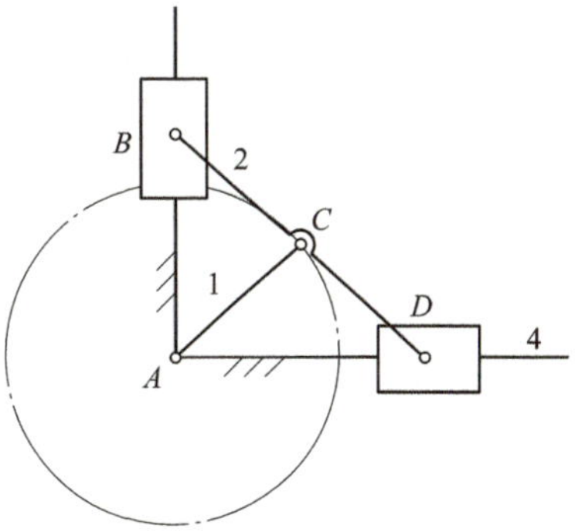

图 5-18　椭圆机构

3）不影响机构运动传递的重复部分所带入的约束为虚约束。

虚约束虽不影响机构的运动，但可以增加机构的刚性，改善机构的受力情况，增强工作的稳定性。因此，在机构设计中被广泛使用。机构中的虚约束是在特定的几何条件下出现的，如果这些几何条件不满足，则虚约束将变成有效约束，使得机构不能运动。因此虚约束

对机构的几何条件要求较高，对机构的加工和装配精度都提出了严格的要求。

例 5-5　分析图 5-19 所示的包装机送纸机构，计算其自由度，并判断机构是否具有确定运动的相对运动。

分析：

1）机构在 D 处有一个复合铰链，存在两个转动副。如果一个复合铰链旁边连接了 k 个构件，则存在（k-1）个转动副。

2）机构中存在两个局部自由度，分别在 C、H 处，此处的转动副对于机构的自由度并无约束与限制作用，因此在计算自由度时滚子不计入活动构件数内。

3）机构中 FI 处引入一个虚约束。

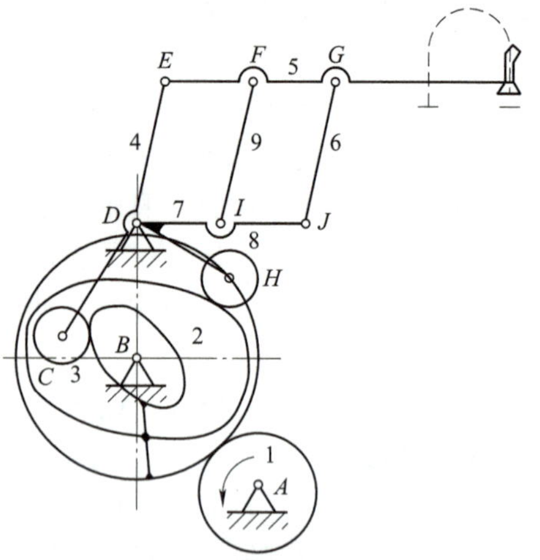

图 5-19　包装机送纸机构

解　在图 5-19 中 1 是原动件，其中构件共有 10 个，活动构件数 $n=10-1=9$ 个，低副有 A、B、D（两个）、E、G、J 处，即 $N_L=7$ 个。FI 处是虚约束，C、H 处是局部自由度，都不应该计入低副。D 处为复合铰链。在 A、C、H 处有三个高副，$N_H=3$。去掉局部自由度和虚约束后，$n=6$，$N_L=7$，$N_H=3$。故由式（5-1）可得机构自由度为

$$m=3n-2N_L-N_H=3\times6-2\times7-3=1$$

所以机构的自由度大于或等于 1，且机构自由度等于原动件的个数，故该平面机构具有确定的相对运动。

第 6 章

CHAPTER 6

平面连杆机构及其设计

知识目标：

1. 掌握平面四杆机构的基本类型。
2. 掌握铰链四杆机构类型的判断方法。
3. 掌握平面四杆机构运动特性的分析方法。
4. 掌握平面四杆机构的设计方法。
5. 了解多杆机构及其他机构。

能力目标：

1. 具有平面连杆机构的设计能力。
2. 具有判断铰链四杆机构类型的能力。
3. 具有识别各类滑块机构的能力。
4. 具有识别四杆机构基本特性的能力。

融入素养： 对机构“死点”的辩证思维——避免、克服和利用，体现了事物的两面性，扬长避短，物尽其用。

6.1 平面连杆机构及其传动特点

平面连杆机构是一种常见的传动机构，其最基本也是应用最广泛的一种形式是由四个构件组成的平面四杆机构。由于机构中的多数构件呈杆状，因此常称杆状构件为杆。平面连杆机构是由若干个构件通过低副连接而成的平面机构，又称为平面低副机构。

平面连杆机构广泛应用于各种机械和仪器仪表中，如内燃机中的曲柄滑块机构、飞机起落架的双摇杆机构和汽车车门启闭机构中的双曲柄机构等。

平面连杆机构主要具有以下传动特点。

1）平面连杆机构中的运动副一般为低副，其运动副元素为面接触，单位面积上承受的压力小，承载能力较大，润滑好，不易磨损，使用寿命较长，能够保证工作的可靠性。

2）平面连杆机构中的构件可实现多种运动形式，在主动件运动规律不变的条件下，采取改变各构件的相对长度可实现从动件的不同运动规律。

3）在平面连杆机构中，连杆上的各点轨迹是各种不同形状的曲线，其形状随着各构件相对长度的改变而改变，故可用在一些特定工作环境中。

4）利用连杆机构还可以方便地实现改变运动的传递方向、实现增力和远距离传递等。

平面连杆机构也存在一些缺点。

① 由于平面连杆机构的运动必须经过中间连杆构件进行传递转换，因此传动路线较长，致使构件尺寸和运动副间隙的累计误差较大，降低机械效率。

② 在平面连杆机构运动过程中，大部分构件或构件的重心在运动过程中做变速运动，连杆及滑块所产生的惯性力难以用一般平衡方法进行消除，故不宜应用于高速运动的场合。

平面连杆机构的类型很多，四杆机构是平面连杆机构中最常见的形成，而且是其他多杆机构的基础。本章主要学习平面四杆机构。

6.2　铰链四杆机构的类型及应用

铰链四杆机构是构件间的运动副均为转动副连接的四杆机构，是平面四杆机构的基本形式，其他平面连杆机构均可由铰链四杆机构演化或组合而成。

图 6-1 所示铰链四杆机构由三个活动构件和一个固定构件，还有四个转动副组成。在此机构中，固定不动的 *AD* 杆称为机架；与机架相连的 *AB*、*CD* 杆称为连架杆；不直接与机架相连的 *BC* 杆称为连杆。在连架杆中，如果能够绕机架上的运动副做 360°转动，则称为曲柄；只能在小于 360°范围内做往复摆动，则称为摇杆。

根据两连架杆运动形式的不同，铰链四杆机构又分为曲柄摇杆机构、双曲柄机构和双摇杆机构三种基本形式。

一、曲柄摇杆机构

在铰链四杆机构中，若两个连架杆中连架杆 1 为曲柄，连架杆 2 为摇杆，则此四杆机构称为曲柄摇杆机构，如图 6-2 所示。在曲柄摇杆机构中，当以摇杆为原动件时，可将摇杆的往复运动转变为曲柄的连续转动；当以曲柄为原动件时，可将曲柄的连续转动转变为摇杆的往复摆动。

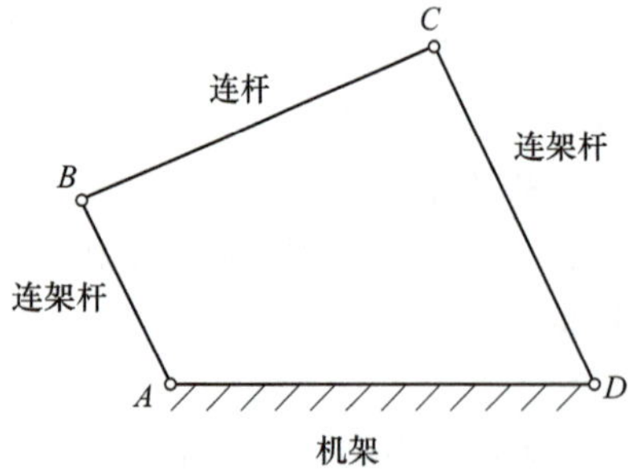

图 6-1　铰链四杆机构

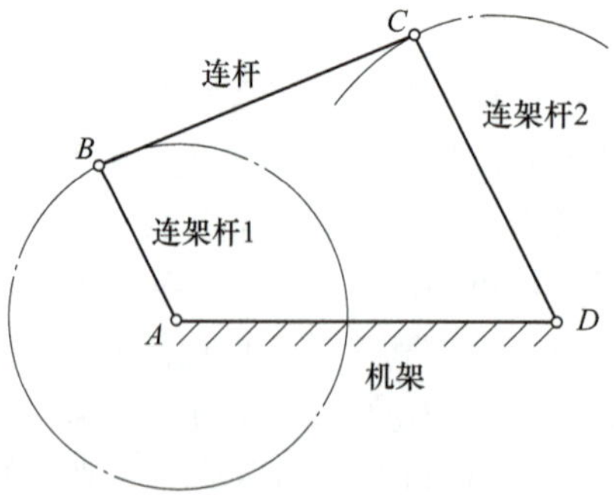

图 6-2　曲柄摇杆机构

曲柄摇杆机构在生产中应用广泛。图 6-3a 所示雷达天线机构及图 6-3b 所示汽车刮水器机构都是其应用实例。若以摇杆为原动件时，通过摇杆的往复摆动转变成曲柄的连续转动，在以人力为动力的机械中应用较多，如图 6-3c 所示缝纫机踏板机构，当脚踏板 *CD*（等同于摇杆）做往复摆动时，通过连杆带动曲轴 *AB*（等同于曲柄）做连续的整周回转运动。

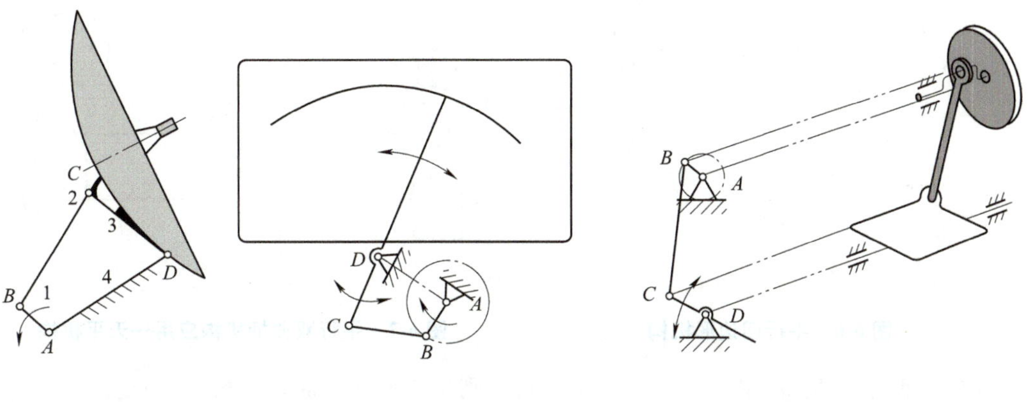

a) 雷达天线机构　　b) 汽车刮水器机构　　c) 缝纫机踏板机构

图 6-3　曲柄摇杆机构的应用

二、双曲柄机构

在铰链四杆机构中，若两连架杆 *AD*、*BC* 均为曲柄，则称该机构为双曲柄机构，如图 6-4 所示。在双曲柄机构中，主动曲柄 *BC* 做匀速转动，从动曲柄 *AD* 则做同向变速转动。

在图 6-5 所示惯性筛机构中，主动曲柄 1 做匀速转动，从动曲柄 3 做变速转动，通过构件 5 使筛子 6 产生变速直线运动，从而带动筛子做往复运动筛选物料，筛子 6 内的物料因惯性而来回抖动，以达到筛分物料的目的。

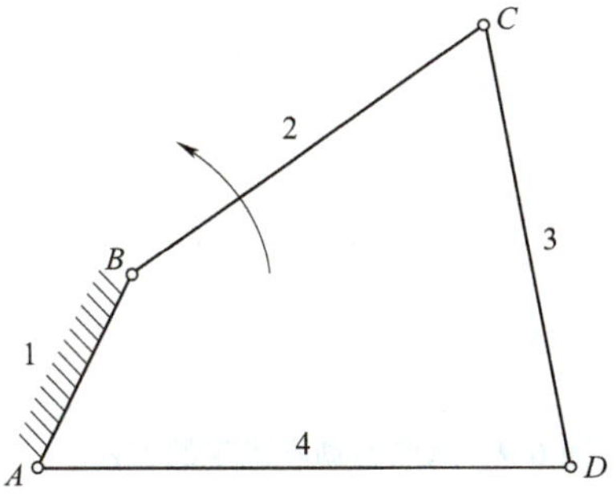

图 6-4　双曲柄机构

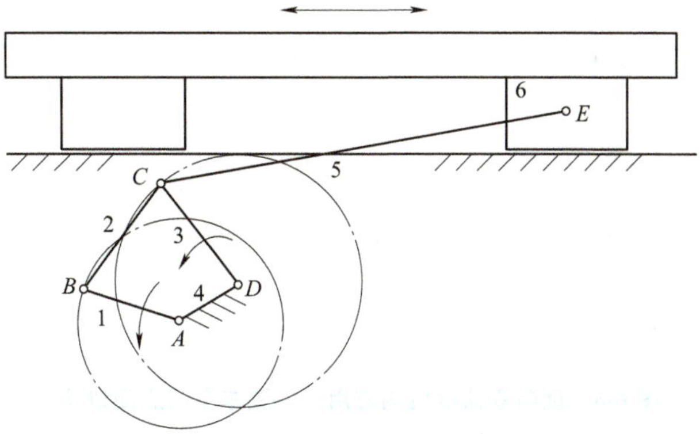

图 6-5　双曲柄机构应用——惯性筛机构

在双曲柄机构中，常见的还有平行双曲柄机构和反向曲柄机构。平行四边形机构相对的两杆平行且相等，组成平行四边形，如图 6-6 所示，其具有三个显著特点：一是两个曲柄 *AB*、*CD* 以相同速度同向转动；二是连杆 *BC* 进行平动；三是连杆上任一点的轨迹均是以曲柄长度为半径的圆。这类平行四边形机构可以保持等传动比，因此在机械中被广泛应用。在图 6-7 所示的天平机构中，利用平行双曲柄机构中两曲柄的转向和角速度均相同的特性，保证两天平盘始终处于水平状态。

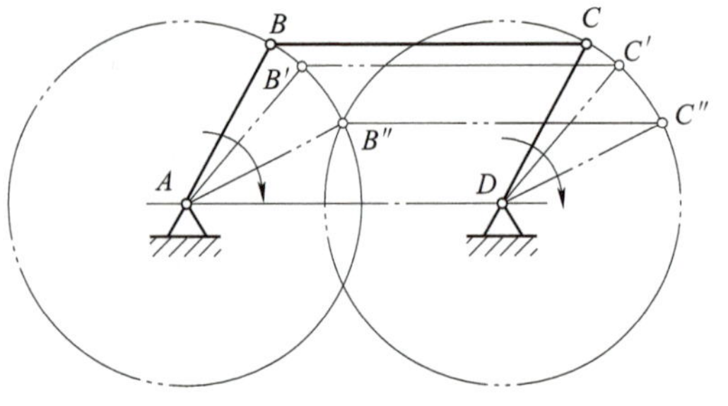

图 6-6 平行四边形机构

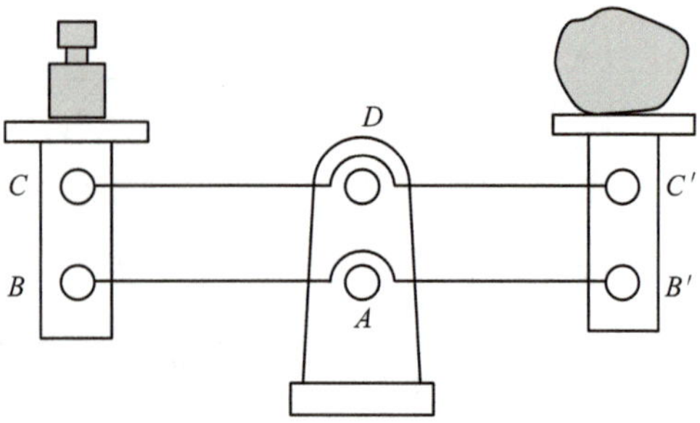

图 6-7 平行双曲柄机构应用—天平机构

若双曲柄机构两曲柄长度相等，但不平行，则称为反向双曲柄机构。反向双曲柄机构中两曲柄旋转方向相反，角速度也不相等。在图 6-8 所示的汽车车门启闭机构中，两曲柄的转向相反，角速度也不相同。当主动曲柄顺时针方向转动至位置 *AB*，从动曲柄逆时针方向转动至位置 *CD* 时，汽车车门处于关闭状态；当主动曲柄逆时针方向转动至位置 *AB′*，从动曲柄顺时针方向转动至位置 *C′D* 时，汽车车门处于开启状态。

必须指出的是，当平行双曲柄机构的四个铰链中心处于同一直线上时，将出现运动不确定状态，此时机构有可能正常运动，也有可能反转，还有可能卡死不动。为了消除这种运动不确定的现象，可以在主、从动曲柄上错开一定角度再安装一组平行四边形机构，如图 6-9 所示。当上面一组平行双曲柄机构转到 *AB′DC′* 共线位置时，下面一组平行双曲柄机构 $AB_1'C_1'D$ 仍处于正常位置，故机构仍然保持确定运动。

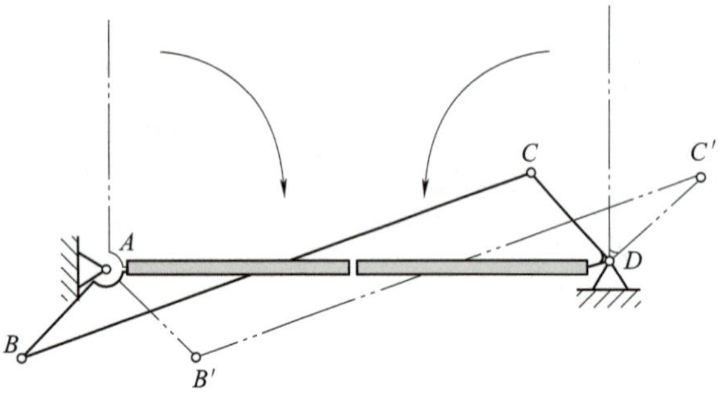

图 6-8 反向双曲柄机构应用——汽车车门启闭机构

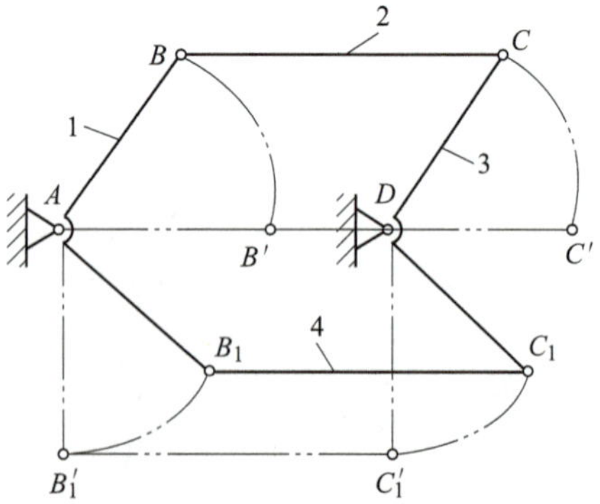

图 6-9 消除运动不确定的方法

三、双摇杆机构

在铰链四杆机构中，若两个连架杆 *AD*、*BC* 均为摇杆，则称其为双摇杆机构，如图 6-10 所示。在双摇杆机构中，主动摇杆做往复摆动时，通过连杆带动从动摇杆也做往复摆动。

双摇杆机构在机械工程上也有着广泛的应用，如图 6-11 所示的车辆前轮转向机构的两摇杆长度相等。两个摇杆长度相等的双摇杆机构称为等腰梯形机构。当车辆转弯时，与前轮轴固联的两个摇杆摆动转至一定角度；如果在任意位置都能使两前轮轴线延长线相交于一点 *P* 并落在后轮轴延长线上，则当整个车身绕着点 *P* 转动时，四个车轮都能在地面上近似于纯滚动，保证汽车转弯平稳，避免轮胎因滑动而磨损。

图 6-12 所示的飞机起落架也是双摇杆机构的典型应用。

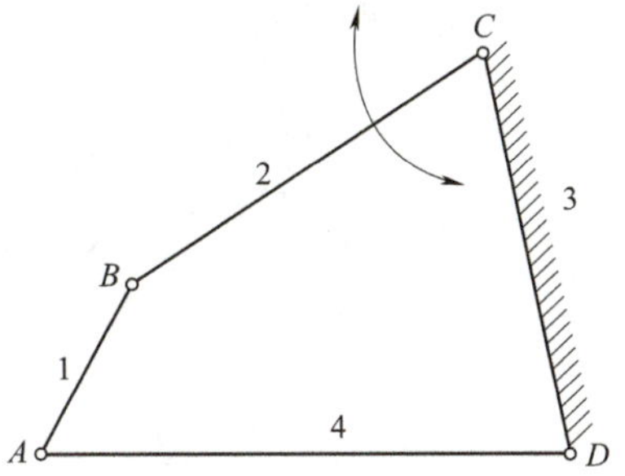

图 6-10　双摇杆机构

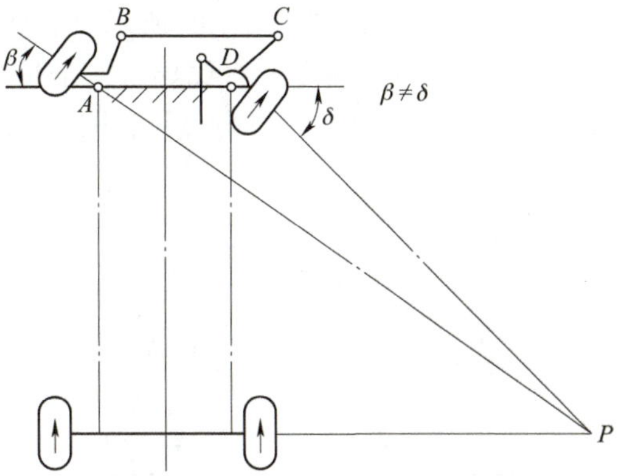

图 6-11　双摇杆机构应用——车辆前轮转向机构

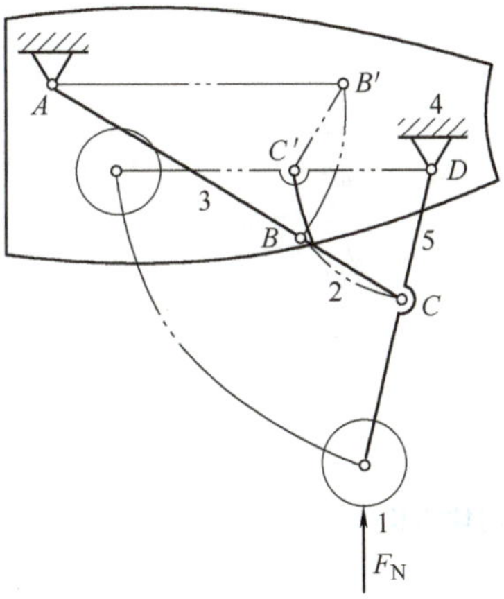

a) 机构图

b) 实物图

图 6-12　双摇杆机构应用——飞机起落架

6.3　平面四杆机构的演化

除了上述铰链四杆机构的三种基本形式以外，其他形式的平面四杆机构在机械中仍有广泛使用。它们一般是通过改变铰链四杆机构某些构件的形状、相对长度、扩大转动副或选择不同构件作为机架等方式演化而来的。机构的演化，不仅可以满足运动方面的要求，还可以进一步改善受力状况及满足结构设计上的需要。

一、曲柄滑块机构

在图 6-13a 所示的曲柄摇杆机构中，铰链 C 的运动轨迹为以铰链 D 为圆心，杆 CD 长度为半径的圆弧$\widehat{mm}$。若将杆 CD 改变为滑块形式，使其沿圆弧导轨$\widehat{mm}$往复滑动，显然其运动的形式没有发生变化，于是摇杆 3 演化为做直线运动的滑块，转动副 D 演化为移动副，从而演化为曲柄滑块机构，如图 6-13b 所示。若将图 6-13a 中的摇杆 CD 的长度增至无穷大，则图 6-13b 中的曲线导轨将变成直线导轨，于是演化为图 6-13c 所示的曲柄滑块机构。图 6-13c 所示为具有偏距 e 的偏置曲柄滑块机构；图 6-13d 所示为无偏距的对心曲柄滑块机构。

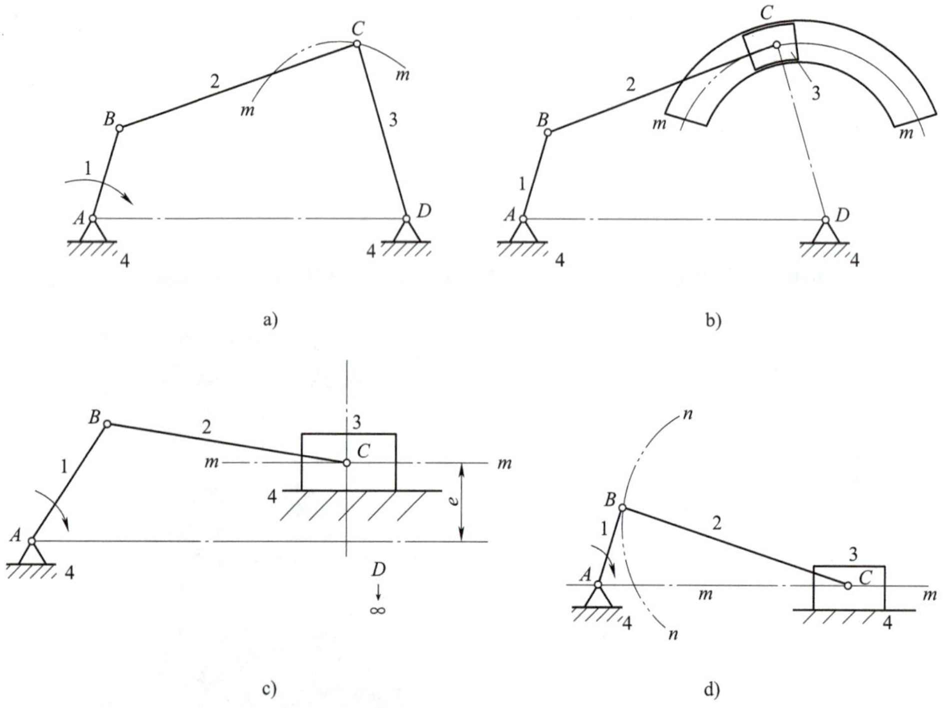

图 6-13　曲柄滑块机构

曲柄滑块机构广泛应用于活塞式内燃机、空气压缩机、压力机等机械中。内燃机中的活塞、曲轴、连杆以及气缸体实际上利用了曲柄滑块机构的运动特征。其中，活塞相当于曲柄滑块机构中的滑块，曲轴是曲柄，气缸体是机架，连杆分别与活塞及曲轴连接。

二、导杆机构

曲柄滑块机构中其他构件间具有不同的相对运动，取不同的构件作为机架或改变构件长度时，将演化出不同运动特点的机构，如图 6-14 所示。

在图 6-14b 所示曲柄滑块机构中，取杆 1 为固定构件，可得到导杆机构。杆 4 在机构中与机架通过转动副连接，与滑块以移动副相连接，该构件为导杆。在导杆机构中取杆 2 为原动件，当 $l_1<l_2$时，杆 2 和杆 4 均可做整周回转运动，此时机构称为曲柄转动导杆机构或转动导杆机构。当 $l_1>l_2$时，杆 2 和杆 4 均相对机架只能做往复摆动，此时机构称为曲柄摆动导杆机构或摆动导杆机构。导杆机构具有很好的传力性能，常用于牛头刨床、插床和回转泵等机械设备中。图 6-15 所示为牛头刨床主运动机构平面机构运动简图，主动件 AB 做等速回转，从动件导杆 BC 做往复摆动，带动滑块做往复直线运动。

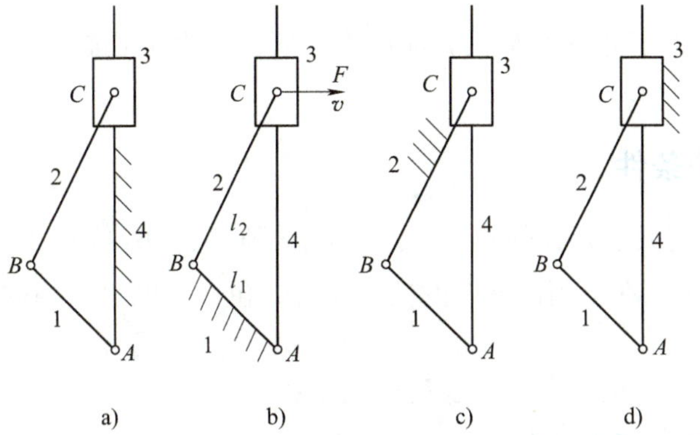

图 6-14　曲柄滑块机构的演化

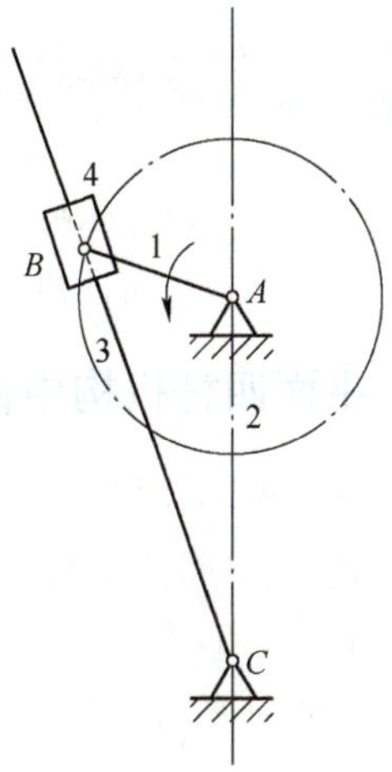

图 6-15　导杆机构——牛头刨床主运动机构

三、摇块机构

在图 6-14c 所示曲柄滑块机构中，取杆 2 为固定构件，可得摇块机构。摇块机构广泛应用于摆缸式内燃机、液压驱动装置和汽车自动卸料机构中。图 6-16 所示为汽车自动卸料机构，利用液压缸（摇块 3）的压力推动活塞（杆 4）运动，迫使车厢（杆 1）绕点 B 翻转，物料便自动卸下。

四、定块机构

在图 6-14d 所示曲柄滑块机构中，取滑块 3 为固定构件，可得定块机构（或称固定滑块机构）。定块机构应用于油泵和抽水机构中。图 6-17 所示为手动抽水机构平面机构运动简图，扳动手柄 1，可以使活塞杆 4 在抽水筒 3 内上下移动，完成抽水动作。

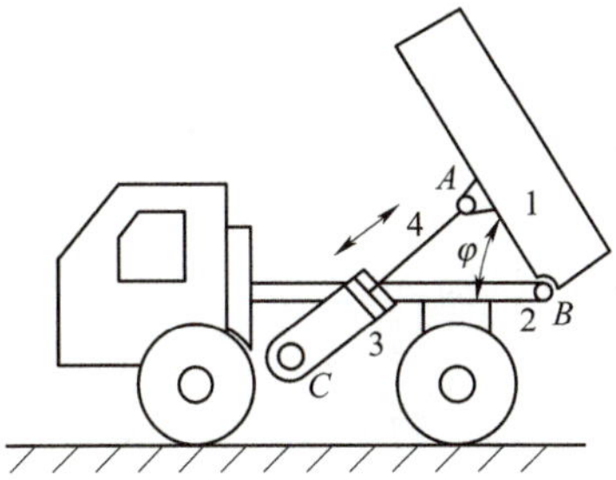

图 6-16　汽车自动卸料机构

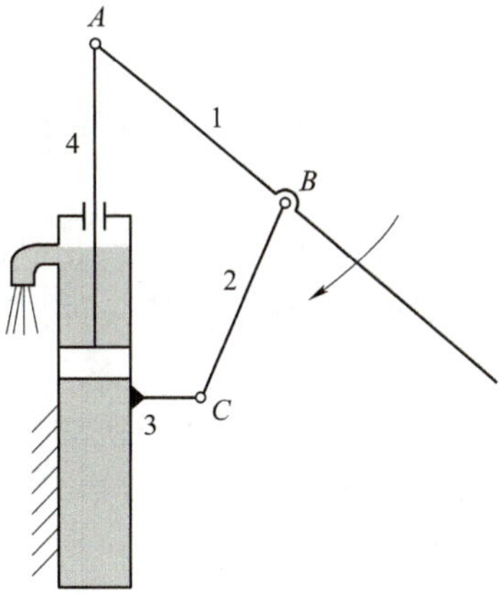

图 6-17　手动抽水机构

6.4 平面四杆机构的基本特性

由前所述，在铰链四杆机构中有的连架杆能做整周回转而成为曲柄，有的则不能。那么在什么条件下，平面四杆机构中才有曲柄存在？

一、平面四杆机构中曲柄存在的条件

如图6-18所示，设 l_1、l_2、l_3、l_4分别表示各杆的长度，且 $l_2<l_1$，则当杆 AB 绕点 A 相对于机架 AD 做整周转动时，杆 AB 应能占据在整周回转中的任意位置，包括与机架 AD 共线的两个位置 AB_1 和 AB_2。

由图6-18可看出，当杆 AB 转至位置 AB_1 时，各杆的长度应满足：

$$l_1 + l_2 < l_3 + l_4 \tag{6-1}$$

当杆 AB 转至位置 AB_2 时，各杆的长度应满足：

$$\begin{cases} l_2 + l_4 < l_1 + l_3 \\ l_2 + l_3 < l_1 + l_4 \end{cases} \tag{6-2}$$

将式（6-1）和式（6-2）两两相加，并考虑到杆 AB、连杆 BC 及摇杆 CD 出现重合的极限情况，则得

$$l_2 < l_1、l_2 < l_3、l_2 < l_4$$

所以在 l_1、l_2、l_3和 l_4四个构件中，曲柄 l_2最短，且最短杆和最长杆之和不大于其余两杆之和，则杆2能做整周转动，即为曲柄。

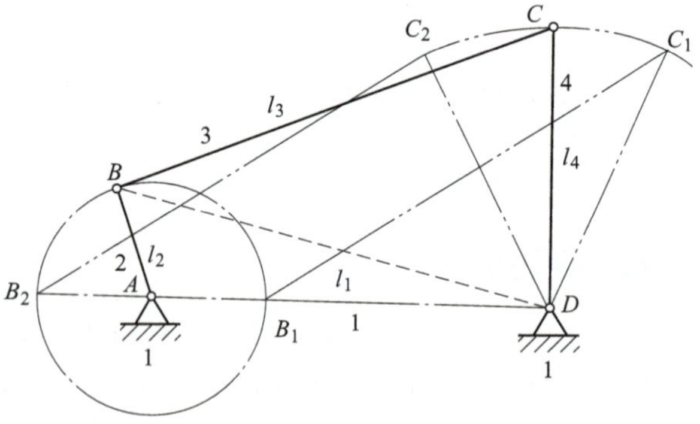

图6-18　曲柄摇杆机构存在曲柄的条件

铰链四杆机构的三种基本形式的区别在于连架杆是否为曲柄。平面四杆机构存在曲柄，必须同时满足以下两个条件。

1）最短杆与最长杆的长度之和小于或等于其余两杆长度之和。此条件称为杆长条件。

2）连架杆和机架中必有一杆是最短杆。

若平面四杆机构满足杆长条件，取不同构件为机架时，可得到不同类型的平面四杆机构。

1）如果以最短杆的邻边为机架，则机构为曲柄摇杆机构。

2）如果以最短杆为机架，则机构为双曲柄机构。

3）如果以最短杆的对边为机架，即最短杆为连杆，则机构为双摇杆机构。

若平面四杆机构中最短杆与最长杆之和大于其余两杆长度之和，则该机构中不存在曲柄，无论怎样变化，都只能得到双摇杆机构。

表6-1为平面四杆机构三种基本类型的判别方法。

表 6-1　平面四杆机构三种基本类型的判别方法（l_{AD}为最长杆，l_{AB}为最短杆）

条件	类型	说明	图　示
$l_{AD}+l_{AB} \leqslant l_{BC}+l_{CD}$	曲柄摇杆机构	连架杆之一为最短杆	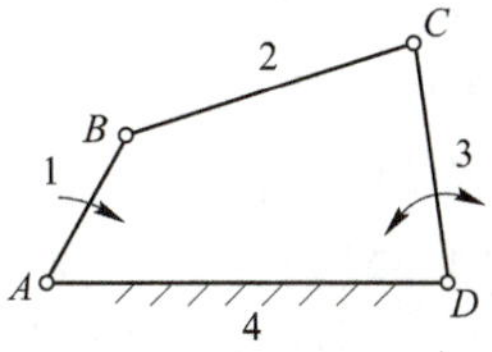 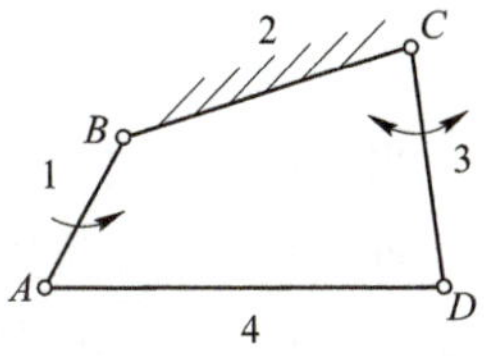
	双曲柄机构	机架为最短杆	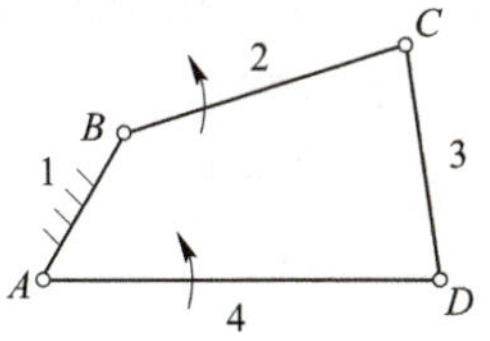
	双摇杆机构	连杆为最短杆	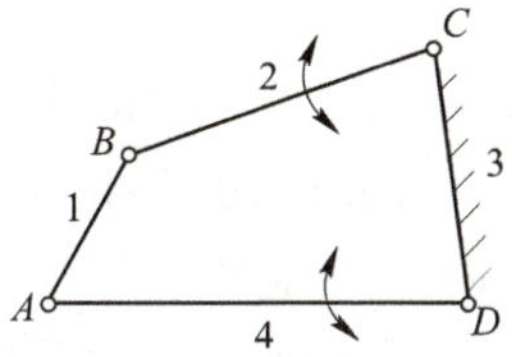

例 6-1　判断图 6-19 所示平面四杆机构的类型。已知 $l_{AB}=10\text{cm}$，$l_{BC}=25\text{cm}$，$l_{CD}=20\text{cm}$，$l_{AD}=30\text{cm}$。

解　1）根据杆长条件 $l_{AB}+l_{AD} \leqslant l_{BC}+l_{CD}$ 判断，即 $10\text{mm}+30\text{mm} \leqslant 20\text{mm}+25\text{mm}$，满足杆长条件要求。

2）判断平面四杆机构的机架以最短杆的邻边为机架，所以该平面四杆机构为曲柄摇杆机构。

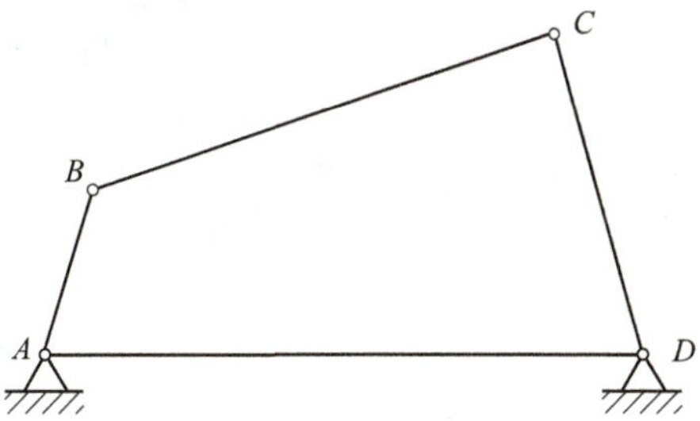

图 6-19　平面四杆机构

二、平面连杆机构的极限位置与急回特性

在曲柄摇杆机构中，原动件曲柄做等速回转运动，而从动件摇杆的空回程速度大于工作行程速度，这种运动称为急回特性。利用急回特性可以节省机构返程时间，提高生产率。

在如图 6-20 所示的曲柄摇杆机构中，当曲柄为原动件时，在曲柄 AB 匀速转动一周的过程中，出现两次与连杆 BC 共线的情况。在两次共线的位置，铰链 A 与铰链 C 之间的距离 AC_1 和 AC_2 分别为最长和最短，而摇杆 CD 的位置 C_1D 和 C_2D 分别处于两个极限位置。摇杆在两极限位置间的夹角 ψ 称为摇杆的最大摆角。在曲柄与连杆共线的两个位置所夹的锐角 θ 称为极位夹角。

曲柄 AB 以角速度 ω 匀速转动时，当曲柄由 AB_1 位置顺时针方向转动至位置 AB_2 时，曲柄转过的角度 $\varphi_1=180°+\theta$，所用时间为 t_1，摇杆从右极限位置 C_1D 摆动到左极限位置 C_2D，摇杆两极限位置之间的摆角为 ψ，那么有

$$t_1=\frac{180°+\theta}{\omega}$$

$$v_1=\frac{C_1C_2}{t_1}=\frac{C_1C_2\omega}{180°+\theta}$$

当曲柄顺时针方向继续匀速转动，由位置 AB_2 转动至位置 AB_1 时，转过的角度 $\varphi_2=180°-\theta$，所用时间为 t_2，摇杆由左极限位置 C_2D 摆回至右极限位置 C_1D，其摆角仍然为 ψ，那么有

$$t_2=\frac{180°-\theta}{\omega}$$

$$v_2=\frac{C_1C_2}{t_2}=\frac{C_1C_2\omega}{180°-\theta}$$

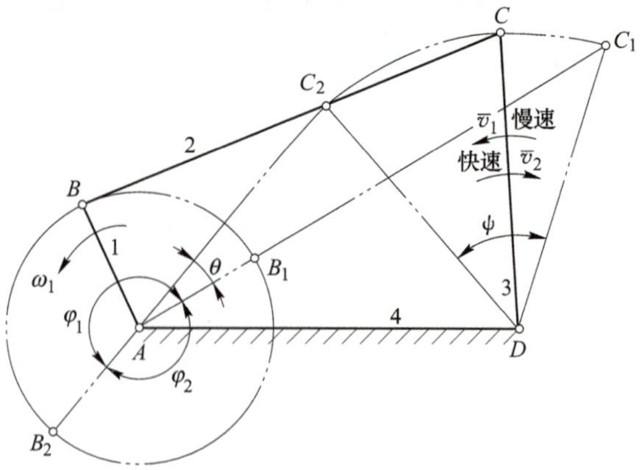

图 6-20　曲柄摇杆机构的急回特性

显然，虽然摇杆往复摆动的摆角相等，但对应曲柄的转角不等（$\varphi_1>\varphi_2$）。当曲柄匀速转动时，所对应的时间也不相等（$t_1>t_2$）。从而证实了摇杆往复摆动的速度快慢不同，摇杆的这种特性称为急回特性。

急回特性可用行程速度变化系数 K 值表示，即

$$K=\frac{v_2}{v_1}=\frac{C_1C_2/t_2}{C_1C_2/t_1}=\frac{t_1}{t_2}=\frac{180°+\theta}{180°-\theta} \tag{6-3}$$

上式表明：只要 $\theta\neq0$，就有 $K>1$，极位夹角 θ 越大，K 值越大，急回特性越明显。因此可通过分析机构中是否存在 θ 以及 θ 的大小来判断机构是否有急回特性或特性的程度。

将式（6-3）整理，得到极位夹角 θ 的计算公式为

$$\theta=180°\frac{K-1}{K+1} \tag{6-4}$$

在设计新机械过程中，一般先给定 K 值，然后由式（6-4）算出极位夹角 θ，再确定各个构件的尺寸。

三、压力角和传动角

在图 6-21 所示的曲柄摇杆机构中，若曲柄为原动件，忽略各杆质量和运动副之间的摩擦，作用在从动件上的驱动力 $\boldsymbol{F}$ 与该力作用点绝对速度 v_c 之间所夹锐角 α 称为压力角。由图可见，力 $\boldsymbol{F}$ 在 v_c 方向的切向分力 $F'=F\cos\alpha$，即压力角 α 越小，切向分力就越大，对传动越有利。因此压力角 α 可作为判断机构传动性能的指标。在连杆设计中，习惯用压力角 α 的余角 γ 来判断传力性能，γ 称为传动角。因为 $\gamma=90°-$

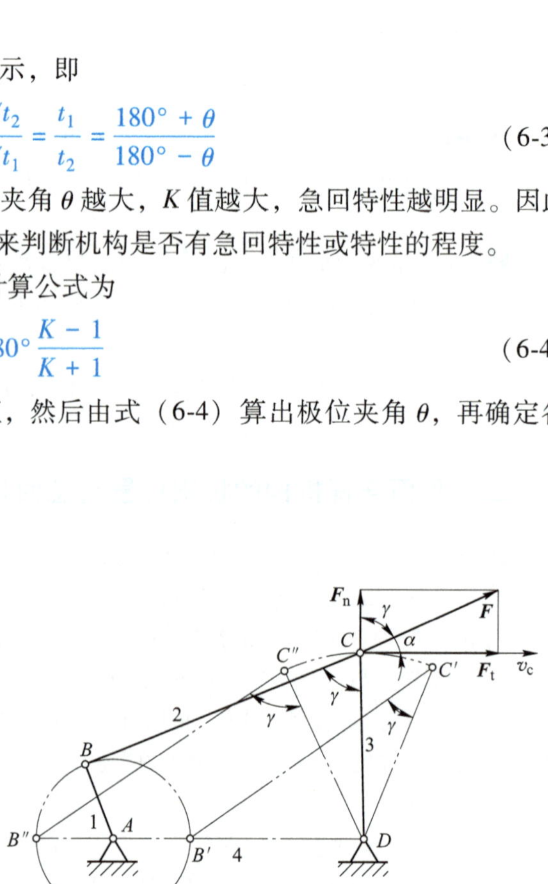

图 6-21　曲柄摇杆机构的压力角和传动角

α，所以 α 越小，γ 越大，机构传力性能越好，反之机构传力越困难，传力性能就越差，在设计时通常要求 $\gamma_{min} \geqslant 40°$。

四、死点位置

在图 6-22 所示的曲柄摇杆机构中，若以摇杆 *CD* 为原动件、曲柄 *AB* 为从动件，当机构处于连杆与从动曲柄处于共线的位置时，出现了传动角 $\gamma=0°$，压力角 $\alpha=90°$ 的情况。这时无论连杆 *BC* 给从动件 *AB* 施加多大的力，都不能使曲柄 *AB* 转动，将机构的这种位置称为死点位置。

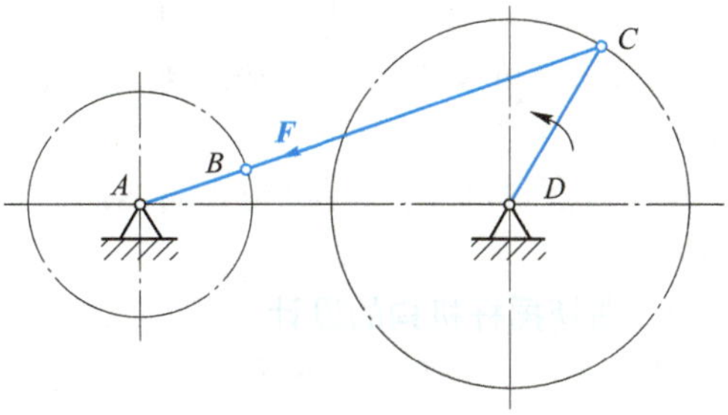

图 6-22　曲柄摇杆机构的死点位置

死点位置会使机构的从动件出现卡死或运动不确定现象。为了消除死点位置的不良影响，可以对从动曲柄施加外力或利用飞轮及构件自身的惯性作用，使机构通过死点位置。在工程实际中并不是所有死点位置都是有害的，在某些夹紧装置中可以利于死点位置达到防松和夹紧的效果。图 6-23 所示为飞机起落架机构，在机轮放下时，杆 *BC* 和杆 *CD* 共线，此时机轮上虽受到很大的力，但由于机构处于死点位置，起落架不会反转（折回），可使飞机降落可靠。图 6-24 所示的夹具机构同样应用了机构的死点位置特性将工件夹紧。

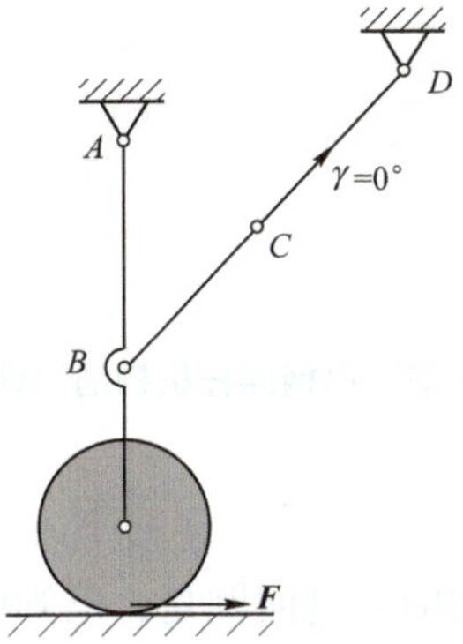

图 6-23　飞机起落架机构

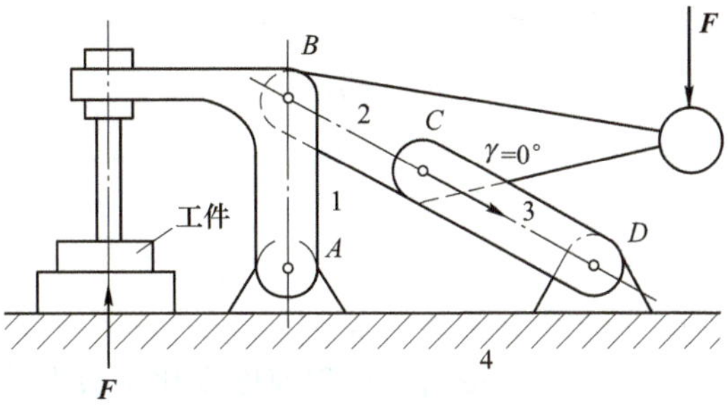

图 6-24　夹具机构

6.5　平面四杆机构的设计

平面四杆机构设计的主要任务是根据给定的运动要求选择机构的类型，确定各构件的尺寸参数。同时还要满足其他辅助条件，即结构条件（如要求有曲柄、杆长比恰当、运动副结构合理等）、动力条件（如 γ_{min}）、运动连续性条件等。

平面四杆机构设计的方法有图解法、解析法和实验法。图解法直观性强，简单易行，但设计精度低；解析法计算量大，精度高，适用于计算机辅助设计；实验法简便，一般适用于运动要求较复杂的四杆机构。下面主要介绍用图解法设计四杆机构。

一、按给定行程速度变化系数 K 设计四杆机构

平面四杆机构可以实现多种运动变换，满足多种工作要求，其中一种工作要求是实现构件的位移并具有急回特性的平面四杆机构的设计。在设计时，通常按实际需要先给定行程速度变化系数 K 的数值，然后根据机构在极限位置的几何关系以及其他辅助条件确定机构运动简图的尺寸参数。

具有急回特性的四杆机构有曲柄摇杆机构、导杆机构以及曲柄滑块机构，下面分别进行讲述。

1. 曲柄摇杆机构的设计

已知条件：摇杆长度为 l_{CD}，摆角为 φ，行程速度变化系数为 K，设计曲柄摇杆机构。

设计曲柄摇杆机构主要是确定铰链中心位置，定出曲柄，连杆和机架的尺寸。设计步骤如下。

1）由式（6-4）计算出极位夹角 θ。

2）任取适当的长度比例尺 μ_L，求出摇杆的尺寸 CD，根据摆角做出摇杆的两个极限位置 C_1D 和 C_2D，如图 6-25 所示。

3）连接 C_1C_2 为底边，做 $\angle C_1C_2O=\angle C_2C_1O=90°-\theta$ 的等腰三角形，以顶点 O 为圆心，C_1O 为半径作辅助圆，由图可知，此辅助圆上 C_1C_2 所对的圆心角等于 2θ，故其圆周角为 θ。

4）在辅助圆上任取一点 A，连接 AC_1、AC_2，即能求得满足 K 要求的四杆机构。

$$l_{AB}=\mu_L(AC_2-AC_1)/2$$
$$l_{BC}=\mu_L(AC_2+AC_1)/2$$

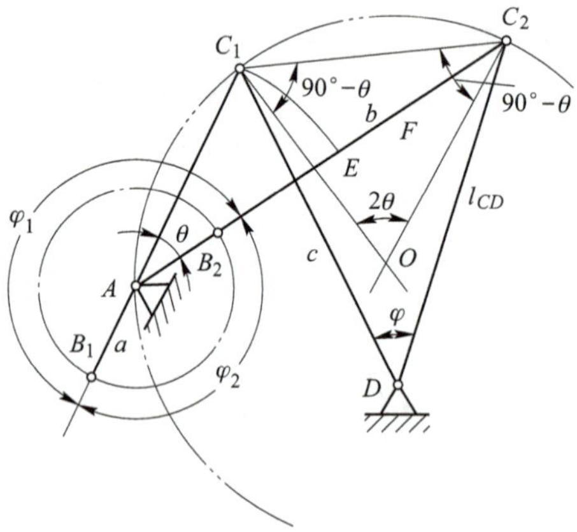

图 6-25 曲柄摇杆机构的设计

应注意：由于点 A 是任意取的，所以有无穷解，只有加上辅助条件，如机架 AD 长度或位置，或最小传动角等，才能得到唯一确定解。

由上述分析可见，按给定行程速度变化系数设计四杆机构的关键问题是：已知弦长求作一圆，使该弦所对的圆周角为一给定值。

上述设计过程如采用任何二维 CAD 软件辅助设计，将大大提高图解法的设计精度和效率，读者不妨一试。

2. 导杆机构的设计

已知摆动导杆机构中机架长度 d 及行程速度变化系数 K，设计导杆机构。

如图 6-26 所示，摆动导杆机构的极位夹角 θ 与导杆机构的摆角 φ 相等，需要确定的仅有曲柄的长度 a。

设计步骤：已知行程速度变化系数 K，根据公式 $\theta=180°\dfrac{K-1}{K+1}$ 算出极位夹角 θ，且 $\theta=\varphi$；任意位置确定点 D，作 $\angle MDN=\varphi$，并做其角平分线；按选定比例尺在角平分线上量取 $DA=d$，得出曲柄回转中心点 A；过点 A 做导杆任一极限位置的垂线 $AC_1(AC_2)$，则该线段长

即为所求曲柄长度 a。

3. 曲柄滑块机构的设计

已知曲柄滑块机构的行程速度变化系数 K、滑块行程 H 和偏距 e，设计曲柄滑块机构。

设计步骤如下。

1）选取作图比例为 μ_L。

2）计算极位夹角 $\theta=180°\dfrac{K-1}{K+1}$。

3）如图 6-27 所示，作 $C_1C_2=\dfrac{H}{\mu_l}$。需要注意的是，无论绘图比例是多少，图中尺寸标注均按实际尺寸标注。

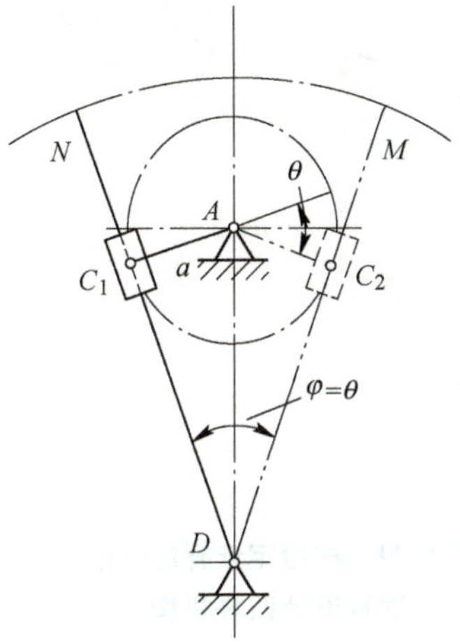

图 6-26　按 K 值设计导杆机构

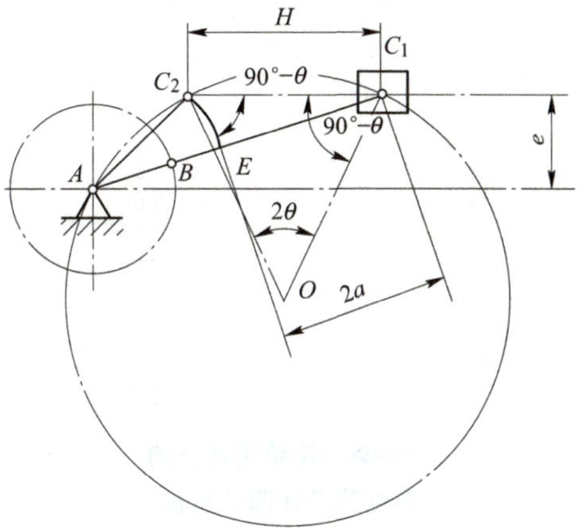

图 6-27　曲柄滑块机构

4）作射线 C_1O，使 $\angle C_2C_1O=90°-\theta$，作射线 C_2O，使 $\angle C_1C_2O=90°-\theta$。

5）以点 O 为圆心，C_1O 为半径作圆。

6）按比例尺作偏距线，偏距 e 交圆弧于点 A，即为所求。

7）以点 A 为圆心，AC_1 为半径作弧，交 AC_1 于点 E，得曲柄在图中长度 $AB=\dfrac{EA}{2}=\dfrac{(AC_1-EC_1)}{2}$，曲柄实际长度为 $AB\mu_l$。

二、按给定连杆位置设计四杆机构

1. 按给定连杆的两位置设计四杆机构

给定连杆的两个位置 B_1C_1 和 B_2C_2，设计平面四杆机构图（图 6-28）。

设计步骤如下。

1）选定长度比例尺，绘制连杆的两个位置 B_1C_1、B_2C_2。

2）连接 B_1B_2 和 C_1C_2，分别作线段 B_1B_2 和 C_1C_2 的垂直平分线，分别在垂直平分线上任意取点 A 和点 D，A、D 两点即两个连架杆的固定铰链中心。连杆 AB_1 和 C_1D 即为所求的平面四杆机构。

由于 A、D 两点可任意选取，所以有无穷解。在实际设计中可根据其他辅助条件（例如限制最小传动角或根据 A、D 两点的安装要求）来确定铰链 A、D 安装位置。

2. 按给定连杆的三个位置设计四杆机构

按给定连杆的三个位置设计四杆机构，其设计过程与上述情况基本相同，如图 6-29 所示。由于 B_1、B_2、B_3三点位于以点 A 为圆心的同一圆弧上，因此运用已知三点求圆心的方法作 B_1B_2和 B_2B_3的垂直平分线，其交点就是固定铰链的中心点 A。用同样方法，作 C_1C_2和 C_2C_3的垂直平分线，其交点便是另一固定铰链的中心点 D。AB_1C_1D 即为所求平面四杆机构。

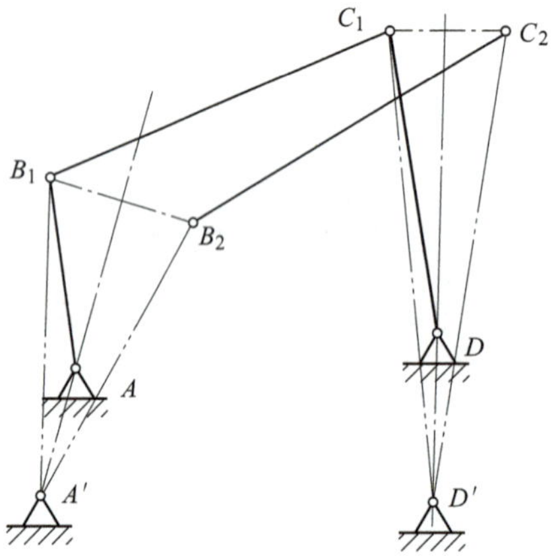

图 6-28　按给定连杆的两位置设计四杆机构

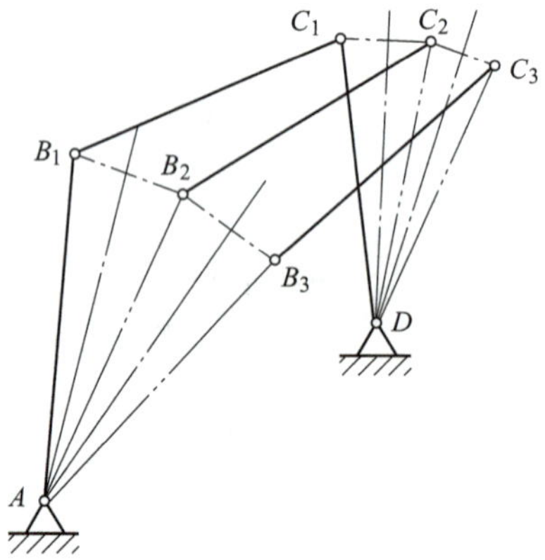

图 6-29　按给定连杆的三个位置设计四杆机构

第 7 章

CHAPTER 7

凸轮机构及其设计

知识目标：

1. 掌握凸轮机构的结构、特点、应用及分类。
2. 掌握从动件常用运动规律及位移线图的绘制方法。
3. 掌握凸轮轮廓线的设计方法。
4. 了解凸轮设计中的几个问题。

能力目标：用图解法绘制凸轮轮廓，建立对凸轮机构工作原理的分析能力。

融入素养：通过凸轮机构的应用实例——钉鞋机，融入劳动光荣、勤俭节约的观念。

7.1 凸轮机构的分类和应用

凸轮机构是由凸轮、从动件和机架三个基本构件组合而成的一种高副机构。凸轮机构能将原动件简单的连续运动转换为从动件按工作要求变化的复杂运动。其中，凸轮是一种具有曲线轮廓或凹槽的构件，它通常作为主动件做等速转动、移动或摆动。

一、凸轮机构的特点及应用

在机构设计过程中，从动件的位移、速度和加速度必须严格地按照预定规律变化，特别是将原动件的连续运动转换成从动件的间歇运动时，采用凸轮机构最为简单。

凸轮机构有以下优点。

1）结构简单、紧凑，工作可靠，设计方便。

2）只要设计出适当的凸轮轮廓曲线，就可使从动件实现各种预期的运动规律。

3）实现停歇运动。

凸轮机构有以下缺点。

1）凸轮机构是通过点、线接触的高副机构，易磨损，只适用于传力不大的场合。

2）从动件的行程不宜过大，否则会使凸轮尺寸变化过大，机构变得笨重。

3）凸轮精度要求较高，制造较复杂，制造成本高，一般需要使用数控机床进行加工。

凸轮机构广泛应用于各种机械，特别是在自动机械和自动控制装置中。因此，在机床自动进给机构、上料机构、内燃机配气机构、制动机构以及印刷机、纺织机、闹钟和各种电气开关中得到广泛应用。图 7-1 所示为机床自动进给机构，图 7-2 为绕线机的引线机构。

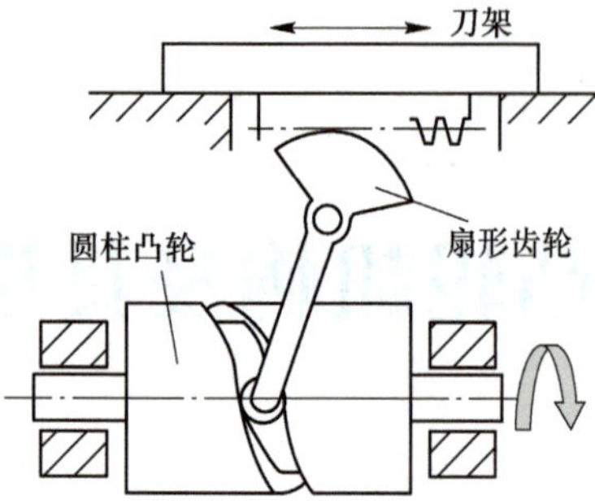

图 7-1　机床自动进给机构

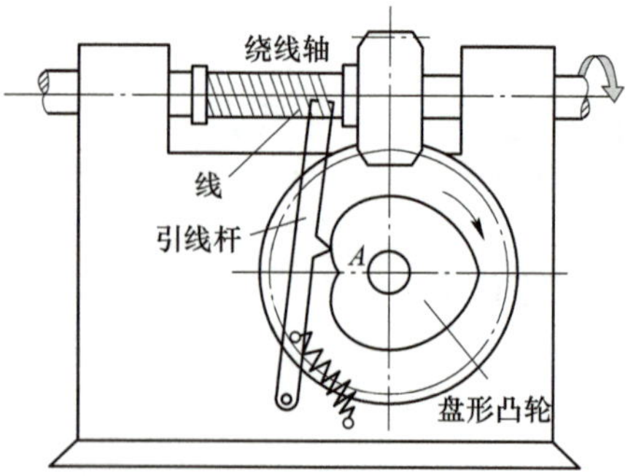

图 7-2　绕线机的引线机构

二、凸轮机构的类型

凸轮机构的类型很多，不同类型的凸轮机构可以按照不同的属性进行分类。

1. 按凸轮的形状分类

1）盘形凸轮，如图 7-3a 所示。这种凸轮呈外廓或凹槽具有变化的向径的盘状。当其绕固定轴转动时，可推动从动件在垂直于凸轮转轴的平面内运动。它是凸轮的最常见形式，应用比较广泛。

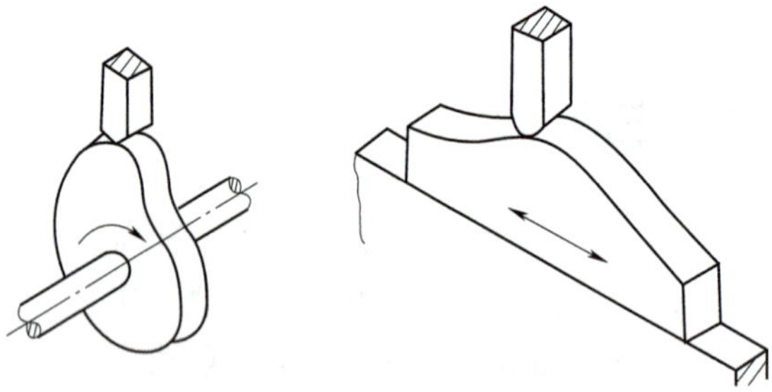

a) 盘形凸轮　　b) 移动凸轮　　c) 圆柱凸轮

图 7-3　按凸轮的形状分类

2）移动凸轮，如图 7-3b 所示。当盘形凸轮转轴趋于无穷远时，凸轮呈板状，相对于机架做往复直线运动。

3）圆柱凸轮，如图 7-3c 所示。这种凸轮是在圆柱端面上制出曲线轮廓或是在圆柱面上制出曲线凹槽，可使从动件获得较大的行程。

盘形凸轮和移动凸轮与从动件之间的相对运动为平面运动，属于平面凸轮机构；圆柱凸轮与从动件之间的相对运动为空间运动，属于空间凸轮机构。此外，空间凸轮机构还有端面凸轮和球形凸轮。

2. 按从动件的形状分类

1）尖顶从动件，如图 7-4a、b 所示。从动件的尖顶与复杂的凸轮轮廓保持接触，从而得到预期的运动规律。这种从动件结构简单，但尖顶与凸轮之间为滑动摩擦，容易产生磨损，适用于传力小和低速的场合，如仪器仪表结构等。

2）滚子从动件，如图 7-4c、d 所示。为了减少磨损，在从动件的端部装有可以自由转

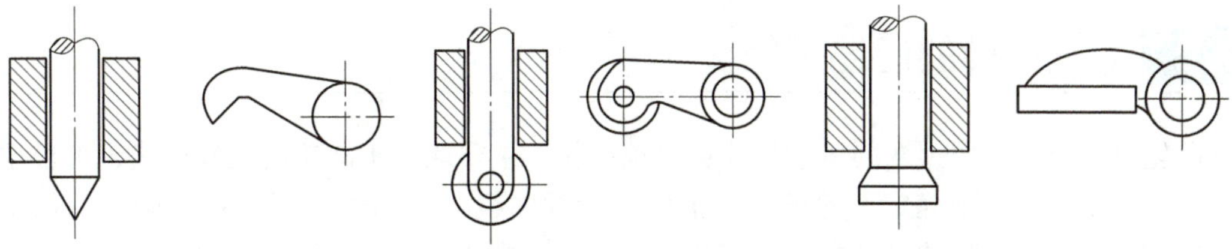

a) 尖顶从动件　b) 尖顶从动件　c) 滚子从动件　d) 滚子从动件　e) 平底从动件　f) 平底从动件

图 7-4　从动件结构形式

动的滚子。从动件滚子与凸轮之间为滚动摩擦，磨损较小，可传递较大动力，应用较广泛，适用于重载和中、低速的场合。

3）平底从动件，如图 7-4e、f 所示。从动件与凸轮轮廓表面为面接触，易形成油膜，利于润滑；凸轮对从动件的作用力始终垂直于从动件的平面，受力较平稳，传动效率高，常用于高速传动中。缺点是不适用于有凹槽轮廓的凸轮机构，运动规律受到一定限制。

3. 按从动件的运动形式分类

1）直动从动件，从动件相对于机架做往复直线运动，如图 7-4c 所示。在直动从动件凸轮机构中，若从动件轴线通过凸轮的回转中心，则称为对心直动从动件凸轮机构，否则称为偏置直动从动件凸轮机构。

2）摆动从动件，从动件按一定运动规律绕轴线做往复摆动，如图 7-4f 所示。

4. 按凸轮与从动件的接触方法分类

1）力锁合型凸轮机构，利用从动件的重力、弹力或其他外力，使从动件与凸轮保持接触。如图 7-5a 所示凸轮机构，利用弹簧的弹力使从动件与凸轮轮廓保持高副接触。

2）形锁合型凸轮机构，利用含高副的几何形状，使从动件与凸轮两者保持接触。如图 7-5b 所示凸轮机构中，将凸轮轮廓线做成凹槽，使从动件的滚子置于凹槽中，使得从动件与凹槽始终保持接触。

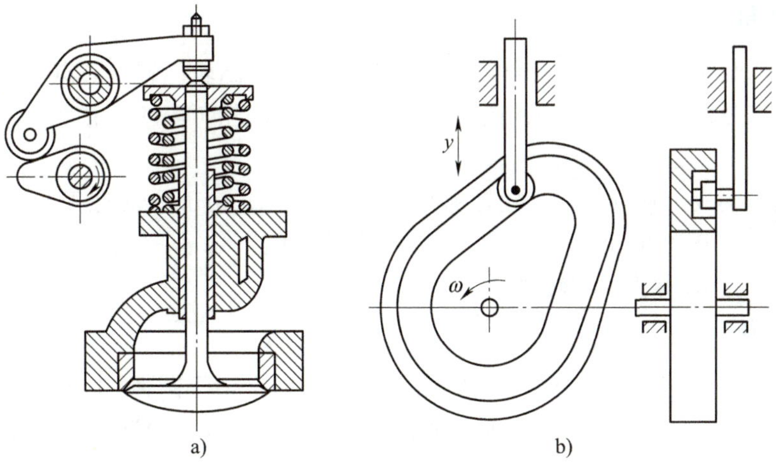

a)　b)

图 7-5　按凸轮与从动件的接触方法分类的凸轮机构

7.2 从动件的运动规律

凸轮机构能否按照预期的运动规律良好地工作，主要取决于凸轮的轮廓曲线，可根据生产实际中的工作要求来确定凸轮的轮廓曲线。轮廓曲线与从动件之间存在着确定的依从关系。因此，在凸轮机构的设计中，确定从动件的运动规律是凸轮设计的前提。

一、凸轮机构的工作过程

凸轮机构的运动过程如图 7-6 所示，凸轮的轮廓由非圆曲线 AB、CD 和圆弧$\widehat{BC}$、$\widehat{DA}$组成。在图示位置，从动件的尖顶与凸轮轮廓相接触的点 A 为从动件的最低位置。以其为例介绍凸轮机构工作过程中涉及的基本概念。

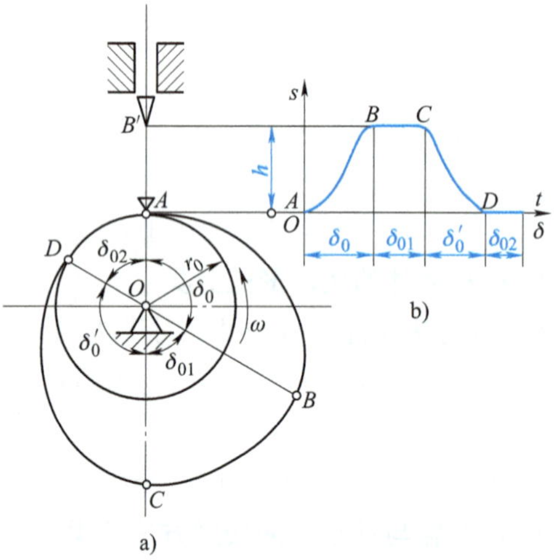

图 7-6　凸轮机构的运动过程

1. 基圆

以凸轮轮廓最小向径 r_0（基圆半径）为半径，以凸轮的回转中心点 O 为圆心作的圆称为凸轮的基圆。

2. 推程

当凸轮以等角速度 ω 逆时针方向转动时，从动件与凸轮轮廓曲线 AB 接触，由于凸轮轮廓曲线由点 A 至点 B 的向径逐渐增大，使从动件推杆从最低位置点 A 被推到最高位置点 B'，从动件的这一行程称为推程；从动件上升的距离称为行程，以 h 表示。凸轮所转过的角度 δ_0 称为推程转角。

3. 远休止角

当从动件与凸轮轮廓圆弧$\widehat{BC}$接触时，由于圆弧$\widehat{BC}$为以凸轮回转中心点 O 为圆心的圆弧，因此从动件处于最高位置静止不动，该过程称为远休止；凸轮所转过的角度 δ_{01} 称为远休止角。

4. 回程

当凸轮继续转动，从动件与凸轮轮廓曲线 CD 接触时，由于凸轮轮廓曲线由点 C 至点 D 的向径逐渐减小，从动件由最高位置点 B'回到最低位置点 A，从动件的这一行程称为回程；凸轮所转过的角度 δ_0' 称为回程转角。

5. 近休止角

凸轮继续转动，当从动件与凸轮轮廓圆弧$\widehat{DA}$接触时，由于圆弧$\widehat{DA}$为以凸轮回转中心点 O 为圆心的圆弧，因此从动件处于最低位置静止不动，该过程称为近休止；凸轮转过的角度 δ_{02}称为近休止角。

当凸轮转动一周，从动件就重复上述"升—停—降—停"的循环运动过程。由上述可知，凸轮的轮廓形状决定了从动件的运动规律；反之，从动件不同的运动规律要求凸轮具有不同的轮廓曲线形状。因此，在设计凸轮轮廓时应根据从动件的运动规律绘制凸轮轮廓曲线。

二、从动件常用的运动规律

从动件的运动规律是指从动件在推程或回程中，从动件的位移 s、速度 v 和加速度 a 随时间凸轮转角 δ（或时间 t）变化的规律。从动件的运动规律通常表示成与凸轮转角 δ 或时间 t 之间的关系曲线。

1. 等速运动规律

当凸轮以角速度 ω 匀速转动时，从动件在推程或回程的过程中，速度保持不变（为一常数）的运动规律称为等速运动规律。从动件等速转动过程中，若凸轮转至 t_0时刻，从动件的位移为 h，同时凸轮转角为 δ_0，$t_0=\dfrac{\delta_0}{\omega}$，则从动件的速度为

$$v_0=\frac{h}{t_0}=\frac{h\omega}{\delta_0} \tag{7-1}$$

在 t 时刻，凸轮的转角为 $\delta_t=\omega t$，则从动件的位移为

$$s=v_0 t=v_0\frac{\delta_t}{\omega}=\frac{h\delta_t}{\delta_0} \tag{7-2}$$

用 δ_0 表示推程角，取推程边界条件为：在起始点处 $\delta_0=0$，$s=0$；在终点位置处 $\delta_0=\delta_0$，$s=h$，则从动件的运动规律可以由下列方程确定：

$$\begin{cases} s=\dfrac{h\delta_t}{\delta_0}(\text{位移方程}) \\ v=v_0(\text{速度方程}) \\ a=0(\text{加速度方程}) \end{cases} \tag{7-3}$$

图 7-7 所示为等速运动规律在推程过程中的位移线图、速度线图和加速度线图。在推程运动过程中，从动件在推程起始位置和终止位置瞬时，由于速度的突然改变，瞬时加速度在理论上趋于无穷大，因而会产生无穷大的惯性力，使凸轮机构产生强烈的冲击、振动和噪声，由此产生的冲击称为刚性冲击。实际上由于构件材料的弹性变形的缓冲作用，使得惯性力得到一定缓冲，不会达到无穷大，但仍会引起极大的惯性力，造成机构的振动，从而加速凸轮机构的磨损。因此，等速运动规律一般只适用于低速轻载的场合。

2. 等加速等减速运动规律

当凸轮以角速度 ω 匀速转动时，从动件在一个推程或回程 h 中，前半程做等加速运动，后半程做等减速运动，且通常两部分的加速度绝对值相等，这种运动规律称为等加速等减速运动规律。

在等加速段，加速度为常数。若凸轮转至 t_0时刻时，从动件位移为 h，同时凸轮转角为 δ_0，则 $\delta_0=\omega t_0$，从动件的加速度线图为平行于横坐标的两段直线，其绝对值为

$$a_0=\frac{4h}{\delta_0^2}\omega^2$$

在 t 时刻，凸轮的转角为 $\delta_t=\omega t$。将加速度进行一次积分得到速度的方程，从而绘制出由两段斜直线组成的速度线图。将加速度进行两次积分可以得到从动件的位移方程，在一个推程过程中，其位移线图由弯曲方向相反的两段抛物线组成，如图 7-8 所示。

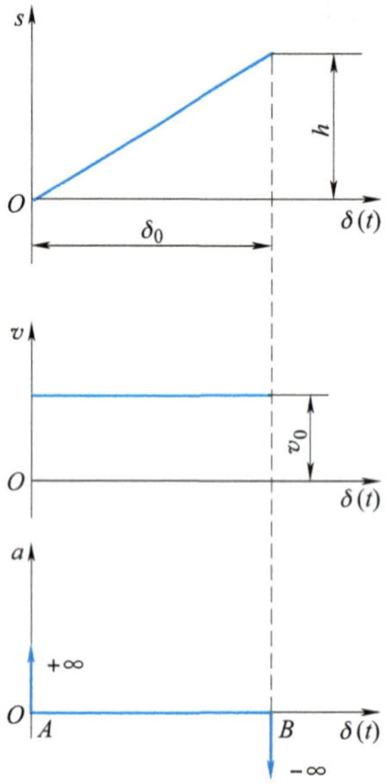

图 7-7　等速运动规律

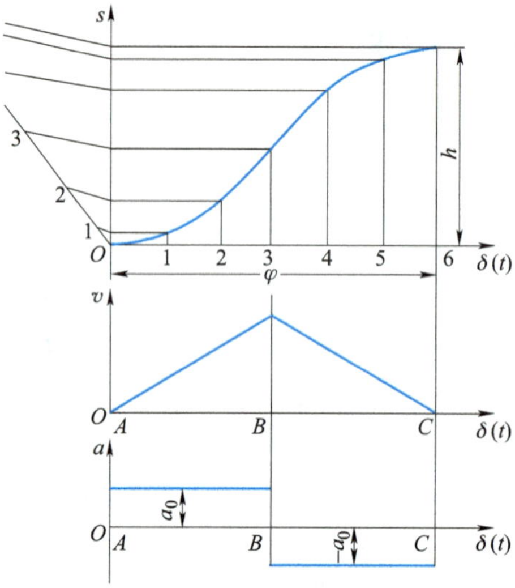

图 7-8　等加速等减速运动规律

加速段从动件的运动规律可以由下列方程确定：

$$\begin{cases} s=\dfrac{2h}{\delta_0^2}\delta_t^2\text{（位移方程）} \\ v=\dfrac{4h\omega}{\delta_0^2}\delta_t\text{（速度方程）} \\ a_0=\dfrac{4h}{\delta_0^2}\omega^2\text{（加速度方程）} \end{cases} \tag{7-4}$$

由图 7-8 所示加速度线图可以看出，等加速等减速运动规律在点 A、点 B、点 C 处的加速度曲线不连续，发生有限值的突变，从而产生有限的惯性力，在一瞬间突然施加到从动件上而引起冲击。机构由此产生的冲击称为柔性冲击。由于这种运动规律在高速下将导致严重的振动、噪声和磨损，因此等加速等减速运动规律适用于中速、轻载的场合。

3. 简谐运动规律

简谐运动规律是指当动点在一圆周上做匀速转动时，由该动点在此圆直径上的投影所构成的运动规律，设以从动件的升程 h 为圆的直径，由图 7-9 所示运动线图可看出，从动件做简谐运动时，其加速度按余弦曲线变化，又称为余弦加速度运动规律。

在推程时的运动方程为

$$\begin{cases} s = \dfrac{h}{2}\left[1 - \cos\left(\dfrac{\pi\delta}{\delta_0}\right)\right] \\ v = \dfrac{\pi\omega h}{2\delta}\sin\left(\dfrac{\pi}{\delta_0}\delta\right) \\ a = \dfrac{\pi^2\omega^2 h}{2\delta_0^2}\cos\left(\dfrac{\pi}{\delta_0}\delta\right) \end{cases} \tag{7-5}$$

在回程时的运动方程为

$$\begin{cases} s = \dfrac{h}{2}\left[1 + \cos\left(\dfrac{\pi}{\delta_0'}\delta\right)\right] \\ v = -\dfrac{\pi\omega h}{2\delta_0'}\sin\left(\dfrac{\pi}{\delta_0'}\delta\right) \\ a = \dfrac{\pi^2\omega^2 h}{2\delta_0'^2}\cos\left(\dfrac{\pi}{\delta_0'}\delta\right) \end{cases} \tag{7-6}$$

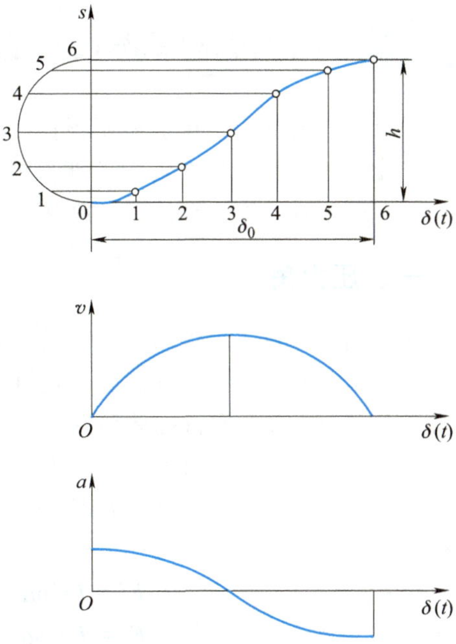

图 7-9　简谐运动规律

由图 7-9 所示加速度线可知，在从动件的起始和终止位置加速度曲线不连续，加速度产生有限值的突变，也会产生柔性冲击。因此这种运动规律适用于中速、中载场合。但当从动件做无停歇的升—降—升连续往复运动时，则得到连续的余弦曲线，运动中完全消除了柔性冲击，这种情况下可作用高速传动。

三、从动件运动规律的选择

1. 选择推杆运动规律的基本要求

在选择从动件的运动规律时，应主要从机器的工作要求、凸轮机构的运动性能、凸轮轮廓的易加工性三个方面考虑。如图 7-1 所示的机床自动进给机构，为保证稳定的加工质量，要求从动件做等速运动。为避免冲击或获得更好的运动性能，还可将几种基本运动规律组合起来应用。例如对原始曲线引起冲击的位置用其他曲线（如正弦曲线等）进行修正，而得到诸如改进等速运动规律、改进梯形加速度运动规律等。随着数控技术的发展，凸轮的加工也变得越来越容易。

2. 根据工作条件确定推杆运动规律的常见情况

1）当机器的工作过程只要求从动件具有一定的工作行程，而对其运动规律无特殊要求时，应从便于加工和动力特性来考虑。用于低速、轻载场合的凸轮机构采用圆弧、直线等易于加工的曲线作为凸轮轮廓曲线。用于高速场合凸轮机构要首先考虑动力特性，以避免产生过大的冲击。

2）当机器对从动件的运动特性有特殊要求，而只用一种基本运动规律又难于满足这些要求时，可以考虑采用满足要求的组合运动规律。

3）为避免刚性冲击，位移曲线和速度曲线必须连续；为避免柔性冲击，加速度曲线也必须连续。

4）尽量减小速度和加速度的最大值。

7.3 凸轮机构基本尺寸的确定

设计凸轮轮廓前，除了需要根据工作要求选择从动件的运动规律外，还要求整个机构具有良好的传力性能，结构紧凑等。这些要求与凸轮机构的压力角、基圆半径、滚子半径等参数有关。

一、压力角

压力角是衡量凸轮机构受力情况好坏的一个重要参数。图 7-10 所示为尖顶对心直动从动件盘形凸轮机构，在推程过程中，不考虑摩擦力的情况下，从动件的运动方向（作用力方向）和凸轮作用于该点的驱动力方向之间所夹的锐角称为压力角。

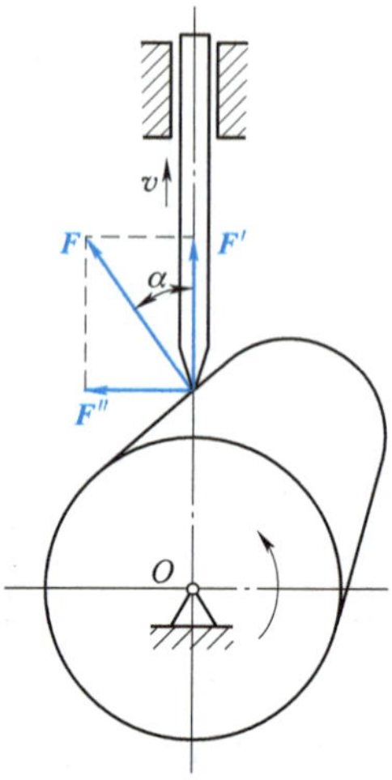

图 7-10 凸轮机构的压力角

将凸轮作用在从动件上的力 **F** 分解为沿从动件轴向和径向的两个分力，即

$$F'' = F\sin\alpha$$

$$F' = F\cos\alpha$$

F' 是推动从动件移动的有效分力，它随 α 的增大而减小；**F''** 是引起导路中摩擦阻力的有害分力，它随 α 的增大而增大。当 α 增大到某一数值时，有害分力所引起的摩擦阻力大于有效分力 **F''**，这时凸轮传动将无法推动从动件运动，这种现象称为自锁。

在实际生产中，通常规定凸轮机构的最大压力角 α_{max} 应小于许用压力角 $[\alpha]$ 。常用的许用压力角数值为：在推程过程中，对于直动从动件，$[\alpha] = 30° \sim 40°$；对于摆动从动件，$[\alpha] = 40° \sim 50°$。在回程过程中，从动件通常是靠外力或自重作用返回的，一般不会出现自锁现象，因此许用压力角可取大些，通常取 $[\alpha] = 70° \sim 80°$。

二、基圆半径的确定

如图 7-11 所示，从动件的位移为 s，r_0+s 为点 k 处凸轮的半径，r_0 为凸轮的基圆半径。从动件位移 s 根据工作要求事先给定，若凸轮的基圆半径 r_0 增大，r_0+s 也增大，凸轮机构的尺寸相应增大。因此，为使凸轮机构紧凑，r_0 应尽可能取小一些。根据凸轮机构的运动分析，凸轮上点 B 的速度为 $v_{B1} = r\omega_1$， 由图中的速度多边形可得从动件上点 B 的速度为

$$v_2 = v_{B1}\tan\alpha = r\omega_1\tan\alpha \tag{7-7}$$

$$r = \frac{v_2}{\omega_1\tan\alpha} \tag{7-8}$$

$$r_0 = \frac{v_2}{\omega_1\tan\alpha} - s \tag{7-9}$$

由式（7-9）可知，当 ω_1、v_2 和 s 为一定值时，如果减小压力角 α，就必须增大凸轮的基圆半径 r_0；为了使凸轮机构结构紧凑，应该尽可能减小基圆半径。因此设计时，应在满足 $\alpha_{max} \leqslant [\alpha]$ 的条件下，选取尽可能小的基圆半径。

在设计凸轮机构时，凸轮的基圆半径可根据凸轮的结构选取，对于凸轮轴，基圆半径应大于轴的半径和滚子半径之和，即 $r_0 > r + r_T$；当凸轮与轴单独制造时，取 $r_0 \geqslant 1.8r + (10 \sim 20)\text{mm}$，其中 r 为凸轮轴半径。

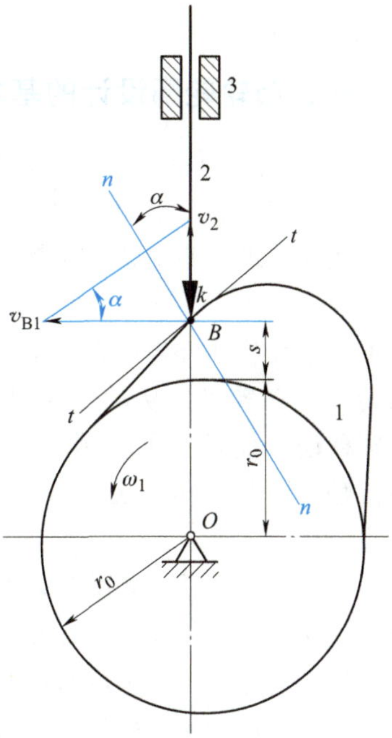

图 7-11　凸轮压力角与基圆半径的关系

三、滚子半径的选择

滚子从动件盘形凸轮机构的实际轮廓线，是以理论轮廓线上各点为圆心作一系列滚子圆，然后作该圆族的包络线得到的，如图 7-12 所示。滚子半径的选择，要综合考虑滚子的结构、强度、凸轮轮廓曲线形状等因素，不能因滚子半径选得过大造成从动件运动规律失真。

凸轮实际轮廓曲率半径 ρ' 和凸轮理论轮廓曲率半径 ρ_{min} 之间的关系如下。

1）如图 7-12a 所示，当凸轮轮廓内凹时，凸轮实际轮廓曲率半径 ρ' 等于凸轮理论轮廓的最小曲率半径 ρ_{min} 与滚子半径 r_T 之和，即 $\rho' = \rho_{min} + r_T$。$\rho' > \rho_{min}$，无论滚子半径大小，凸轮实际轮廓总能根据理论轮廓光滑做出。

2）如图 7-12b、c、d 所示，当凸轮轮廓外凸时，实际轮廓曲率半径 ρ' 等于凸轮理论轮廓的最小曲率半径 ρ_{min} 与滚子半径 r_T 之差，即 $\rho' = \rho_{min} - r_T$。当 $\rho' > 0$ 时，凸轮实际轮廓光滑；当 $\rho' = 0$ 时，凸轮实际轮廓出现尖点，工作时极易磨损；当 $\rho' < 0$ 时，凸轮实际轮廓出现交叉，加工时将被切去，致使从动件不能按预期运动规律运动，这就是运动失真。

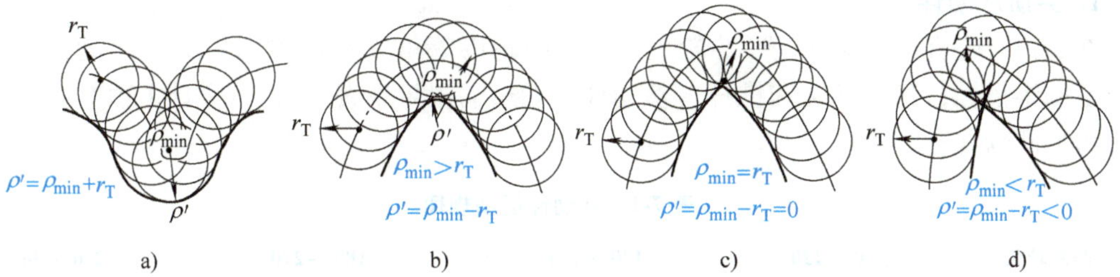

图 7-12　滚子半径的选择分析

因此，当凸轮轮廓外凸时，为了避免引起运动失真现象，应使滚子半径 r_T 小于理论轮廓的最小曲率半径 ρ_{min}。如果设计过程满足不了滚子半径的要求，则适当增大基圆半径。

7.4　盘形凸轮轮廓曲线的设计

根据机器的工作要求和结构条件选定了凸轮的机构形式、基本尺寸、从动件运动规律和凸轮的转向后，即可进行凸轮轮廓曲线的设计。凸轮轮廓曲线的设计方法有图解法和解析法。它们都是依据反转法的原理设计的。

一、凸轮轮廓设计的基本原理

如图7-13所示，凸轮绕回转中心O以等角速度ω逆时针方向转动，推动从动件在导路中上下移动。根据相对运动原理，假定整个机构（凸轮、从动件和机架）以角速度“$-\omega$”绕凸轮回转中心O转动，于是凸轮静止不动，而从动件与机架一起以角速度“$-\omega$”绕凸轮回转中心O转动，从动件又以原有的运动规律相对于机架移动（往复摆动）。由于从动件尖顶与凸轮轮廓始终接触，因此反转后尖顶的运动轨迹就是凸轮的轮廓曲线。

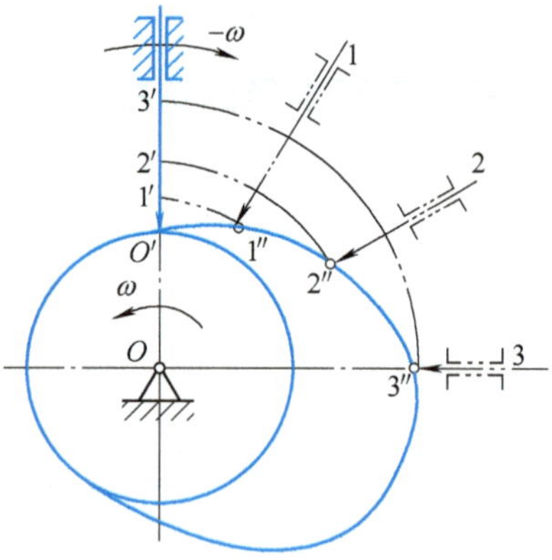

图7-13 反转法原理

这种把原来转动着的凸轮看作是静止不动的，而把原来静止不动的机架以及往复直线运动的从动件看作为反转运动的方法，称为反转法原理。根据这一原理，便可作出凸轮机构的凸轮轮廓曲线。

二、用图解法设计直动从动件凸轮轮廓

1. 尖顶从动件

在尖顶对心直动从动件盘形凸轮机构中，凸轮以等角速度ω顺时针方向转动，已知凸轮的基圆半径r_0，角速度ω和推杆（从动件）的运动规律见表7-1，试设计尖顶对心直动从动件盘形凸轮的轮廓曲线。

表7-1 从动件运动规律

凸轮转角	0°~120°	120°~180°	180°~270°	270°~360°
从动件运动规律	等速上升至最远位置	静止	等加速等减速下降至最近位置	静止

运用反转法绘制尖顶对心直动从动件盘形凸轮轮廓的方法和步骤如下：

1）选取适当的长度比例尺，作出从动件位移线图。将推程和回程段平分成若干等份，如图7-14a所示。

2）按同一比例尺，以点O为圆心、r_b为基圆半径作出凸轮的基圆。

3）等分基圆。自点A开始，沿“$-\omega$”的方向取推程转角（120°）、远休止角（60°）、回程转角（90°）、近休止角（30°），将推程转角和回程转角与位移线图对应地等分，得1、2、3…点，自圆心作径向线，如图7-14b所示。

4）在上述径向线上从基圆起向外截取线段，使其分别等于位移线图相应的纵坐标，得1′、2′、3′…点，这些点代表从动件尖顶依次占据的位置。

5）将1′、2′、3′…点连接成光滑的曲线，即得到凸轮的轮廓曲线，如图7-14b所示。

2. 滚子从动件

滚子从动件盘形凸轮轮廓的绘制与尖顶直动从动件盘形凸轮轮廓的绘制方法类似，绘制方法和步骤如下。

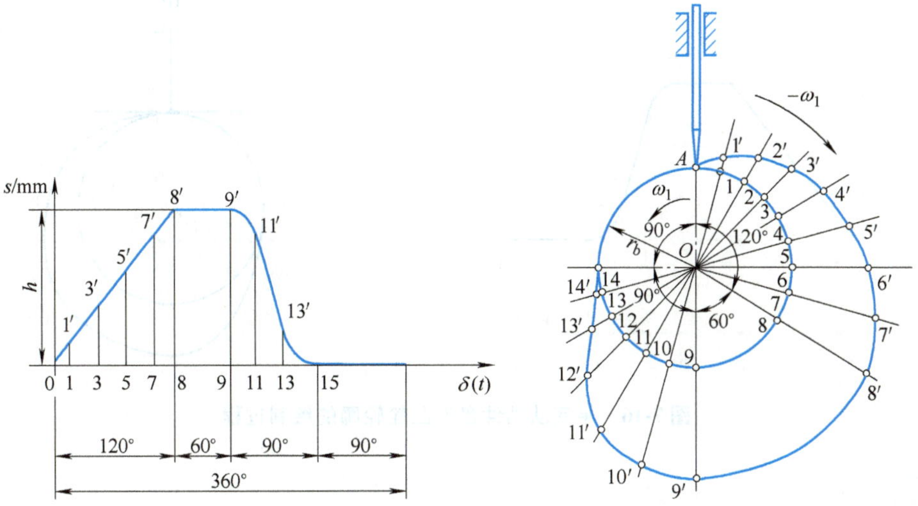

a)　　　　b)

图 7-14　尖顶对心直动从动件盘形凸轮轮廓的绘制过程

1）将滚子回转中心看作尖顶从动件的尖顶，作出尖顶从动件的凸轮轮廓，则此轮廓曲线为凸轮的理论轮廓曲线。

2）以凸轮理论轮廓曲线上的各点为圆心，以滚子半径为半径，画一系列圆，再作这些圆的内包络线，即得到所求的凸轮轮廓曲线，如图 7-15 所示。

3. 平底从动件

平底从动件盘形凸轮轮廓曲线的绘制与尖顶直动从动件盘形凸轮轮廓曲线的绘制方法类似，绘制方法和步骤如下。

1）将从动件平底与导路的交点 A 看作尖顶从动件的尖顶，求出从动件尖顶在反转过程中的位置，过这些点画出平底。

2）再作这些平底直线的内包络线，得到所求的凸轮轮廓曲线，如图 7-16 所示。

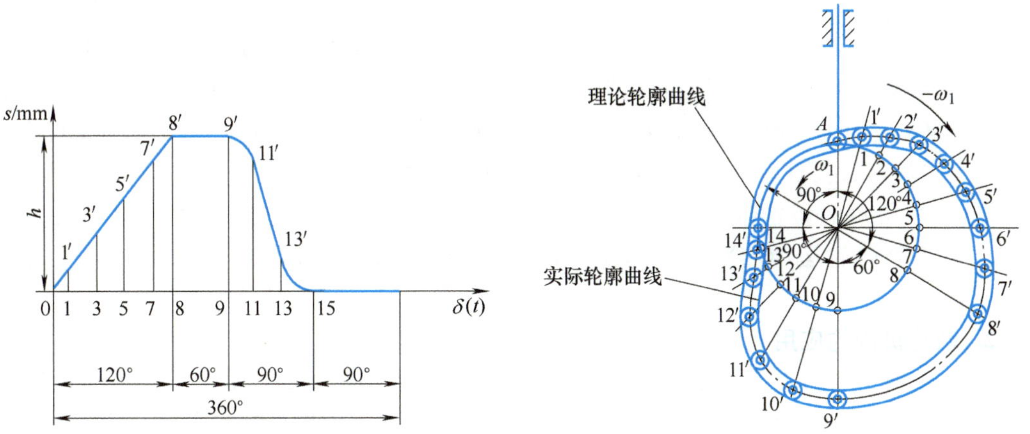

图 7-15　滚子从动件盘形凸轮轮廓的绘制过程

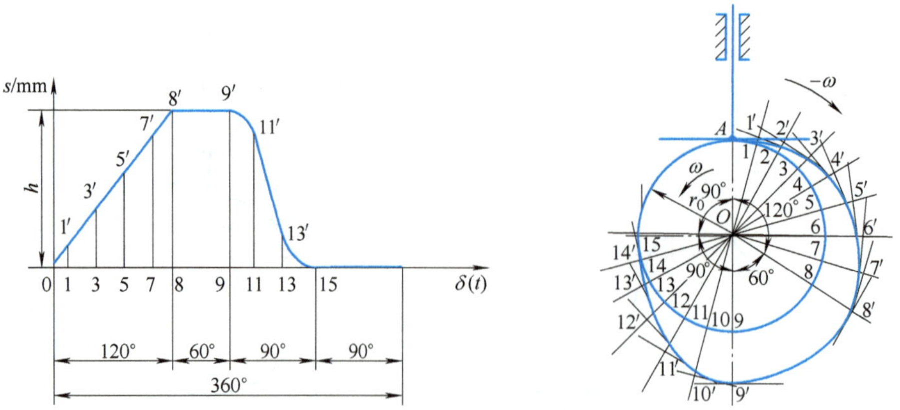

图 7-16 平底从动件盘形凸轮轮廓的绘制过程

7.5 间歇运动机构

在许多机械设备中，常要求原动件做连续运动时，从动件做周期性的间歇运动，这类将原动件的连续转动转化为从动件周期性的时动时停运动的机构称为间歇运动机构。间歇运动机构常用于自动车床的进给机构、送料机构及刀架等的转位机构。常用的间歇运动机构有棘轮机构、槽轮机构、不完全齿轮机构和凸轮式间歇运动机构等。

一、棘轮机构

1. 棘轮机构的工作原理

棘轮机构主要由摇杆、棘爪、棘轮、止退棘爪和机架等构件组成。如图 7-17 所示，棘轮固定连接在输出轴上，主动件棘爪铰接在连杆机构的摇杆上，摇杆空套在棘轮轴上可绕棘轮轴自由摆动。当摇杆顺时针方向摆动时，摇杆带动棘爪插入棘轮齿槽推动棘轮转过一定的角度，止退棘爪在棘轮齿面上滑过；当摇杆逆时针方向摆动时，止退棘爪嵌入棘轮齿内阻止棘轮转动，棘爪在棘轮的齿背上滑过，此时棘轮停歇不动。因此，在摇杆做往复摆动时，棘轮做单向时动时停的间歇运动。

棘轮机构的结构简单、制造方便、运动可靠，而且棘轮轴每次转过角度的大小可以在较大范围内调节。改变棘爪和棘轮轮齿形状，如采用矩形或梯形轮齿，棘轮可实线双向间歇运动，如图 7-18 所示，当棘爪处于实线位置时，棘轮做逆时针方向间歇运动；当棘爪转动到双点画线位置时，摇杆推动棘轮做顺时针方向间歇运动。

图 7-19 所示的棘轮机构在摇杆上安装两个棘爪，当摇杆往复摆动时，都能使棘轮转动，可提高棘轮运动的次数和缩短停歇的时间，所以又称为快动（或双动）式棘轮机构。

2. 棘轮机构的应用

图 7-20 所示为起重设备安全装置中的棘轮机构。起吊重物时，如果机械发生故障，重物将出现自动下落的危险，此时，棘轮被止退棘爪及时止动，以保证安全。

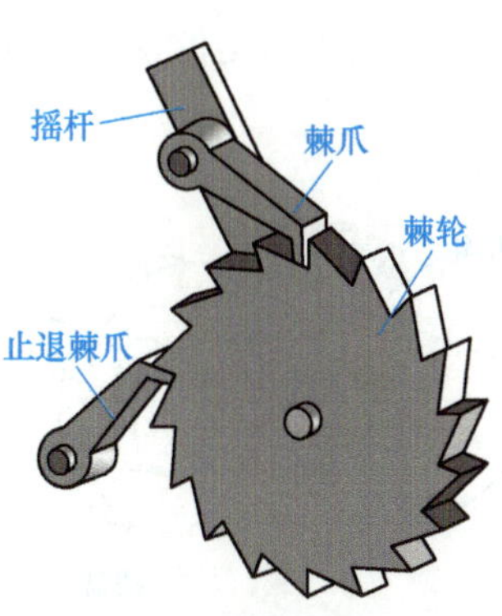

图 7-17　棘轮机构

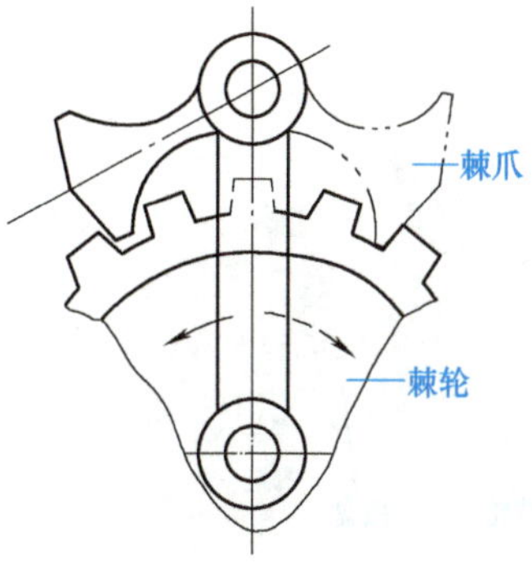

图 7-18　可变向棘轮机构

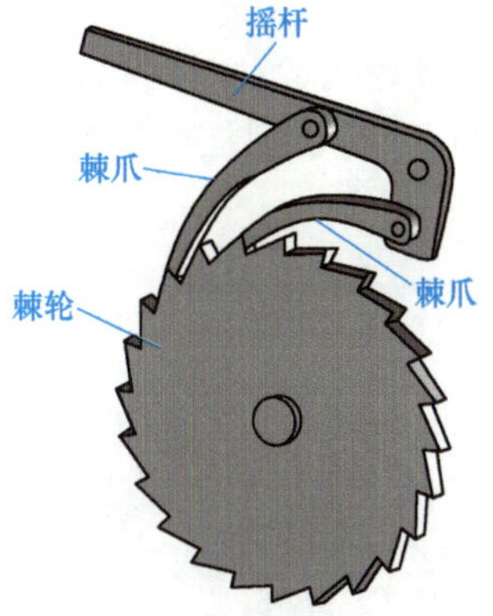

图 7-19　双动式棘轮机构

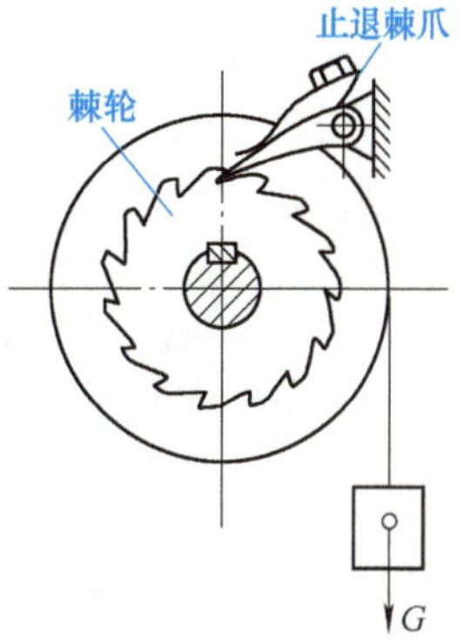

图 7-20　棘轮制动器

二、槽轮机构

1. 槽轮机构的工作原理

槽轮机构是由装有圆柱销的拨盘、槽轮和机架组成的单向间歇运动机构。槽轮机构的典型结构如图 7-21 所示，原动件拨盘以等角速度做连续转动，当拨盘上的圆柱销未进入槽轮的径向槽时，由于槽轮的内凹锁止弧被拨盘的外凸锁止弧卡住，故槽轮不动；当圆柱销刚进入槽轮径向槽的位置，此时锁止弧也刚被松开，槽轮开始由圆柱销驱动而转动；当圆柱销离开径向槽时，锁止弧又被卡住，槽轮又静止不动。直至圆柱销再次进入槽轮的另一个径向槽时，又重复上述运动。

2. 槽轮机构的特点及应用

图 7-22 所示为转塔车床的刀架转位机构，刀架上装有六种刀具，槽轮上具有六条径向槽。当拨盘回转一周时，槽轮转过 60°，从而将下一工序所需刀具转换到工作位置。

三、不完全齿轮机构

1. 工作原理

不完全齿轮机构的主动齿轮只制出一个或几个齿，轮齿未布满齿轮的整个圆周，根据运动时间和停歇时间的要求在从动齿轮上制出与主动齿轮相啮合的轮齿。其余部分为锁止圆弧。当两轮齿进入啮合时，与齿轮传动一样，无齿部分由锁止弧定位使从动轮静止，从而获得时动时停的间歇运动。

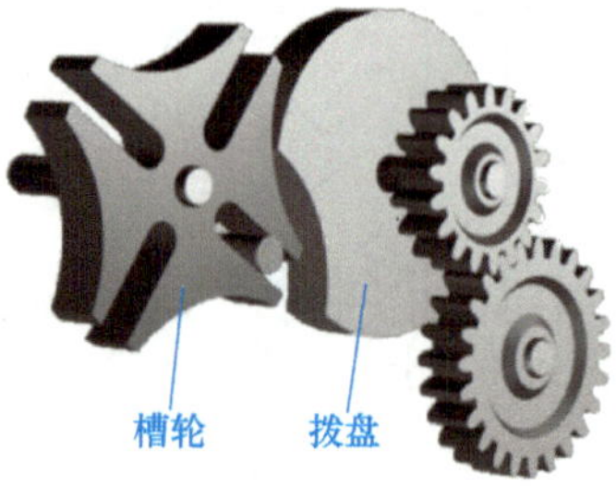

图 7-21　槽轮机构

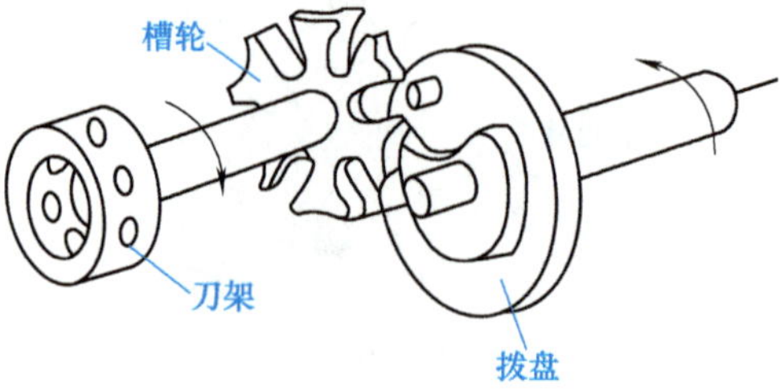

图 7-22　转塔车床的刀架转位机构

2. 特点及应用

不完全齿轮机构结构简单、工作可靠，设计时从动轮的运动时间和静止时间的比例可在较大范围内变化，有外啮合（图 7-23）、内啮合（图 7-24）、圆柱、圆锥等多种形式，适用于一些具有特殊运动要求的专用机械中。

图 7-23　外啮合不完全齿轮机构

图 7-24　内啮合不完全齿轮机构

不完全齿轮机构的缺点是从动轮在开始进入啮合与脱离啮合时有较大冲击，一般只用于低速、轻载、对冲击影响不大的场合，如在多工位自动、半自动机械中用作工作台的间歇转位机构、计数机构，电表、燃气表的计数器，肥皂自动生产线的转位机构等。

第四部分

PART 4

4

传动机构

第 8 章

CHAPTER 8

带传动

知识目标：

1. 了解各种带传动的应用场合。
2. 了解 V 带和带轮的相关国家标准。
3. 掌握带传动的设计和计算方法。

能力目标：

1. 具有 V 带的安装和张紧技能。
2. 具有链传动的张紧和润滑技能。
3. 培养带传动的设计能力。

融入素养：

打滑是带传动的失效形式，同时也通过打滑实现了过载保护，体现了事物的两面性。

8.1 带传动的基础知识

一、带传动的工作原理、特点和应用

1. 带传动的工作原理

带传动是由主动轴上的带轮（主动轮）、从动轴上的带轮（从动轮）和紧套在两轮上的传动带组成的，如图 8-1 所示。当原动机驱动主动轮转动时，由于传动带和带轮间的摩擦（或啮合），带动从动轮一起转动，并传递一定动力。一般情况下，带传动主要是用来传递转矩和改变转速。

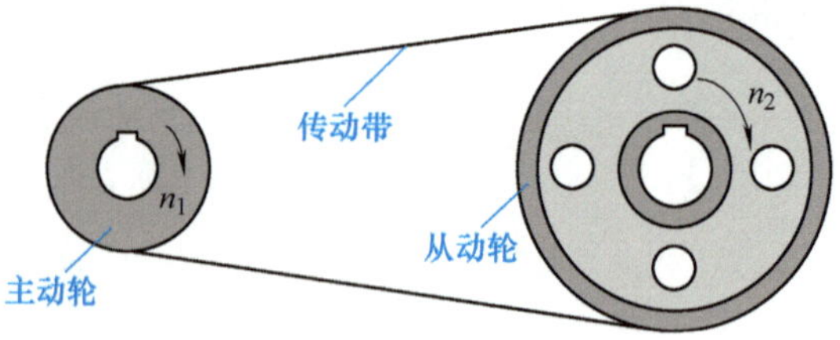

图 8-1　带传动示意图

2. 带传动的特点和应用

1）结构简单，制造、安装精度要求低，使用维护方便，适用于两轴中心距较大的传动。

2）带传动是挠性传动，传动带具有一定的弹性，能缓冲、吸振，传动平稳，无噪声。

3）过载时带在带轮上打滑，可防止其他零件的损坏，起到安全保护作用。由于带与轮之间的弹性滑动，不能保证准确的传动比。

4）传动效率较低，带的寿命较短。

5）传动带需要张紧在带轮上，对轴和轴承的压力较大。

带传动多用于要求传动平稳，传动比要求不很准确，中小功率及中心距较大的场合，不适宜在高温、易燃、易爆、有腐蚀介质的场合中工作。

二、带传动的类型

按传动原理可分为摩擦带传动，即依靠传动带与带轮间的摩擦力实现传动（如 V 带传动、平带传动等），和啮合带传动，即依靠带内侧凸齿与带轮外缘上的齿槽相啮合实现传动，如同步带传动，如图 8-2 所示。

按传动带的截面形状可分为平带传动、V 带传动、多楔带传动、圆带传动，如图 8-3 所示。

图 8-2　同步带传动

本章主要讨论摩擦带传动。

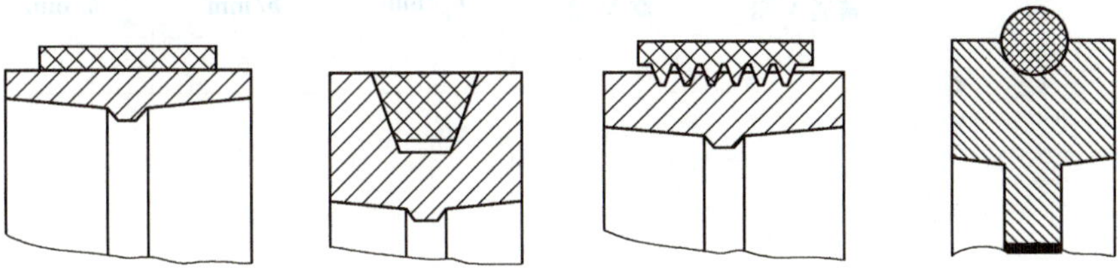

a) 平带传动　b) V 带传动　c) 多楔带传动　d) 圆带传动

图 8-3　带的截面形状

1）平带传动结构最简单，带轮也容易制造，在传动中心距较大的情况下应用较多。常用的平带有帆布芯平带、编织平带（棉织、毛织和缝合棉布带）、锦纶片复合平带等数种。其中以帆布芯平带应用最广，它的规格可查阅相关国家标准或手册。

2）V 带传动中 V 带的横截面呈等腰梯形，带轮上也做出相应的轮槽。传动时，V 带只和轮槽的两个侧面接触，即以两侧面为工作面。根据槽面摩擦的原理，在同样的张紧力下，V 带传动较平带传动能产生更大的摩擦力，能传递较大的功率，结构较紧凑，以及 V 带多已标准化并大量生产等优点，因而 V 带传动的应用更广泛，故本章着重介绍 V 带传动。

3）多楔带传动兼有平带和 V 带传动的优点，多楔带柔性好，摩擦力大，并解决了多根 V 带长短不一而使各带受力不均的问题。多楔带传动主要用于传递功率较大而结构要求紧凑的场合，传动比可达 10，带速可达 40m/s。

4）圆带传动结构简单，圆带截面形状为圆形，常用材料有皮革、棉绳、聚氨酯等，牵引能力小，常用于仪器和家用机械等低速小功率的传动。

三、V 带的类型与结构

V 带有普通 V 带、窄 V 带、联组 V 带、齿形 V 带、大楔角 V 带、宽 V 带等多种类型，其中普通 V 带应用最广，近年来窄 V 带也得到广泛的应用。

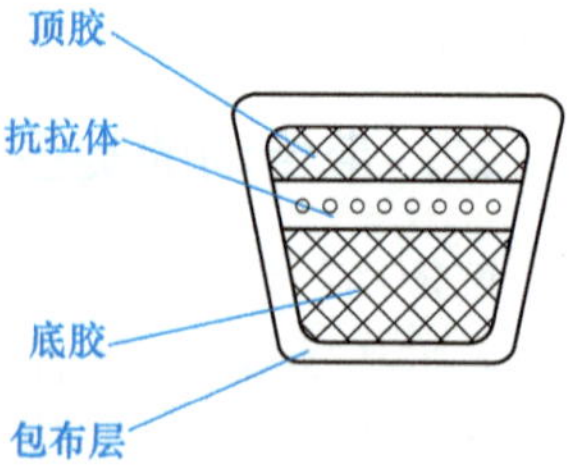

图 8-4　普通 V 带结构

普通 V 带制成无接头的环形，其横截面结构如图 8-4 所示。包布层由胶帆布制成，起保护作用：顶胶和底胶由弹性好的胶料制成，当带弯曲时分别承受拉伸载荷和压缩载荷；抗拉体为绳芯结构，承受拉伸载荷。绳芯结构柔性好，抗弯强度高。为了提高承载能力，普遍使用化学纤维绳芯结构的 V 带，绳芯 V 带一般适用于转速较高，载荷不大和带轮直径较小的场合。

窄 V 带是用合成纤维绳作为抗拉体，与普通 V 带相比，当高度相同时，窄 V 带的宽度约缩小 1/3，而承载能力可提高 1.5~2.5 倍，适用于传递动力大而又要求传动装置紧凑的场合。窄 V 带按截面类型分为 SPZ、SPA、SPB、SPC 四种，普通 V 带的规格尺寸、性能、使用要求等都已标准化，按其截面大小分为七种型号（Y、Z、A、B、C、D、E），其截面尺寸见表 8-1。

表 8-1　V 带的截面尺寸

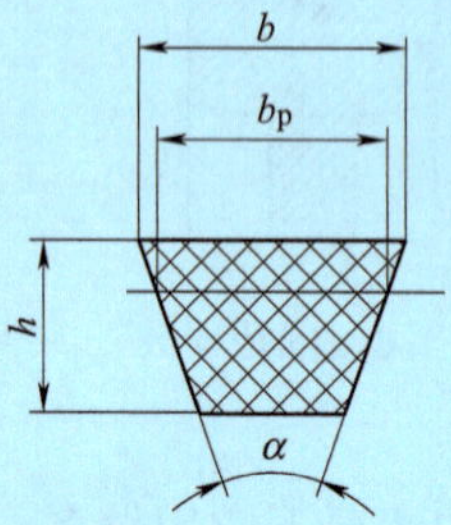

截面类型 普通 V 带	截面类型 窄 V 带	节宽 b_p/mm	顶宽 b/mm	高度 h/mm	楔角 α
Y		5.3	6	4	40°
Z	SPZ	8.5	10	6 8	
A	SPA	11.0	13	8 10	
B	SPB	14.0	17	11 14	
C	SPC	19.0	22	14 18	
D		27.0	32	19	
E		32.0	38	23	

注：h/b_p称为带的相对高度。

当带垂直于底边弯曲时，在带中保持长度不变的周线（节线）所组成的面（节面）的宽度称为节宽 b_p。节宽在带垂直底边弯曲时保持不变。在 V 带轮上，与所配用的节宽 b_p 相对应的带轮直径称为节径 d_p，通常它又是基准直径 d_d（图 8-5）。V 带在规定的张紧力下，位于测量带轮的基准直径上的周线长度称为基准长度 L_d，基准长度已经标准化，见表 8-2。

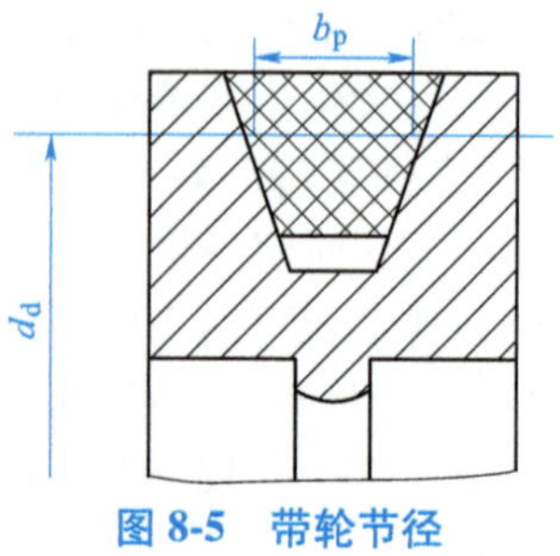

图 8-5　带轮节径

表 8-2　普通 V 带的基准长度系列及带长修正系数 K_L

Y		Z		A. AX		B. BX		C. CX		D		E	
基准长度 L_d/mm	修正系数 K_L	基准长度 L_d/mm	修正系数 K_L	基准长度 L_d/mm	修正系数 K_L	基准长度 L_d/mm	修正系数 K_L	基准长度 L_d/mm	修正系数 K_L	基准长度 L_d/mm	修正系数 K_L	基准长度 L_d/mm	修正系数 K_L
200	0.81	405	0.87	630	0.81	930	0.83	1565	0.82	2740	0.82	4660	0.91
224	0.82	475	0.90	700	0.83	1000	0.84	1760	0.85	3100	0.86	5040	0.92
250	0.84	530	0.93	790	0.85	1100	0.86	1950	0.87	3330	0.87	5420	0.94
280	0.87	625	0.96	890	0.87	1210	0.87	2195	0.90	3730	0.90	6100	0.96
315	0.89	700	0.99	990	0.89	1370	0.90	2420	0.92	4080	0.91	6850	0.99
355	0.92	780	1.00	1100	0.91	1560	0.92	2715	0.94	4620	0.94	7650	1.01
400	0.96	920	1.04	1250	0.93	1760	0.94	2880	0.95	5400	0.97	9150	1.05
450	1.00	1080	1.07	1430	0.96	1950	0.97	3080	0.97	6100	0.99	12230	1.11
500	1.02	1330	1.13	1550	0.98	2180	0.99	3520	0.99	6840	1.02	13750	1.15
—	—	1420	1.14	1640	0.99	2300	1.01	4060	1.02	7620	1.05	15280	1.17
—	—	1540	1.54	1750	1.00	2500	1.03	4600	1.05	9140	1.08	16800	1.19
—	—	—	—	1940	1.02	2700	1.04	5380	1.08	10700	1.13	—	—
—	—	—	—	2050	1.04	2870	1.05	6100	1.11	12200	1.16	—	—
—	—	—	—	2200	1.06	3200	1.07	6815	1.14	13700	1.19	—	—
—	—	—	—	2300	1.07	3600	1.09	7600	1.17	15200	1.21	—	—
—	—	—	—	2480	1.09	4060	1.13	9100	1.21	—	—	—	—
—	—	—	—	2700	1.10	4430	1.15	10700	1.24	—	—	—	—
—	—	—	—	—	—	4820	1.17	—	—	—	—	—	—
—	—	—	—	—	—	5370	1.20	—	—	—	—	—	—
—	—	—	—	—	—	6070	1.24	—	—	—	—	—	—

带的标记是用户识别和选用带的依据，通常带的标记和制造时间以及生产厂名都应压印在带的顶面（外表面）上。普通 V 带的标记是由带型、带长和标准号组成。例如：B 型普通 V 带，基准长度为 2240mm，其标记为：B2240　GB/T 11544—2012。

8.2　带传动的工作情况分析

一、带传动中的受力分析

安装带传动时，传动带以一定的初拉力 $\boldsymbol{F}_0$ 紧套在两个带轮上。由于 $\boldsymbol{F}_0$ 的作用，使带和带轮的接触面间产生正压力。带传动不工作时传动带两边的拉力相等，都等于 $\boldsymbol{F}_0$，如图 8-6 所示。

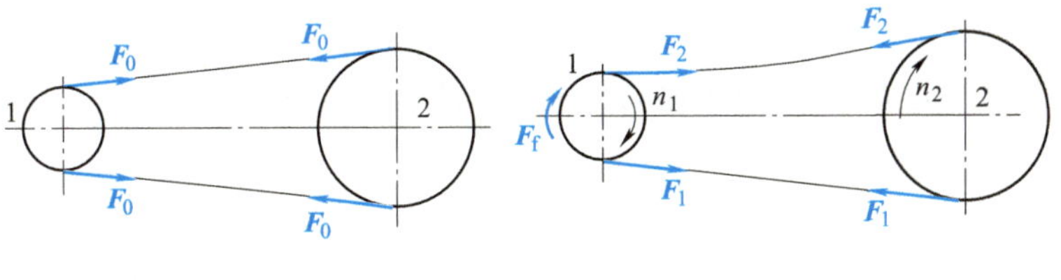

a) 尚未工作状态　　b) 工作状态

图 8-6　带传动的工作原理

带传动工作时，主动轮对带的摩擦力 $\boldsymbol{F}_f$ 与带的运动方向一致；从动轮对带的摩擦力 $\boldsymbol{F}_f$ 与带的运动方向相反，如图 8-7 所示。这样，传动带两边的拉力就不相等。带绕上主动轮的一边被拉紧，拉力由 $\boldsymbol{F}_0$ 增加到 $\boldsymbol{F}_1$，称为紧边拉力，而另一边略为放松，拉力由 $\boldsymbol{F}_0$ 减小到 $\boldsymbol{F}_2$，称为松边拉力。

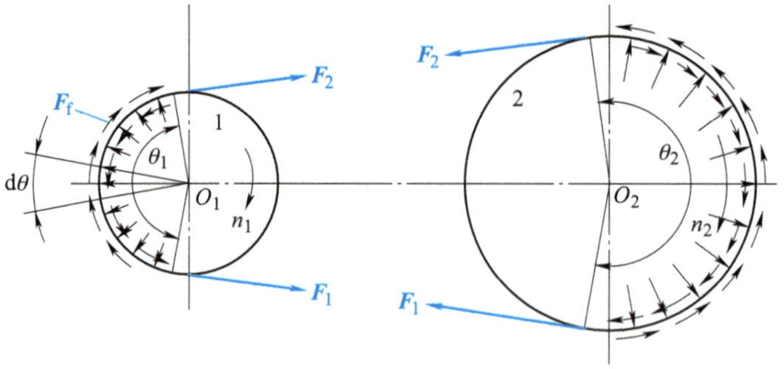

图 8-7　带与带轮的受力分析

若近似认为带工作时的总长度不变，因带是弹性体，符合胡克定律，则带紧边拉力的增加量应等于松边拉力的减少量，即

$$F_1 - F_0 = F_0 - F_2 \tag{8-1}$$

即

$$F_1 + F_2 = 2F_0$$

紧边、松边的拉力差等于接触面上摩擦力的总和 $\boldsymbol{F}_f$，那么根据传动带上诸力对带轮中心的力矩平衡条件可得

$$F_f = F_1 - F_2 \tag{8-2}$$

在带传动中，有效拉力 $\boldsymbol{F}_e$ 并不是作用于某固定点的集中力，而是带和带轮接触面上各点摩擦力的总和，故整个接触面上的总摩擦力 $\boldsymbol{F}_f$ 等于带所传递的有效拉力或带传动的圆周力，则由式（8-2）可知

$$F_e = F_f = F_1 - F_2 \tag{8-3}$$

因此，由式（8-1）和式（8-3）可得

$$\begin{cases} F_1 = F_0 + \dfrac{F_e}{2} \\ F_2 = F_0 - \dfrac{F_e}{2} \end{cases} \tag{8-4}$$

由式（8-4）可知，带两边的拉力 $\boldsymbol{F}_1$ 和 $\boldsymbol{F}_2$ 的大小取决于预紧力 $\boldsymbol{F}_0$ 和带传动的有效拉力 $\boldsymbol{F}_e$。

带传动的有效拉力 $\boldsymbol{F}_e$ 与带所传递的功率 P、带速 v 的关系为

$$P = \frac{F_e v}{1000} \tag{8-5}$$

式中，功率 P 的单位为 kW；F_e 为有效拉力，单位为 N；v 为带的速度，单位为 m/s。

由式（8-5）可知，在带传动的传动能力范围内，F_e 的大小又和传递功率 P 及带的速度有关，若带速不变，有效拉力 $\boldsymbol{F}_e$ 由传递功率 P 决定。当传递功率增大时，带的两边拉力的

差值 $F_e = F_1 - F_2$ 也要相应地增大。带的两边拉力的这种变化，实际上反映了带和带轮接触面上摩擦力的变化，说明传动带和带轮之间应该至少具有的总摩擦力 $\boldsymbol{F}_f$，以及产生这个总摩擦力所需要的带的最小初拉力 $\boldsymbol{F}_{0min}$。

为了保证带能够正常的工作，带轮的初拉力必须大于最小初拉力 $\boldsymbol{F}_{0min}$，否则带将带不动从动轮，出现打滑现象。但是初拉力也不能过大，由式（8-4）可知，当有效拉力 $\boldsymbol{F}_e$ 已确定时，紧边拉力 $\boldsymbol{F}_1$ 和松边拉力 $\boldsymbol{F}_2$ 只与初拉力 $\boldsymbol{F}_0$ 有关，$\boldsymbol{F}_0$ 越大，$\boldsymbol{F}_1$、$\boldsymbol{F}_2$ 越大，带的磨损就越严重而产生松弛现象，影响带的正常使用。

因此，为了保证带的正常工作，首先要确定在满足功率条件下带的最小摩擦力和与之对应的带的最小初拉力。

二、带传动的最小初拉力和临界摩擦力

当带和带轮间有全面滑动趋势时，摩擦力达到最大值，称为临界摩擦力，即有效圆周力达到最大值。此时，紧边拉力 $\boldsymbol{F}_1$ 和松边拉力 $\boldsymbol{F}_2$ 之间的关系可用欧拉公式表示：

$$\frac{F_1}{F_2} = e^{f\theta} \tag{8-6}$$

需要注意的是，欧拉公式给出的是带传动在临界状态下各力之间的关系（不计离心力）。由式（8-4）和式（8-6）可得

$$F_{ec} = F_{fc} = 2F_{0min}\frac{1-\dfrac{1}{e^{f\theta}}}{1+\dfrac{1}{e^{f\theta}}} \tag{8-7}$$

式中　e ——自然对数的底（e=2.718…）；

f——摩擦系数（对于 V 带，用当量摩擦系数 f_v 代替 f）；

θ ——带在带轮上的包角，单位为 rad；

式（8-7）即所谓柔性体摩擦的欧拉公式。

由式（8-7）可知，最大有效拉力 F_{ec} 与 F_0 成正比，这是因为 F_0 越大，带与带轮之间的正压力越大，传动时的摩擦力就越大。若 F_0 过小，容易发生打滑。但 F_0 过大，带的使用寿命降低，轴和轴承受力大。f 摩擦系数越大，最大有效拉力 F_{ec} 越大，摩擦系数与带和带轮的材料、表面状况、工作环境条件有关。

包角是带与带轮接触弧所对的圆心角，包角的大小反映带与带轮轮缘表面间接触弧的长短。包角越大，带与带轮的接触弧越长，带能传递的功率就越大；反之，所能传递的功率就越小。

为了使 V 带传动可靠，一般要求小带轮上的包角 θ 不得小于 120°。包角的大小可按下式计算：

$$\theta = 180° - (d_{d2} - d_{d1})\frac{57.3°}{a} \tag{8-8}$$

式中　a ——带传动的中心距，单位为 mm；

d_{d1} ——小带轮的基准直径，单位为 mm ；

d_{d2} ——大带轮的基准直径，单位为 mm。

虽然最大有效拉力取决于初拉力、包角和当量摩擦系数的大小，但实际有效拉力 F_e 的

数值与传动中的包角大小和摩擦系数无关，它是由传递功率 P 和带的速度 v 所决定的。

三、带传动时的应力分析

带传动在工作过程中，带上的应力由三部分组成。

1. 拉应力

$$\begin{cases}\sigma_1 = \dfrac{F_1}{A}\\[2ex] \sigma_2 = \dfrac{F_2}{A}\end{cases} \tag{8-9}$$

式中　σ_1、σ_2——拉应力，单位为 MPa；

F_1、F_2——拉力，单位为 N；

A——带的横截面积，单位为 mm^2，数值见表 8-1。

2. 由离心力产生的离心拉应力

由于带本身的质量，带绕过带轮时随着带轮做圆周运动将产生离心力。离心力将使带受拉伸，在截面产生离心拉应力，即

$$\sigma_c = \frac{qv^2}{A} \tag{8-10}$$

式中　σ_c——离心拉应力，单位为 MPa；

v——带速，单位为 m/s；

q——带单位长度的质量，单位为 kg/m，数值见表 8-3。

表 8-3　V 带单位长度的质量

带型	Y	Z	A	B	C	D	E
q/(kg/m)	0.02	0.06	0.10	0.18	0.30	0.61	0.92

3. 带的弯曲产生的弯曲应力

传动带绕经带轮时要弯曲，其弯曲应力可近似按下式确定：

$$\sigma_b \approx E\frac{h}{d_d} \tag{8-11}$$

式中　E——带的弹性模量，单位为 MPa；

h——带的高度，数值见表 8-1，单位为 mm；

d_d——带轮的基准直径，单位为 mm。

由于弯曲应力与带轮的基准直径成反比，因此带在小带轮上的弯曲应力 σ_{b1} 一定大于带在大带轮上的弯曲应力 σ_{b2}。

由图 8-8 可知，带工作时带的每个截面上应力的大小将随着该截面位置的变化而变化。当带上的截面每绕过带轮一次，其截面上的应力就会由小变大，再由大变小地循环作用一次。因而，带的每个截面上所受到的应力将随着时间呈周期性的变化，即带在工作过程中，所受到的应力为交变应力。带在周期性交变应力作用下，经过多次应力循环作用后，将会使带发生疲劳断裂。因此，疲劳破坏是带传动另外一种失效形式。

带传动的最大应力发生在带绕入小带轮处，其值为

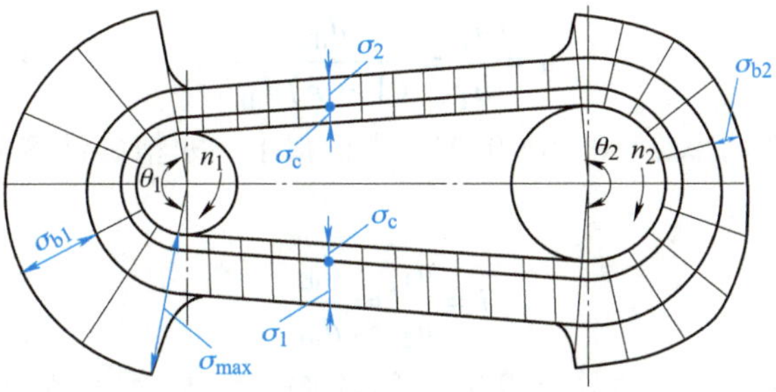

图 8-8　带传动工作时带中的应力分布

$$\sigma_{max} = \sigma_1 + \sigma_{b1} + \sigma_c \tag{8-12}$$

弯曲应力是引起带产生疲劳破坏的重要因素。因为弯曲应力将会引起带的应力幅值变化。当弯曲应力越大，应力幅值变化也就越大，带就越容易产生疲劳断裂。

四、带的弹性滑动和打滑

由于带是弹性体，受到拉力后会产生弹性伸长，伸长量随拉力大小的变化而改变。带由紧边绕过主动轮进入松边时，带的拉力由 $\boldsymbol{F}_1$ 减小为 $\boldsymbol{F}_2$，其弹性伸长量也减小。这说明带在绕过带轮的过程中，相对于轮面向后收缩，带与带轮轮面间出现局部相对滑动，导致带的速度逐步小于主动轮的圆周速度。同样，当带由松边绕过从动轮进入紧边时，拉力增加，带逐渐被拉长，沿轮面产生向前的弹性滑动，使带的速度逐渐大于从动轮的圆周速度，如图 8-9 所示。

带传动中因带的紧边和松边弹性变形量的变化而引起的带与带轮之间局部而微小的相对滑动称为带的弹性滑动。只要带工作必存在有效圆周力，必然有拉力差，因此弹性滑动是无法避免的。由于弹性滑动的影响使得带的从动轮的圆周速度低于主动轮，$v_2 < v_1$，同时产生摩擦功率损失，降低了传动效率，引起带的磨损，并使带温度升高，降低了带的使用寿命。

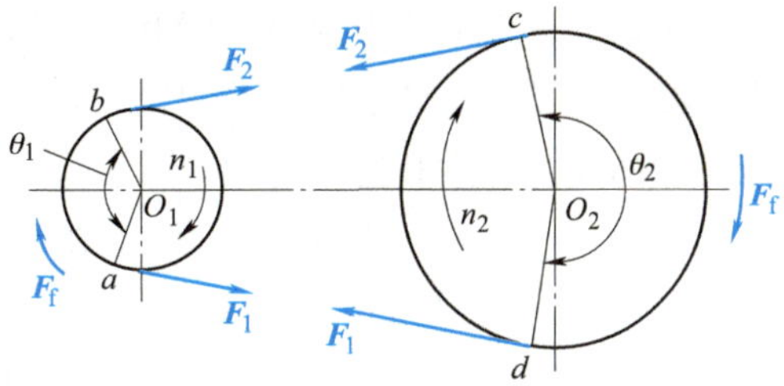

图 8-9　带的弹性滑动

其中，速度降低的程度可用滑动率 ε 来表示，即

$$\varepsilon = \frac{v_1 - v_2}{v_1} \times 100\% \tag{8-13}$$

或

$$v_2 = (1 - \varepsilon) v_1 \tag{8-14}$$

其中：

$$\begin{cases} v_1 = \dfrac{\pi d_{d1} n_1}{60 \times 1000} \\ v_2 = \dfrac{\pi d_{d2} n_2}{60 \times 1000} \end{cases} \tag{8-15}$$

将式（8-15）带入式（8-13）可得传动比为

$$i=\frac{n_1}{n_2}=\frac{d_{d2}}{(1-\varepsilon)d_{d1}} \tag{8-16}$$

由于 V 带传动的滑动率 $\varepsilon=0.01\sim0.02$，数值很小，非精确计算时一般可忽略不计，因此式（8-16）一般可取为

$$i=\frac{n_1}{n_2}\approx\frac{d_{d2}}{d_{d1}} \tag{8-17}$$

正常传动中，带的弹性滑动并不发生在全部接触弧上。接触弧可分为动弧和静弧两部分。在动弧上，带发生弹性滑动；而在静弧上带和带轮间保持相对静止。随着有效圆周力的增加，动弧区域将逐渐扩展，当有效圆周力达到最大值时，小带轮上动弧将扩展到整个接触弧。如果继续加大工作载荷，则带沿小带轮轮缘表面将发生显著的相对滑动，即出现打滑。

打滑会使带严重磨损，同时使从动轮转速急速下降，甚至停转，导致带的运动处于不稳定状态，不能正常工作，致使传动失效。因此，打滑现象是由于过载引起的全面滑动，是带传动的另一种失效形式，应当避免。但是当带传动突然超载时，打滑可以起到过载保护作用，避免其他零件发生损坏。

8.3　V 带传动的设计计算

一、设计准则和单根 V 带的基本额定功率

带传动的失效形式主要是打滑和疲劳破坏（如脱层、撕裂或拉断），因此在带的传动设计中，必须遵循的设计准则是在保证带传动不打滑的条件下，充分发挥带的传动能力，使带具有一定的疲劳强度和使用寿命。

在带传动中，如果要求不打滑，则最大有效圆周力需小于或等于有效拉力，即 $F\leqslant F_e$，由式（8-4）、式（8-7）、式（8-9）可得 F_e 为

$$F_e=F_1\left(1-\frac{1}{e^{f_v\theta}}\right)=\sigma_1 A\left(1-\frac{1}{e^{f_v\theta}}\right) \tag{8-18}$$

为了保证 V 带具有一定的疲劳强度和使用寿命，根据式（8-12）可知

$$\sigma_{max}=\sigma_1+\sigma_{b1}+\sigma_c\leqslant[\sigma] \tag{8-19}$$

或

$$\sigma_1\leqslant[\sigma]-\sigma_{b1}-\sigma_c \tag{8-20}$$

其中，$[\sigma]$ 为带的许用弯曲应力。

由式（8-5）、式（8-18）、式（8-19）可得，同时满足以上两个条件的最大功率 P_1（单根 V 带的基本额定功率）为

$$P_1=\frac{([\sigma]-\sigma_{b1}-\sigma_c)\left(1-\frac{1}{e^{f_v\theta}}\right)Av}{1000} \tag{8-21}$$

在工程中为了减少试验的工作量，通常只在特定条件下进行试验，即通过对单根标准 V

带（一定材质和一定规格），在特定工作条件（工作平稳，传动比 $i=1$，即 $\theta_1=\theta_2=180°$，$d_{d1}=d_{d2}$）和特定长度下进行一系列的实验，得出在上述特定条件下单根标准 V 带的基本额定功率 P_1。表 8-4 列出单根普通 V 带在工作平稳、包角 $\theta_1=\theta_2=180°$ 和特定长度条件下的基本额定功率 P_1。

表 8-4　单根普通 V 带的基本额定功率 P_1　　（单位：kW）

带型	d_{d1}/mm	n_1/(r/min)											
		700	800	950	1200	1450	1600	1800	2000	2200	2400	2600	2800
Z	50	0.09	0.10	0.12	0.14	0.16	0.17	0.19	0.20	0.21	0.22	0.24	0.26
	56	0.11	0.12	0.14	0.17	0.19	0.20	0.23	0.25	0.28	0.30	0.32	0.33
	63	0.13	0.15	0.18	0.22	0.25	0.27	0.30	0.32	0.35	0.37	0.39	0.41
	71	0.17	0.20	0.23	0.27	0.30	0.33	0.36	0.39	0.43	0.46	0.48	0.50
	80	0.20	0.22	0.26	0.30	0.35	0.39	0.42	0.44	0.47	0.50	0.53	0.56
	90	0.22	0.24	0.28	0.33	0.36	0.40	0.44	0.48	0.51	0.54	0.57	0.60
A	75	0.58	0.64	0.73	0.86	0.98	1.05	—	1.21	—	1.35	—	1.47
	90	0.84	0.93	1.06	1.27	1.47	1.58	—	1.85	—	2.09	—	2.30
	100	1.01	1.12	1.28	1.54	1.78	1.92	—	2.26	—	2.56	—	2.83
	112	1.21	1.34	1.54	1.86	2.15	2.32	—	2.74	—	3.11	—	3.44
	125	1.42	1.58	1.82	2.20	2.55	2.75	—	3.25	—	3.69	—	4.08
	140	1.66	1.86	2.14	2.58	2.99	3.23	—	3.81	—	4.33	—	4.77
	160	1.98	2.21	2.55	3.08	3.57	3.85	—	4.54	—	5.14	—	5.64
	180	2.29	2.56	2.95	3.56	4.13	4.45	—	5.23	—	5.89	—	6.42
B	125	1.75	1.93	2.19	2.59	2.94	3.13	3.37	3.58	3.76	3.92	—	4.17
	140	2.18	2.41	2.75	3.27	3.73	3.99	4.30	4.58	4.83	5.05	—	5.38
	160	2.74	3.04	3.48	4.15	4.75	5.09	5.49	5.86	6.18	6.46	—	6.88
	180	3.29	3.66	4.19	5.01	5.74	6.14	6.63	7.07	7.45	7.77	—	8.23
	200	3.84	4.27	4.89	5.84	6.70	7.16	7.72	8.21	8.63	8.97	—	9.41
	224	4.48	4.99	5.71	6.82	7.80	8.33	8.95	9.49	9.93	10.26	—	10.61
	250	5.16	5.74	6.57	7.84	8.94	9.52	10.19	10.75	11.17	11.46	—	11.59
	280	5.92	6.59	7.54	8.96	10.17	10.79	11.49	12.02	12.38	12.56	—	12.29
C	200	5.19	5.72	6.46	7.53	8.41	8.85	9.32	9.67	9.87	9.93	9.85	9.60
	224	6.40	7.07	7.99	9.36	10.48	11.03	11.63	12.06	12.30	12.35	12.19	11.82
	250	7.67	8.40	9.62	11.26	12.61	23.27	13.95	14.41	14.62	14.58	14.26	13.65
	280	9.12	10.09	11.43	13.37	14.93	15.66	16.38	16.80	16.89	16.62	15.98	14.95
	315	10.76	11.90	13.47	15.70	17.42	18.18	18.85	19.10	18.90	18.21	17.00	15.23
	355	12.57	13.89	15.70	18.19	19.98	20.69	21.16	21.05	20.31	18.89	16.73	—
	400	14.55	16.05	18.06	20.74	22.46	22.99	23.04	22.28	20.64	18.03	—	—
	450	16.66	18.32	20.51	23.24	24.68	24.84	24.15	22.33	18.03	—	—	—

（续）

带型	d_{d1}/mm	n_1/(r/min)											
		700	800	950	1200	1450	1600	1800	2000	2200	2400	2600	2800
D	355	18.21	19.77	21.70	23.74	24.12	24.18	23.58	21.68	—	—	—	—
	400	22.46	34.39	26.75	29.11	29.46	29.27	28.18	25.20	—	—	—	—
	450	26.99	29.26	31.96	34.33	34.45	33.67	31.64	26.81	—	—	—	—
	500	31.30	33.83	36.70	38.68	38.38	36.63	33.20	25.75	—	—	—	—
	560	36.16	38.89	41.73	42.67	41.55	38.09	32.30	—	—	—	—	—
	630	41.41	44.19	46.64	45.48	42.94	36.62	27.04	—	—	—	—	—
	710	46.78	49.36	50.84	45.99	41.13	30.31	—	—	—	—	—	—
	800	51.99	53.96	53.61	42.77	34.31	—	—	—	—	—	—	—

由表8-4可知：基本额定功率P_1与带型、小带轮基准直径d_{d1}以及小轮转速n_1有关，可根据这些条件查出P_1。

二、单根V带传动的额定功率P_r

当工作条件（即所需设计的条件）与上述特定条件和特定带长不同时，需要采用一系列修正系数，才能得到设计工作条件（即一般工作条件，$i \neq 1$，带长为非特定长度）下单根V带所能传递的功率P_r。P_1表示单根V带在特定工作条件和特定长度下所能传递的基本额定功率，以P_1为基础，对查得的P_1值进行修正，修正后得到实际工作条件下单根V带所能传递的功率P_r为

$$P_r = (P_1 + \Delta P_1) K_\theta K_L \tag{8-22}$$

式中 ΔP_1——$i \neq 1$时单根普通V带传递功率的增量，查表8-5；

K_θ——包角系数，考虑$\theta \neq 180°$时，传动能力有所下降，因此要对θ进行修正，查表8-6；

K_L——长度修正系数，查表8-2。

表8-5 单根普通V带传递功率的增量ΔP_1 （单位：kW）

带型	传动比i	n_1/(r/min)								
		700	800	950	1200	1450	1600	2000	2400	2800
Z	1.00~1.01	0.00	0.00	0.00	0.00	0.00	0.00	0.00	0.00	0.00
	1.02~1.04	0.00	0.00	0.00	0.00	0.00	0.01	0.01	0.01	0.01
	1.05~1.08	0.00	0.00	0.00	0.01	0.01	0.01	0.01	0.02	0.02
	1.09~1.12	0.00	0.00	0.01	0.01	0.01	0.01	0.02	0.02	0.02
	1.13~1.18	0.00	0.01	0.01	0.01	0.01	0.01	0.02	0.02	0.02
	1.19~1.24	0.00	0.01	0.01	0.01	0.02	0.02	0.02	0.03	0.03
	1.25~1.34	0.01	0.01	0.01	0.02	0.02	0.02	0.02	0.03	0.03
	1.35~1.50	0.01	0.01	0.02	0.02	0.02	0.03	0.03	0.04	0.04
	1.51~1.99	0.01	0.02	0.02	0.02	0.02	0.03	0.03	0.04	0.04
	≥2.00	0.02	0.02	0.02	0.03	0.03	0.03	0.04	0.04	0.04

（续）

带型	传动比 i	n_1/(r/min)								
		700	800	950	1200	1450	1600	2000	2400	2800
A	1.00~1.01	0.00	0.00	0.00	0.00	0.00	0.00	0.00	0.00	0.00
	1.02~1.04	0.00	0.00	0.00	0.00	0.00	0.00	0.00	0.00	0.00
	1.05~1.08	0.02	0.02	0.03	0.03	0.04	0.04	0.05	0.07	0.08
	1.09~1.12	0.03	0.03	0.04	0.05	0.06	0.06	0.08	0.10	0.11
	1.13~1.18	0.04	0.04	0.05	0.07	0.09	0.09	0.11	0.13	0.15
	1.19~1.24	0.05	0.05	0.06	0.08	0.11	0.11	0.14	0.16	0.19
	1.25~1.34	0.06	0.07	0.07	0.10	0.13	0.13	0.16	0.20	0.23
	1.35~1.51	0.07	0.08	0.08	0.11	0.15	0.15	0.19	0.23	0.27
	1.51~1.99	0.08	0.09	0.10	0.13	0.17	0.17	0.22	0.26	0.31
	≥2.00	0.09	0.10	0.12	0.15	0.20	0.19	0.25	0.29	0.34
B	1.00~1.01	0.00	0.00	0.00	0.00	0.00	0.00	0.00	0.00	0.00
	1.02~1.04	0.00	0.00	0.00	0.00	0.05	0.01	0.01	0.01	0.01
	1.05~1.08	0.05	0.06	0.07	0.09	0.10	0.10	0.14	0.17	0.20
	1.09~1.12	0.07	0.08	0.10	0.13	0.15	0.15	0.21	0.25	0.30
	1.13~1.18	0.10	0.12	0.14	0.17	0.20	0.21	0.29	0.35	0.40
	1.19~1.24	0.13	0.14	0.17	0.22	0.25	0.26	0.36	0.43	0.51
	1.25~1.34	0.15	0.17	0.21	0.26	0.31	0.31	0.43	0.52	0.61
	1.35~1.51	0.18	0.20	0.24	0.30	0.36	0.37	0.51	0.61	0.71
	1.52~1.99	0.20	0.23	0.27	0.35	0.40	0.42	0.58	0.69	0.81
	≥2.00	0.23	0.26	0.31	0.39	0.46	0.47	0.65	0.78	0.91
C	1.00~1.01	0.00	0.00	0.00	0.00	0.00	0.00	0.00	0.00	0.00
	1.02~1.04	0.01	0.01	0.01	0.01	0.02	0.02	0.02	0.03	0.03
	1.05~1.08	0.14	0.16	0.19	0.24	0.29	0.32	0.40	0.48	0.56
	1.09~1.12	0.20	0.23	0.28	0.35	0.42	0.47	0.58	0.70	0.81
	1.13~1.18	0.28	0.32	0.38	0.48	0.58	0.64	0.80	0.96	1.12
	1.19~1.24	0.35	0.40	0.47	0.60	0.72	0.80	0.10	1.20	1.41
	1.25~1.34	0.42	0.48	0.57	0.72	0.87	0.96	1.19	1.43	1.67
	1.35~1.51	0.49	0.56	0.66	0.84	1.01	1.12	1.39	1.67	1.95
	1.52~1.99	0.56	0.64	0.76	0.96	1.16	1.28	1.59	1.91	2.23
	≥2.00	0.63	0.72	0.85	1.08	1.30	1.43	1.79	2.15	2.51
D	1.00~1.01	0.00	0.00	0.00	0.00	0.00	0.00	—	—	—
	1.02~1.04	0.03	0.03	0.04	0.05	0.06	0.06	—	—	—
	1.05~1.08	0.50	0.57	0.68	0.85	1.03	1.14	—	—	—
	1.09~1.12	0.73	0.83	0.99	1.25	1.51	1.67	—	—	—
	1.13~1.18	1.00	1.14	1.35	1.71	2.07	2.28	—	—	—

（续）

带型	传动比 i	$n_1/(r/min)$								
		700	800	950	1200	1450	1600	2000	2400	2800
D	1.19~1.24	1.25	1.43	1.69	2.14	2.59	2.85	—	—	—
	1.25~1.34	1.50	1.71	2.03	2.57	3.10	3.42	—	—	—
	1.35~1.51	1.75	2.00	2.37	3.00	3.62	4.00	—	—	—
	1.52~1.99	2.00	2.28	2.71	3.43	4.14	4.57	—	—	—
	≥2.00	2.25	2.57	3.05	3.85	4.65	5.13	—	—	—

表 8-6 包角修正系数 K_θ

小带轮包角	180°	174°	169°	163°	157°	151°	145°	139°
K_θ	1	0.99	0.98	0.96	0.94	0.93	0.91	0.89
小带轮包角	133°	127°	120°	113°	106°	99°	91°	83°
K_θ	0.87	0.85	0.82	0.80	0.77	0.73	0.70	0.65

三、带传动的参数选择

1. 中心距 a_0

中心距越大，带轮的包角就越大，同时减少了带在单位时间内的循环次数，提高了带的使用寿命，但中心距过大，会使传动尺寸增大，带的松边易颤动，影响正常工作，降低稳定性；中心距过小，则使包角 θ 减小，导致承载能力降低，且带长减小，在同样带速下，单位时间内带的绕转次数 v/L_d 增多，影响使用寿命。如果中心距未定，可按下式进行估算。

$$0.7(d_{d1}+d_{d2}) \leqslant a_0 \leqslant 2(d_{d1}+d_{d2}) \tag{8-23}$$

式中，a_0 为带传动的中心距，单位为 mm。

2. 传动比

在不考虑 V 带弹性滑动的情况下，由式（8-17）可知，V 带传动比等于主、从动轮转速之比，也等于两带轮基准直径的反比。传动比越大，即大带轮的直径比小带轮的直径大很多，则带在小带轮上的包角就越小。当小带轮的包角减小时，由式（8-18）可知，带的有效拉力越小，带就容易发生打滑。因此，为使小带轮包角不至于过小及带传动外廓尺寸不至于过大，V 带传动比取值一般为 $i \leqslant 7$，推荐值 $i=2\sim5$。

3. 带轮的基准直径 d_{d1}、d_{d2}

当带的材质和厚度一定时，带轮直径减小，传动结构紧凑，使有效拉力变大，但弯曲应力也变大，使带的使用寿命降低；反之，则带传动的外廓尺寸增大。带轮的基准直径设计的总原则是：在结构允许的情况下，小带轮直径要尽可能大。因此，规定了各种型号 V 带轮的许用最小直径（d_{dmin}），设计时，应取小带轮基准直径 $d_{d1} \geqslant d_{dmin}$。普通 V 带轮的最小基准直径见表 8-7。

表 8-7 普通 V 带轮的最小基准直径

槽型	Y	Z	A	B	C	D	E
d_{dmin}	20	50	75	125	200	355	500

4. 带速

V 带传动中，带速不能太大也不能太小。带速过大，V 带做圆周运动时，离心惯性力增大，V 带拉长，带与带轮间压力减小，导致摩擦力减小，有效圆周力减小，引起打滑，且带速过快，会增加带在单位时间内的循环次数，使带的疲劳寿命降低；带速过小，由 $P=Fv$ 可知，传递同样功率时，圆周力 F 太大，需要带的根数太多。此外，带速过低，带的弹性滑动过大，传动效率降低；因此一般带速为 5~25m/s。

四、V 带传动的设计步骤和方法

1. 原始数据

设计的原始数据（已知条件）：传动的用途和工作条件，所传递的功率 P，主、从动轮的转速 n_1、n_2（或传动比 i），传动位置要求及外廓尺寸要求和原动机类型等。

设计内容：确定带的类型和规格、基准长度 L_d、根数 z、传动中心距 a、带的初拉力和轴上压力，带轮的基准直径、结构、尺寸和材料，张紧及防护装置等。

2. 设计步骤和方法

（1）确定计算功率 P_{ca}　P_{ca} 是根据传递功率 P、载荷性质、原动机种类和工作情况等确定设计功率。

$$P_{ca}=K_A P \tag{8-24}$$

式中　P_{ca}——计算功率，单位为 kW；

K_A——载荷工况系数，见表 8-8；

P——所需传递的功率，单位为 kW，如电动机的额定功率或名义负载功率。

表 8-8　载荷工况系数（K_A）

工况		K_A					
		空、轻载起动			重载起动		
		每天工作小时数/h					
		<10	10~16	>16	<10	10~16	>16
载荷变动最小	液体搅拌机、通风机和鼓风机（≤7.5kW）、离心式水泵和压缩机、轻载荷输送机	1.0	1.1	1.2	1.1	1.2	1.3
载荷变动小	带式输送机（不均匀载荷）、通风机和鼓风机（>7.5kW）、旋转式水泵和压缩机（非离心式）、发电机、金属切削机床、印刷机、旋转筛、锯木机和木工机械	1.1	1.2	1.3	1.2	1.3	1.4
载荷变动较大	制砖机、斗式提升机、往复式水泵和压缩机、起重机、磨粉机、冲剪机床、橡胶机械、振动筛、纺织机械、重载输送机	1.2	1.3	1.4	1.4	1.5	1.6
载荷变动很大	破碎机（旋转式、颚式等）、磨碎机（球磨、棒磨、管磨）	1.3	1.4	1.5	1.5	1.6	1.8

注：1. 空、轻载起动适用于电动机（交流起动、三角起动、直流并励）、四缸及以上的内燃机、装有离心式离合器、液力联轴器的动力机。

2. 重载起动适用于电动机（联机交流起动、直流复励或串励）、四缸以下的内燃机。

（2）选择 V 带带型　根据计算功率 P_{ca} 和小带轮转速 n_1，按图 8-10 选择普通 V 带的型号。若处于两种型号交界处，需要分别计算，选择传动综合性能更好的那一个。

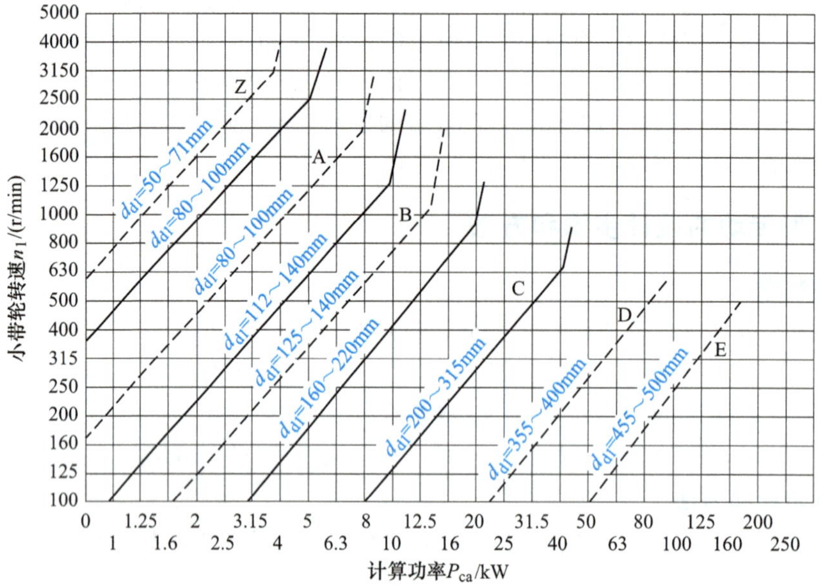

图 8-10　普通 V 带选型图

（3）确定带轮的基准直径 d_{d1} 和 d_{d2} 并验算带速 v

1）确定带轮的基准直径。根据 V 带的带型，参考表 8-7 和表 8-9 确定小带轮的基准直径 d_{d1}，根据带轮直径的设计要求，应取小带轮基准直径 $d_{d1} \geqslant d_{dmin}$，从而 $d_{d2}=id_{d1}$，d_{d2} 也要按表 8-9 圆整后选取，从动轮的实际转速误差要控制在 5%以内。

2）验算带速。根据式（8-15）来计算带速。带速不易过高或过低，一般为 5～25m/s，若带速超出此范围，应重新选择小带轮的直径 d_{d1}。

表 8-9　普通 V 带轮的基准直径系列　（单位：mm）

带型	基准直径 d_d
Y	20　22.4　25　28　31.5　35.5　40　45　50　56　63　67　71　80　90　95　100　112　125
Z	50　56　63　71　75　80　90　100　112　125　132　140　150　160　180　200　224　250　280　315　355　400　500　630
A	75　80　85　90　95　100　106　112　118　125　132　140　150　160　180　200　224　250　280　315　355　400　450　500　560　630　710　800
B	125　132　140　150　160　170　180　200　224　250　280　315　355　400　450　500　560　600　630　710　750　800　900　1000　1120
C	200　212　224　236　250　265　280　300　315　335　355　400　450　500　560　600　630　710　750　800　900　1000　1120　1250　1400　1600　2000
D	355　375　400　425　450　475　500　560　600　630　710　750　800　900　1000　1060　1120　1250　1400　1500　1600　1800　2000
E	500　530　560　600　630　670　710　800　900　1000　1120　1250　1400　1500　1600　1800　2000　2240　2500

(4) 确定中心距 a 和带的基准长度 L_d

1) 如结构布置有要求时，即 a 按结构要求确定；如结构布置没有对中心距有要求时，则按式 (8-22) 初定中心距 a_0。

2) 根据中心距 a_0 计算带长 L_{d0}。由带传动的几何关系可得带长的计算公式为

$$L_{d0} \approx 2a_0 + \frac{\pi}{2}(d_{d1} + d_{d2}) + \frac{(d_{d2} - d_{d1})^2}{4a_0} \tag{8-25}$$

根据初算的带长 L_{d0}，由表 8-2 选取相近的基准长度 L_d。

3) 确定传动中心距 a。确定 L_d 后，传动的实际中心距 a 可用下式计算：

$$a \approx a_0 + \frac{L_d - L_{d0}}{2} \tag{8-26}$$

考虑到带传动安装、调整和传动带松弛后张紧的需要，应将中心距设计成可调式，实际中心距 a 应有一定的调整范围，即

$$\begin{aligned} a_{min} &= a - 0.015L_d \\ a_{max} &= a + 0.03L_d \end{aligned} \tag{8-27}$$

(5) 验算小带轮包角 θ_1　为保证带的传动能力，一般应使 $\theta_1 \geqslant 120°$，若仅用于传递运动时，可使 $\theta_1 > 90°$；否则应加大中心距或减小传动比，或者增设张紧轮，使 θ_1 值在要求的范围内，即

$$\theta_1 \approx 180° - (d_{d2} - d_{d1})\frac{57.3}{a} \geqslant 120°(90°) \tag{8-28}$$

(6) 确定 V 带的根数 z

$$z = \frac{P_{ca}}{P_r} = \frac{K_A P}{(P_1 + \Delta P_1)K_\theta K_L} \tag{8-29}$$

z 应向上取整数。为使各根带受力均匀，带的根数不宜过多，一般以 2~5 根为宜，最多不超过 10 根，否则应改选带的型号或加大带轮基准直径后重新计算。

(7) 确定初拉力 F_0　保持适当的初拉力是带传动正常工作的必要条件。初拉力过小，则传动时摩擦力过小易打滑；初拉力过大，则降低带的使用寿命，并增大了轴和轴承的压力。单根 V 带的初拉力可按下式计算：

$$F_{0\min} = 500\frac{(2.5 - K_\theta)P_{ca}}{K_\theta z v} + qv^2 \tag{8-30}$$

式中各符号的意义及单位同前述。

由于新带易松弛，对于非自动张紧的新带安装时的初拉力应为上述初拉力的 1.5 倍；对于运转后的 V 带，初拉力为上述初拉力的 1.3 倍，因此安装时，控制实际 $\boldsymbol{F}_0$ 的大小，在带与带轮两切点的跨度中点处施加一规定的与带边垂直的载荷 $\boldsymbol{G}$，见表 8-10，使沿跨距每 100mm 产生 1.6mm 的挠度，如图 8-11 所示。

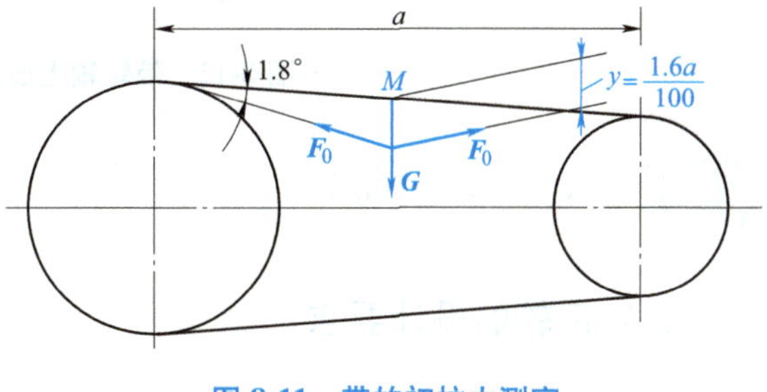

图 8-11　带的初拉力测定

表 8-10　测定初拉力所需要的垂直力 G

带型	小带轮直径 d_{d1}/mm	带速 v/(m/s)		
		0~10	10~20	20~30
Z	50~100	5~7	4.2~6	3.5~5.5
	>100	7~10	6~8.5	5.5~7
A	75~140	9.5~14	8~12	6.5~10
	>140	14~21	12~18	10~15
B	125~200	18.5~28	15~22	12.5~18
	>200	28~42	22~33	18~27
C	200~400	36~54	30~45	25~38
	>400	54~85	45~70	38~56
D	355~600	74~108	62~94	50~75
	>600	108~162	94~140	75~108
E	500~800	145~217	124~186	100~150
	>800	217~325	186~280	150~225

注：表中的高值用于新安装的 V 带或必须保持较高张紧力的传动（如高速带，小包角，超载起动、频繁的高转矩起动等）。

（8）计算作用在带轮轴上的压力 F_P　为了设计轴和轴承，必须求出 V 带作用在轴上的压力。可按下式计算：

$$F_P = 2zF_0\sin\frac{\theta_1}{2} \tag{8-31}$$

式中，θ_1 为小带轮的包角，其中带轮轴上压力计算示意图如图 8-12 所示。

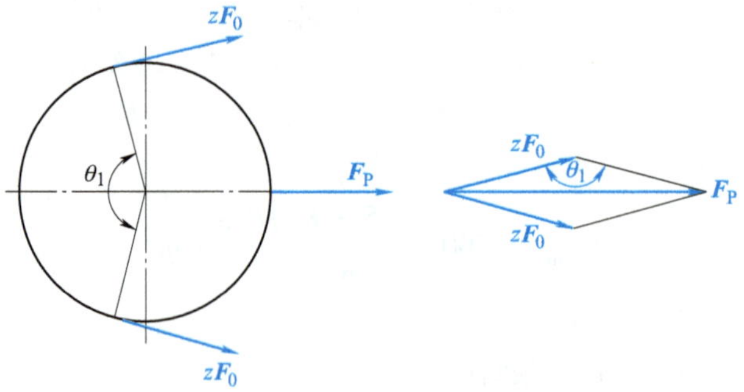

图 8-12　带轮轴上压力计算示意图

8.4　V 带轮的设计

一、V 带轮的设计要求

要求 V 带轮结构工艺性好，无过大的铸造内应力和焊接内应力、质量分布均匀，高速时要经过动平衡，轮槽表面要经过精加工（表面粗糙度值一般为 $Ra1.6\mu m$），以减轻带的磨损。各轮槽尺寸与角度要有一定的精度，以使载荷分布较均匀。

二、V 带轮材料

V 带轮材料主要根据带速确定，带速 $v \leqslant 20m/s$，采用 HT150、HT200 等铸铁材料；带速 $v \geqslant 20 \sim 45m/s$，采用铸钢或钢板冲压后焊接；传递功率较小的带轮可选用铸铝或工程塑料。

三、V 带轮的结构

V 带传动是靠 V 带和 V 带轮之间的摩擦力来传递运动和动力的，因此 V 带轮是带传动的重要零件。为了适应不同的工作场合，V 带轮的尺寸和结构形式有多种，见表 8-11。

表 8-11　V 带轮结构形式

结构形式	实物图	零件图
实心带轮		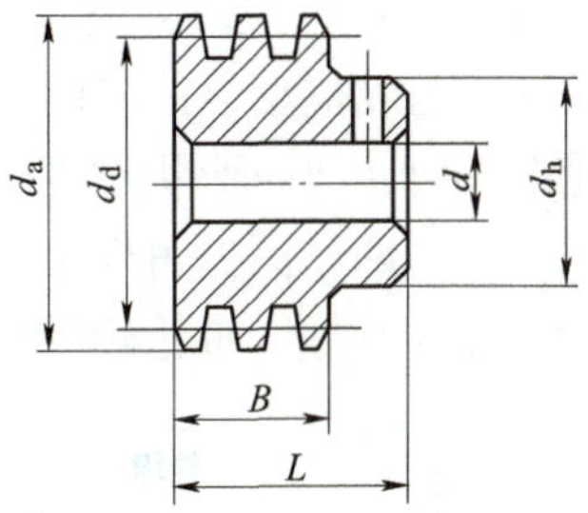
孔板带轮	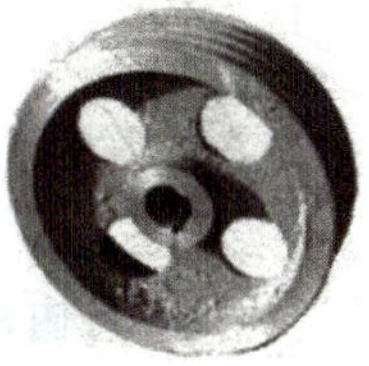	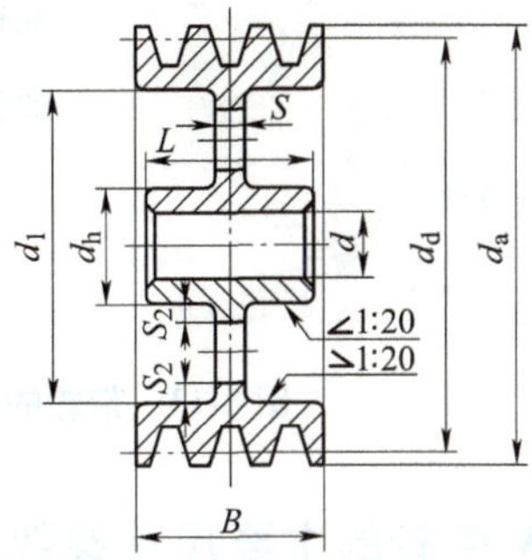
腹板带轮		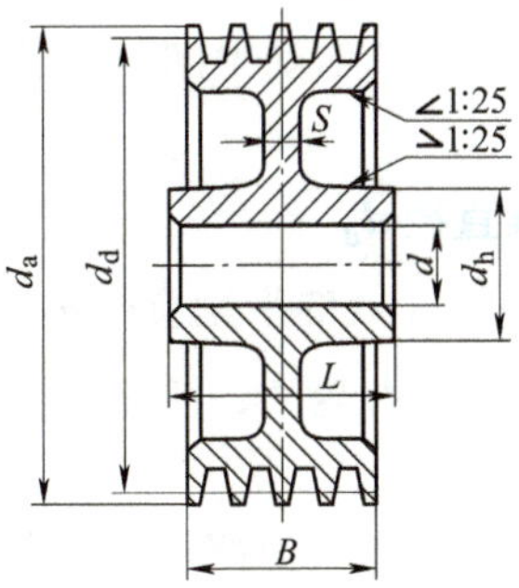

（续）

结构形式	实物图	零件图
轮辐带轮		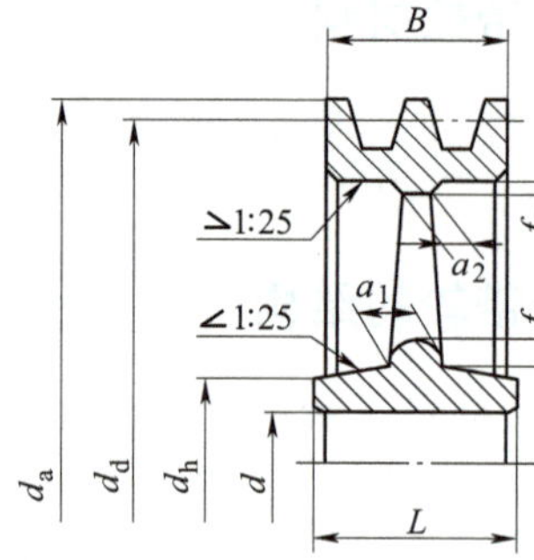

V 带轮的结构一般由轮缘（用以安装 V 带）、轮毂（用以安装在轴上）、轮辐或腹板（连接轮缘与轮毂）三部分组成，如图 8-13 所示。轮缘是带轮上具有轮槽的部分，轮槽的形状和尺寸须与相应型号的带的截面相适应。由于安装前 V 带两侧面夹角为 40°，安装后 V 带在带轮上弯曲，截面形状发生了变化，宽边（外周）受拉而变窄，内边（内周）受压而变宽，因而使带两侧面夹角变小，且带轮基准直径越小，这种变化越显著。为了保证带的两侧面和轮槽接触良好，带轮轮槽角（图 8-14）应小于 40°，常取 38°、36°、34°。

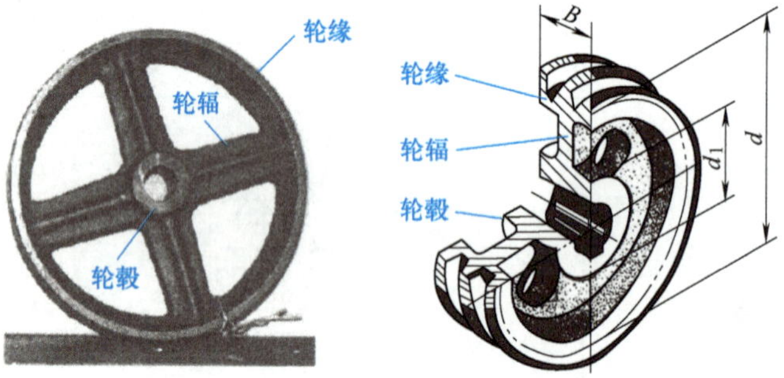

图 8-13　带轮的典型结构

图 8-14　带轮轮槽角

四、V 带轮的主要尺寸参数

1. 基准宽度 b_d

带轮上与带节面处于同一位置的轮槽宽度称为带轮的基准宽度，其大小等于带的节宽（$b_d = b_p$）。

2. 基准直径 d_d

基准宽度 b_d 处的带轮直径称为 V 带的基准直径。基准直径越小，带在带轮上弯曲变形越严重，弯曲应力越大，带的使用寿命越短，故各种型号的 V 带都规定有最小基准直径 d_{dmin}。

小带轮上 V 带变形严重，槽角取较小值，大带轮的槽角则取较大值。具体数值见表 8-12。在设计中确定小带轮基准直径 d_{d1} 时，若小带轮基准直径越小，则 V 带的弯曲应力越大，会降低带的使用寿命；反之，若小带轮基准直径过大，则带传动的整体外廓尺寸增大，使结构不紧凑。因此，设计时小带轮基准直径应满足 $d_{d1} \geqslant d_{dmin}$， 最后应圆整成表 8-9 中的直径系列值。

表 8-12　V 带轮轮缘和轮槽尺寸

槽型			Y	Z	A	B	C
b_d			5. 3	8. 5	11	14	19
h_{amin}			1. 6	2. 0	2. 75	3. 5	4. 8
e			8±0. 3	12±0. 3	15±0. 3	19±0. 4	2. 5. 5±0. 5
f_{min}			6	7	9	11. 5	16
h_{fmin}			4. 7	7. 0	8. 7	10. 8	14. 3
δ_{min}			5	5. 5	6	7. 5	10
φ	32	对应的 d_d	≤60	—	—	—	—
	34		—	≤80	≤118	≤190	≤315
	36		>60	—	—	—	—
	38		—	>80	>118	>190	>315

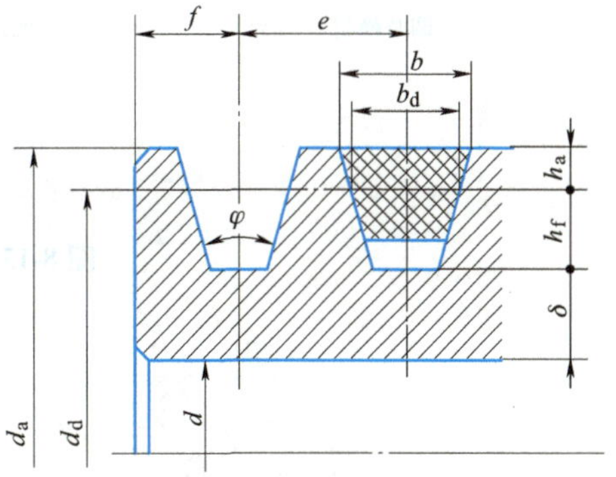

注：δ_{min} 是轮缘最小壁厚推荐值。

3. V 带轮槽角 φ

V 带轮槽角 φ 是指带轮横截面两侧边夹角。带轮直径越小，带的弯曲变形程度越大，楔角越小。为保证弯曲变形后的带与带轮两侧面接触良好，槽角 φ 应小于带的楔形角。

8. 5　V 带传动的张紧、安装与维护

一、V 带传动的张紧

带传动工作一段时间后就会由于塑性变形而松弛，使初拉力减小，传动能力下降，为了保证带传动正常工作，必须重新张紧。常用的张紧方式可分为调整中心距方式和张紧轮方式。

1. 调整中心距方式

（1）定期张紧装置　采用定期改变中心距的方法来调节带的张紧力，使带重新张紧。常见的有滑道式和摆架式两种结构，靠调节螺钉或螺杆，调节带的张紧程度，如图 8-15 所示。

（2）自动张紧装置　将装有带轮的电动机安装在浮动的摆架上，利用电动机的自重，使带轮绕固定轴摆动，以自动保持张紧力，如图 8-16 所示。

2. 张紧轮方式

当中心距不能调节时，可采用张紧轮方式张紧，如图 8-17 所示。设置张紧轮时应注意的是，张紧轮一般放在松边的内侧，使带只受单向弯曲；同时张紧轮还应尽量靠近大带轮，以免过分影响带在小带轮上的包角。张紧轮的轮槽尺寸与带轮的相同，且直径小于小带轮的直径。

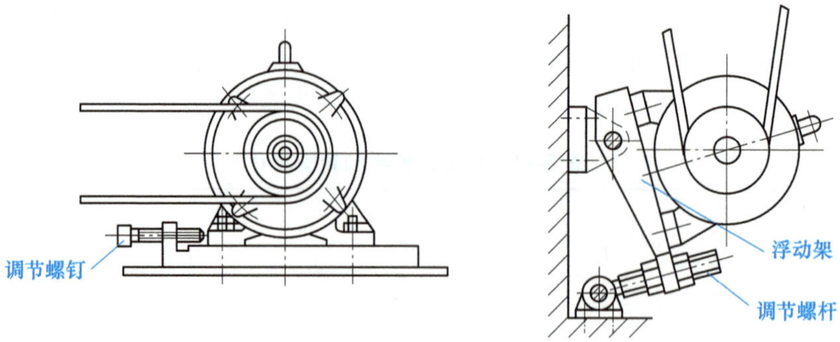

a) 滑道式　　b) 摆架式

图 8-15　V 带的定期张紧装置

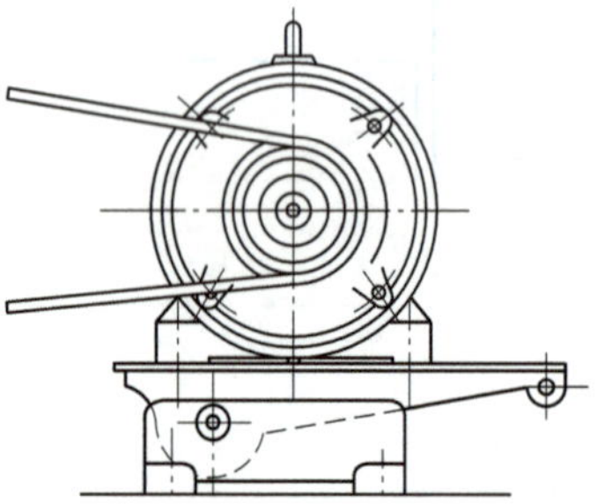

图 8-16　V 带的自动张紧装置

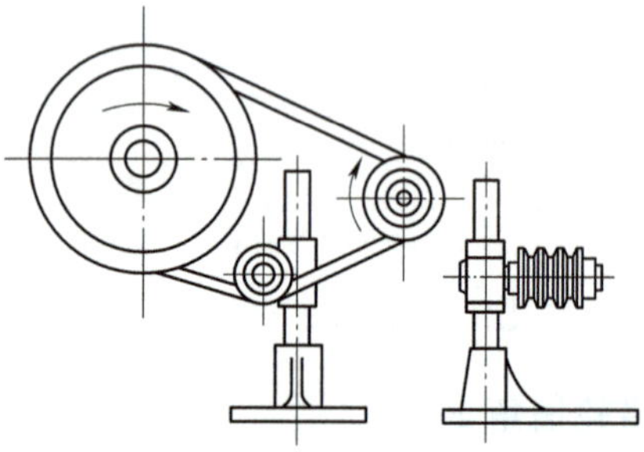

图 8-17　张紧轮式张紧装置

二、带传动的安装与维护

1. 带传动的安装

（1）带轮的安装　安装带轮时，两带轮轴线应相互平行，其 V 形槽对称平面应重合。

（2）V 带的安装

1）通常应通过调整各轮中心距的方法来安装 V 带和张紧。切忌硬将传动带从带轮上取下或套上，严禁用撬棍等工具将带强行撬入或撬出，以免对带造成不必要的损坏。

2）同组使用的 V 带应型号相同，长度相等，以免各带受力不均；不同厂家生产的 V 带、新旧 V 带不能同时使用。

3）安装 V 带时，按规定的初拉力张紧。对于中等中心距的带传动，可凭经验安装，带的张紧程度以大拇指能将带按下 15mm 左右为宜。新带使用前，应预先拉紧一段时间后再使用。

2. 带传动的维护

1）带传动装置要采用安全防护罩，以保障操作人员的安全；同时防止油、酸、碱等物质对带的腐蚀。

2）禁止给带轮上加润滑剂，应及时清除带轮槽及带上的油污。

3）定期检查带有无松弛和断裂现象，如果有一根带松弛或疲劳损坏时，应全部更换新带。

4）带传动工作温度不应过高，一般不超过 60℃。

5）若带传动久置后再用，应将传动带放松。

例 8-1　图 8-18 所示空气压缩机的动力传递系统采用了 V 带传动。电动机的动力通过 V 带传动传递给压缩机。V 带经过一段时间的使用后因磨损老化等原因而不能正常工作，需要进行调整或更换，试合理选择 V 带类型，并正确安装。

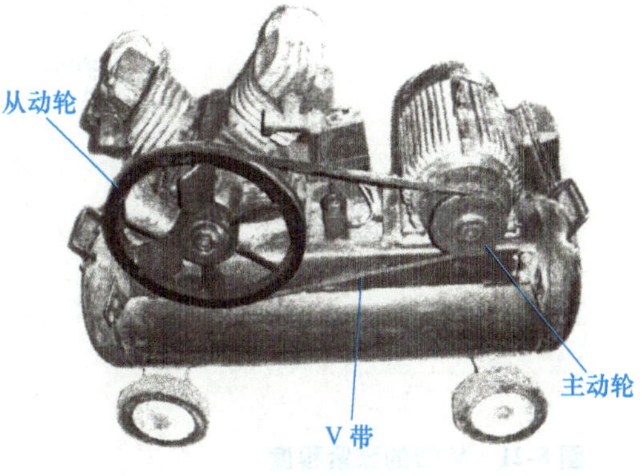

图 8-18　空气压缩机

解　1. 合理选择 V 带

由于 V 带是标准件，V 带损坏后可选择与原来带的规格型号相同的 V 带。注意带的型号和基准长度不要搞错。

2. 正确安装 V 带

为了保证 V 带传动的正常工作，延长带的使用寿命，必须正确安装 V 带，并合理使用和维护。

1）将 V 带套入小带轮最外端的第一个轮槽中。

2）将 V 带套入大带轮轮槽。左手按住大带轮上的 V 带，右手握住 V 带往前拉，在拉力作用下，V 带沿着转动的方向即可全部进入大带轮的轮槽内。

3）检查 V 带装入轮槽中的位置是否正确。

① V 带顶面和带轮轮槽顶面应平齐（新安装时 V 带顶面可略高出），以保证 V 带和轮槽的工作面之间充分接触。图 8-19a 所示为正确的安装位置；图 8-19b、c 所示为错误的安装位置（由于型号选择不正确）。

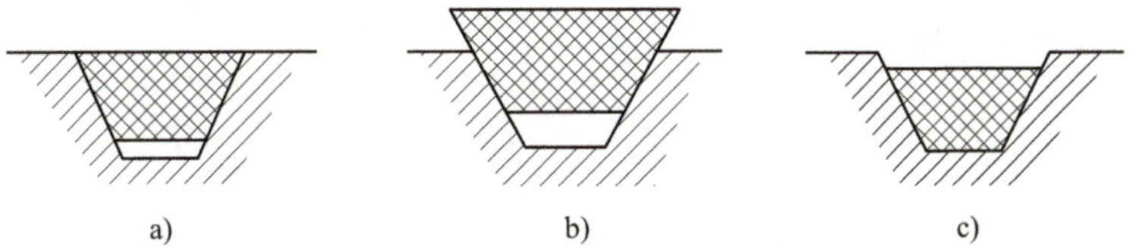

图 8-19　V 带在轮槽中的位置

② 安装带轮时，各带轮轴线应相互平行，各带轮相对应的 V 形槽的对称平面应重合，误差不得超过 20′。带轮安装在轴上不得摇晃摆动，轴和轴端不应有过大的变形，以免传动时 V 带扭曲和工作侧面过早磨损，如图 8-20 所示。

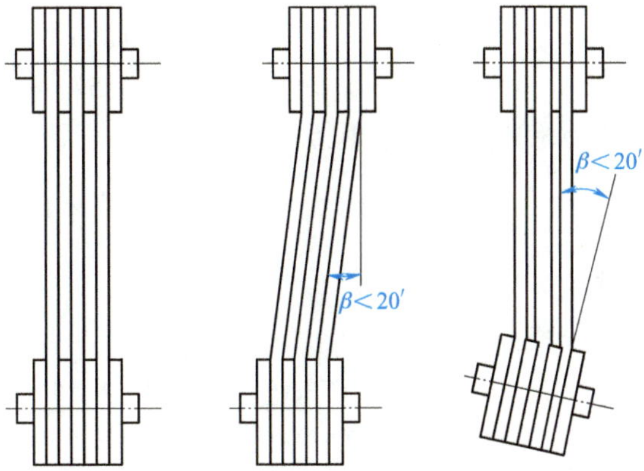

图 8-20　V 带和带轮的安装图

4）调整 V 带张紧力，安装后用大拇指能将带按下 15mm 左右时张紧程度合适，如图 8-21 所示。

5）安装好防护罩。V 带传动必须装防护罩（图 8-22），这样既可防止伤人事故，又可防止润滑油、切削液和其他杂物等飞溅到V带上而影响传动。

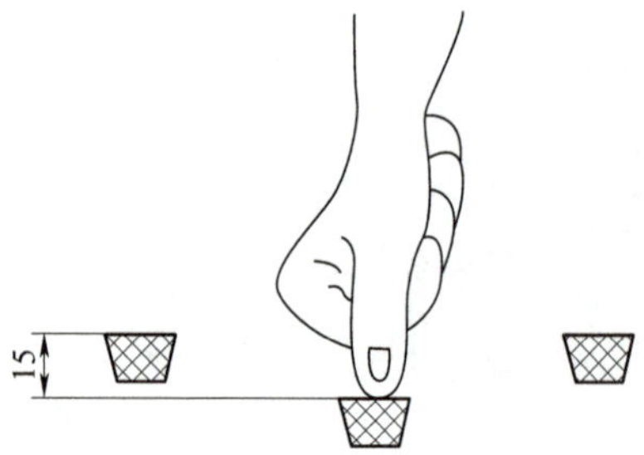

图 8-21　V带的张紧程度

图 8-22　V带的防护罩

例 8-2　设计某鼓风机用普通V带传动。已知电动机额定功率 $P=10\text{kW}$，$n_1=1450\text{r/min}$，$n_2=400\text{r/min}$，$a=1500\text{mm}$，每天工作24h。

解　1. 确定计算功率 P_{ca}

根据已知工作条件查表8-8，取 $K_A=1.3$，则

$$P_{ca}=K_A P=1.3\times10\text{kW}=13\text{kW}$$

2. 选择V带带型

根据 $P_{ca}=13\text{kW}$、$n_1=1450\text{r/min}$，由图8-10选用B型普通V带。

3. 确定带轮的基准直径 d_{d1} 和 d_{d2} 并验算带速 v

(1) 确定带轮的基准直径　根据表8-7，选取 $d_{dmin}=125\text{mm}$，根据表8-9选取 $d_{d1}=140\text{mm}$，保证了 $d_{d1}\geqslant d_{dmin}$。

大带轮基准直径 d_{d2} 为

$$d_{d2}=id_{d1}=\frac{n_1}{n_2}d_{d1}=\frac{1450}{400}\times140\text{mm}=507.5\text{mm}$$

因此，由表8-9选取 $d_{d2}=500\text{mm}$，则实际传动比 i、从动轮的实际转速 n_2 分别为

$$i=\frac{d_{d2}}{d_{d1}}=\frac{500}{140}=3.57$$

$$n_2=\frac{n_1}{i}=\frac{1450}{3.57}\text{r/min}=406\text{r/min}$$

从动轮的转速误差率为

$$\frac{406-400}{400}\times100\%=1.5\%$$

结果在±5%以内，为允许值。

(2) 验算带速

$$v=\frac{\pi d_{d1}n_1}{60\times1000}=\frac{3.14\times140\times1450}{60\times1000}\text{m/s}=10.623\text{m/s}$$

验算带速度在5~25m/s范围内。

4. 确定中心距 a 和带的基准长度 L_d

(1) 初步确定中心距 a_0　根据结构设计要求（题目要求）初定中心距 $a_0=1500\text{mm}$。

（2）根据中心距 a_0 计算带长 L_{d0}　由式（8-25）计算所需的基准长度

$$L_{d0} \approx 2a_0 + \frac{\pi}{2}(d_{d1} + d_{d2}) + \frac{(d_{d2} - d_{d1})^2}{4a_0}$$

$$= \left[2 \times 1500 + \frac{3.14}{2}(140 + 500) + \frac{(500 - 140)^2}{4 \times 1500}\right] \text{mm}$$

$$= 4026.4\text{mm}$$

根据初算的 L_{d0}，由表 8-2 选取相近的基准长度 $L_d = 4060\text{mm}$。

（3）确定传动中心距 a　确定 L_d 后，实际传动中心距 a 可用式（8-26）计算。

$$a \approx a_0 + \frac{L_d - L_{d0}}{2}$$

$$= \left(1500 + \frac{4060 - 4026.4}{2}\right) \text{mm}$$

$$= 1516.8\text{mm}$$

中心距 a 的变动范围为

$$a_{min} = a - 0.015L_d$$

$$= (1516.8 - 0.015 \times 4060)\text{mm} = 1455.9\text{mm}$$

$$a_{max} = a + 0.03L_d$$

$$= (1516.8 + 0.03 \times 4060)\text{mm} = 1638.6\text{mm}$$

5. 验算小带轮包角 θ_1

由式（8-28）得

$$\theta_1 \approx 180° - (d_{d2} - d_{d1})\frac{57.3}{a}$$

$$= 180° - \frac{500 - 140}{1516.8} \times 57.3°$$

$$= 166.40° > 120°$$

6. 确定 V 带的根数 z

（1）计算单根 V 带的额定功率 P_r

根据 $d_{d1} = 140\text{mm}$，$n_1 = 1450\text{r/min}$，查表 8-4 可得 $P_1 = 3.73\text{kW}$；

根据 $n_1 = 1450\text{r/min}$，$i = 3.57$ 和 B 型普通 V 带，查表 8-5 可得 $\Delta P_1 = 0.47\text{kW}$；

根据 $\theta_1 = 166.40°$ 查表 8-6，用内插法得

$$K_\theta = \left[0.95 + \frac{0.98 - 0.96}{170° - 165°} \times (166.40° - 165°)\right]$$

$$= 0.9556$$

根据 $L_d = 4000\text{mm}$ 查表 8-2 得 $K_L = 1.13$，则

$$P_r = (P_1 + \Delta P_1)K_\theta K_L$$

$$= (2.82 + 0.46)\text{kW} \times 0.9556 \times 1.13$$

$$= 3.54\text{kW}$$

（2）计算 V 带的根数 z　根据式（8-29）可知

$$z = \frac{P_{ca}}{P_r} = \frac{13}{3.54} = 3.67$$

结果圆整得 $z = 4$ 根。

7. 确定初拉力 F_0

计算单根 V 带的最小初拉力 F_{0min}，由表 8-3 查得 B 型普通 V 带的每米质量 $q = 0.18\text{kg/m}$，所以

$$\begin{aligned} F_{0min} &= 500\frac{(2.5 - K_\theta)P_{ca}}{K_\theta z v} + qv^2 \\ &= \left[500 \times \frac{(2.5 - 0.9556) \times 13}{0.9556 \times 4 \times 10.63} + 0.18 \times 10.63^2\right]\text{N} \\ &= 267.40\text{N} \end{aligned}$$

因此，应使带的初拉力 $F_0 > F_{0min}$。

8. 计算作用在带轮轴上的压力 F_P

由式（8-30）可得作用在轴上的压力 F_P 为

$$\begin{aligned} F_P &= 2zF_0 \sin\frac{\theta_1}{2} \\ &= 2 \times 4 \times 267.85\text{N} \times \sin\frac{166.13°}{2} = 1488.2\text{N} \end{aligned}$$

9. 选择带轮的结构并绘制带轮的零件图（略）

10. 设计结果

选用四根“B4000 GB/T 1171”V 带，中心距 $a = 1516.8\text{mm}$，带轮直径 $d_{d1} = 140\text{mm}$，$d_{d2} = 500\text{mm}$，带轮轴上压力 $F_P = 1488.2\text{N}$。

第 9 章

CHAPTER 9

链传动

知识目标：

1. 了解滚子链传动的设计和计算方法。
2. 了解链传动的安装与维护常识。

能力目标：

具有滚子链传动的设计能力。

9.1 链传动的基础知识

一、链传动的定义

链传动是通过链条将具有特殊齿形的主动链轮的运动和动力传递到具有特殊齿形的从动链轮的一种传动方式。

二、链传动的组成

链传动由主动链轮 1、链条 2、从动链轮 3 组成，两链轮分别安装在相互平行的两轴上，如图 9-1 所示。链轮上具有特殊齿形的齿，传动时依靠链节与链轮轮齿连续不断地啮合来传递运动和动力。

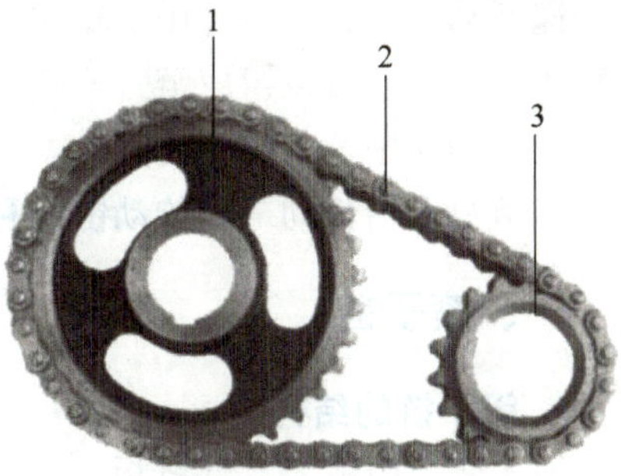

图 9-1 链传动的组成

1—主动链轮 2—链条 3—从动链轮

三、链传动的传动比

设主动链轮的齿数为 z_1，从动链轮的齿数为 z_2，主动链轮每转过一个齿，链条移动一个链节，从动链轮被链条带动转过一个齿。当主动链轮的转速为 n_1、从动链轮的转速为 n_2 时，单位时间内主动链轮转过的齿数 z_1 与从动链轮转过的齿数 z_2 相等，主动链轮的转速 n_1 与从动链轮的转速 n_2 之比，称为链传动的传动比，即

$$i_{12}=\frac{n_1}{n_2}=\frac{z_2}{z_1} \tag{9-1}$$

式中 n_1、n_2——主、从动链轮的转速，单位为 r/min；

z_1、z_2——主、从动链轮的齿数。

四、链传动的应用特点

一般情况下，链传动的传动比 $i \leqslant 8$，低速传动时 i 可达 10；两轴中心距 a 可达 5~6m；

传动功率 $P \leqslant 100\text{kW}$；链条速度 $v \leqslant 15\text{m/s}$，高速时可达 20 ~ 40m/s。

与同属挠性类传动的带传动相比，链传动具有以下特点：

1. 优点

1）能保证准确的平均传动比。

2）传动功率大。

3）传动效率高，一般可达 0.95~0.98。

4）可用于两轴中心距较大的场合。

5）能在低速、重载、高温和有腐蚀等恶劣条件下工作。

6）作用在轴和轴承上的力小。

2. 缺点

1）由于链节的多边形运动，瞬时传动比是变化的，瞬时链速度不是常数，传动中会产生动载荷和冲击，因此不宜用于要求精密传动的机械。

2）链条的铰链磨损后，使链条节距变大，传动中链条容易脱落。

3）工作时有噪声。

4）对安装和维护要求较高。

5）无过载保护作用。

9.2　链传动的类型

链传动的类型很多，按用途可分为传动链、输送链和起重链。传动链主要用于一般机械中传递运动和动力，也可用于输送等场合；输送链用于输送工件、物品和材料，可直接用于各种机械上，也可以组成链式输送机作为一个单元出现；起重链主要用于传递力，起牵引、悬挂物体的作用，兼做缓慢运动。

本节只介绍传动链。传动链的种类繁多，最常用的是滚子链和齿形链。

一、滚子链

1. 滚子链的结构

滚子链由内链板、外链板、销轴、套筒、滚子等组成，如图 9-2 所示。销轴与外链板、套筒与内链板之间分别采用过盈配合固定连接；销轴与套筒、滚子与套筒之间则为间隙配合，保证链条屈伸时，内链板与外链板之间能相对转动；套筒、滚子与销轴之间也可以自由转动，如图 9-3 所示。当链条与链轮啮合时，滚子与链轮轮齿相对滚动，两者之间主要是滚动摩擦，从而减少了链条和链轮轮齿的磨损。

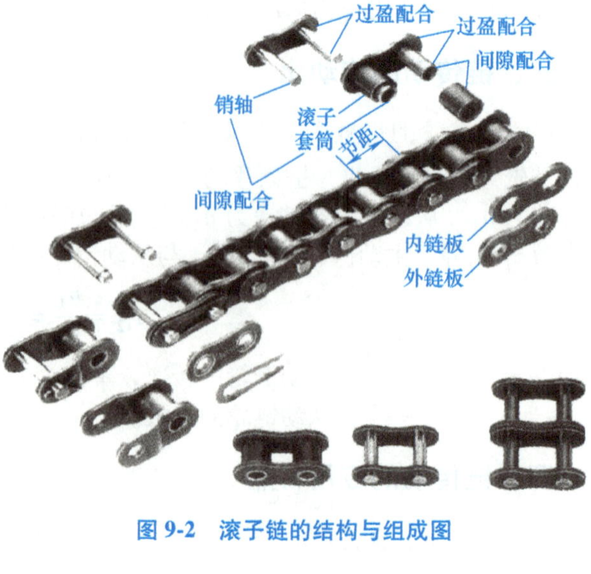

图 9-2　滚子链的结构与组成图

2. 滚子链的主要参数

（1）节距　链条相邻两销轴中心线之间的距离称为节距，用符号 p 表示（图 9-3）。节距是链的主要参数，链的节距越大，承载能力越强，但链传动的结构尺寸也会相应增大，传动的振动、冲击和噪声也越严重。因此，应尽可能选用小节距的链。当高速、功率大的场合时，可选用小节距的双排链或多排链。

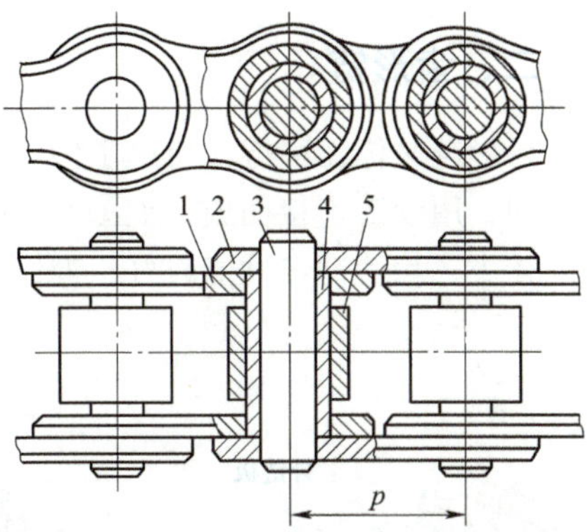

图 9-3　滚子链结构

1—内链板　2—外链板　3—销轴

4—套筒　5—滚子

滚子链的承载能力与排数成正比，但排数越多，各排受力越不均匀，所以排数不能过多，常用双排链（图 9-4）或三排链（图 9-5），四排以上很少使用。

（2）链节数　滚子链的长度用链节数来表示。为了使链条两端便于连接，链节数应尽量选取偶数，以便连接时正好使内链板和外链板相接。如图 9-6 所示，链接头处可用开口销或弹簧夹锁定。当链节数为奇数时，链接头需采用过渡链节。过渡链节不仅制造复杂，而且抗拉强度较低，因此尽量避免采用奇数链节。

图 9-4　双排滚子链

图 9-5　三排滚子链

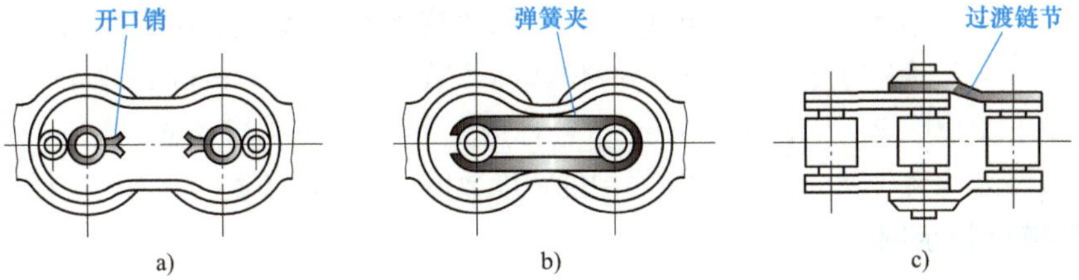

图 9-6　滚子链接头形式

（3）链条速度　链条速度不宜过大，若链条速度越大，链条与链轮间的冲击力也越大，会使传动不平稳，同时加速链条和链轮的磨损。一般要求链条速度不大于 15m/s。

（4）链轮的齿数　为保证传动平稳，减少冲击和动载荷，小链轮齿数 z_1 不宜过小，一般 z_1 应大于 17。大链轮齿数也不宜过多，齿数过多除了增大传动尺寸和质量外，还会出现跳齿和脱链等现象，通常 z_2 应小于 120。

由于链节数常取偶数，为使链条与链轮轮齿磨损均匀，链轮齿数一般应取与链节数互为质数的奇数。

3. 滚子链的标记

滚子链是标准件，其标记示例如下。

08A — 1 × 88　GB/T 1243—2006

- 08A：链号
- 1：排数
- 88：链节数为 88 节
- GB/T 1243—2006：标准编号

二、齿形链

齿形链又称无声链，也属于传动链中的一种形式。它由一组带有齿的内、外链板左右交错排列，用铰链连接而成，如图 9-7 所示。与滚子链相比，其传动平稳性好、传动速度快、噪声较小、承受冲击性能较好，但结构复杂、装拆困难、质量较大、易磨损、成本较高。

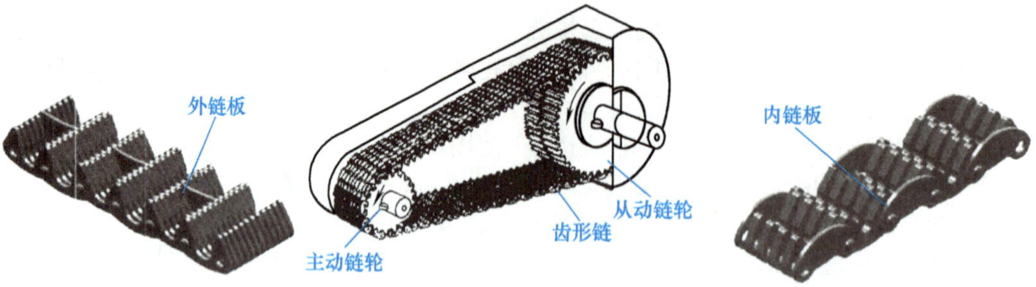

图 9-7　齿形链

1. 9.52mm 及以上节距链条链号

链号由字母 SC 与表示链条节距和链条公称宽度的数字组成，数字的前一位或前两位乘以 3.175mm（1/8in⊖）为链条节距值，最后两位或三位数乘以 6.35mm（1/4in）为齿形链的公称链宽。例如 SC302，表示节距为 9.52mm、公称链宽为 12.70mm 的齿形链。

2. 4.76mm 节距链条链号

链号由字母 SC 与表示链条节距和链条公称宽度的数字组成，0 后面的第一位数乘以 1.5875mm（1/16in）为链条节距值，最后一位或两位数乘以 0.79375mm（1/32in）为齿形链的公称链宽。例如 SC0309，表示节距为 4.76mm、公称链宽为 7.14mm 的齿形链。由于 4.76mm 节距齿形链条的链板厚度均为 0.76mm，因此链号中的宽度数值也就是链条宽度方向的链板数量。

3. 齿形链标记示例

齿形链标记示例如下：

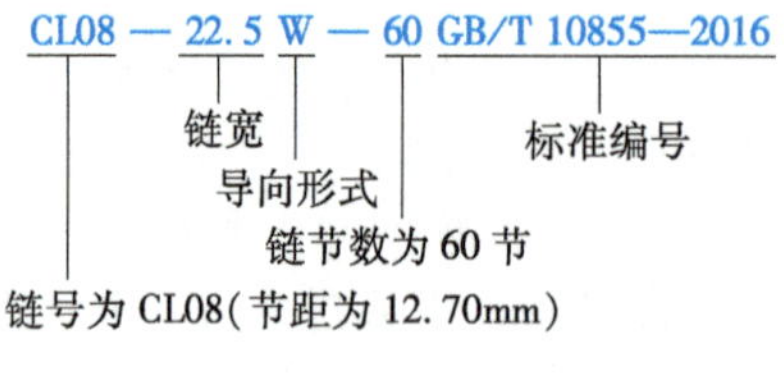

三、链轮

1. 链轮的结构

链轮的结构主要根据链轮的直径大小确定，小直径链轮可制成实心式；中等直径链轮可制成孔板式；对于大直径链轮，为了提高轮齿的耐磨性，常将齿圈和齿心用不同材料制造，然后用焊接或螺栓连接装配在一起，如图 9-8 所示。链轮上的齿形按照国家标准（GB/T 1243—2006）中规定的参数制造，目前的链轮轮齿多采用三圆弧一直线齿形。

⊖ 1in = 25.4mm。

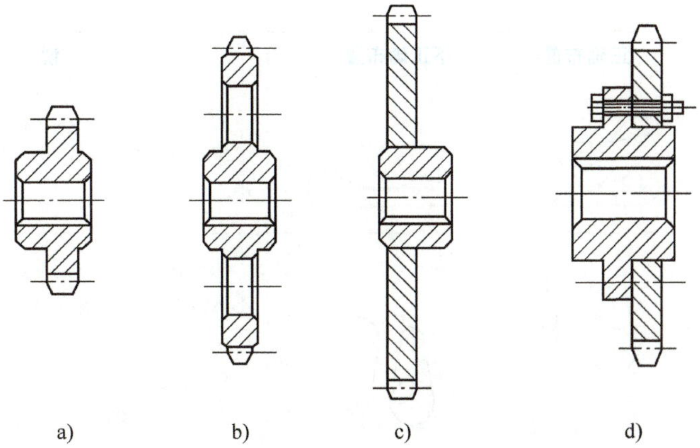

图 9-8　链轮结构

2. 链轮的材料

链传动的主要失效形式是链条元件的疲劳破坏和磨损，链轮所使用的材料应能保证轮齿具有足够的强度和耐磨性。链轮及其齿面一般都要进行热处理，由于小链轮轮齿的啮合次数高于大链轮轮齿的啮合次数，小链轮轮齿的磨损和冲击也较严重，因此小链轮的材料应优于或等同于大链轮的材料，小链轮的齿面硬度也应高于大链轮的齿面硬度。链轮常用的材料有优质碳素钢、灰铸铁和铸钢等，重要场合可采用合金钢等。

9.3　链传动的布置、张紧及润滑

一、链传动的布置原则

1）两链轮的回转平面应在同一垂直平面内，否则易使链条脱落和产生不正常的磨损。

2）两链轮中心连线最好是水平的，或者与水平面成 60°以下的倾角。

3）尽量避免垂直布置，以免与下方链轮啮合不良或脱离啮合；必须成垂直布置时，应采取中心距可调、设张紧装置或上、下两轮偏置等措施。

链传动的布置情况见表 9-1。

表 9-1　链传动的布置情况

传动参数	正确布置　　不正确布置	说　明
$i = 2 \sim 3$ $a = (30 \sim 50)p$ （i 与 a 较佳场合）	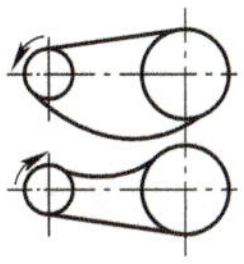	两轮轴线在同一水平面，紧边在上在下都可以，但在上好些
$i > 2$ $a < 30p$ （i 大 a 小场合）	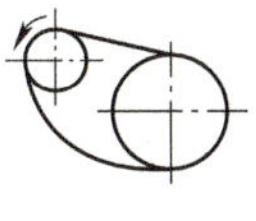 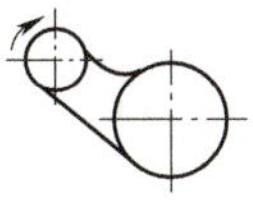	两轮轴线不在同一水平面，松边应在下面，否则松边下垂量增大后，链条容易与链轮卡死

（续）

传动参数	正确布置	不正确布置	说　　明
$i < 1.5$ $a > 60p$ （i 小 a 大场合）	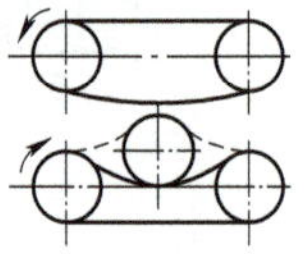		两轮轴线在同一水平面，松边应在下面，否则下垂量增大后，松边会与紧边相碰，需经常调整中心距
i、a 为任意值 （垂直传动场合）	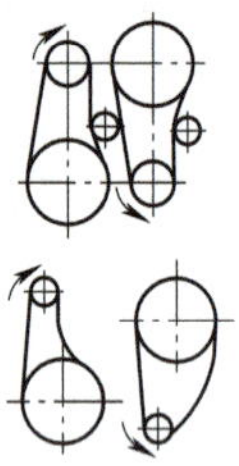	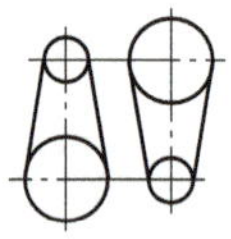	两轮轴线在同一铅垂面内，下垂量增大，会减小下链轮的有效啮合齿数，降低传动能力。为此应采用： 1）中心距可调。 2）设张紧装置。 3）上、下两轮偏置，使两轮的轴线不在同一铅垂面内

二、链传动的张紧

链传动张紧的目的和带传动不同主要是避免松边垂度过大而引起啮合不良和链条振动，同时也为了增加链条与链轮的啮合包角。

常用的张紧方法有：移动链轮以增大两轮的中心矩。但中心距不可调时，也可以采用张紧轮张紧，张紧轮应装在靠近主动链轮的松边上。不论是带齿的还是不带齿的张紧轮，其分度圆直径最好与小链轮的分度圆直径相近。

链传动的张紧方式如图 9-9 所示。

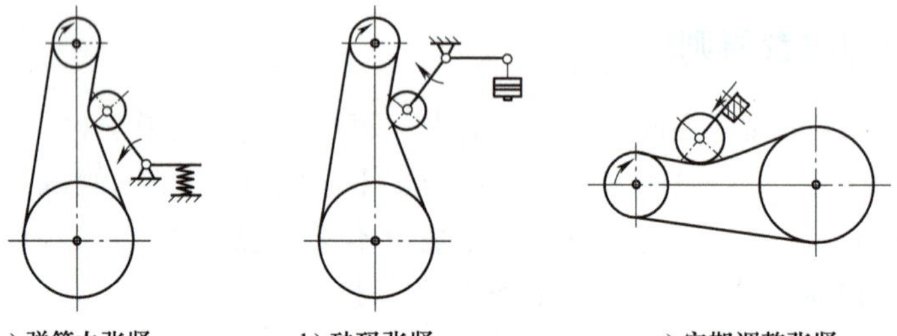

a) 弹簧力张紧　　b) 砝码张紧　　c) 定期调整张紧

图 9-9　链传动的张紧方式

三、链传动的润滑（图 9-10）

1）刷油滑润：人工定期实现，用于低速场合。

2）滴油润滑：用油杯油管缓慢自动滴入，用于低速场合。

3）浸油润滑：将链浸入油池中滑润，用于中速场合。

4）飞溅润滑：用甩油盘带油溅起油滴滑润，用于中速场合。

5）压力润滑：用油泵循环经喷油管喷油滑润，用于高速场合。

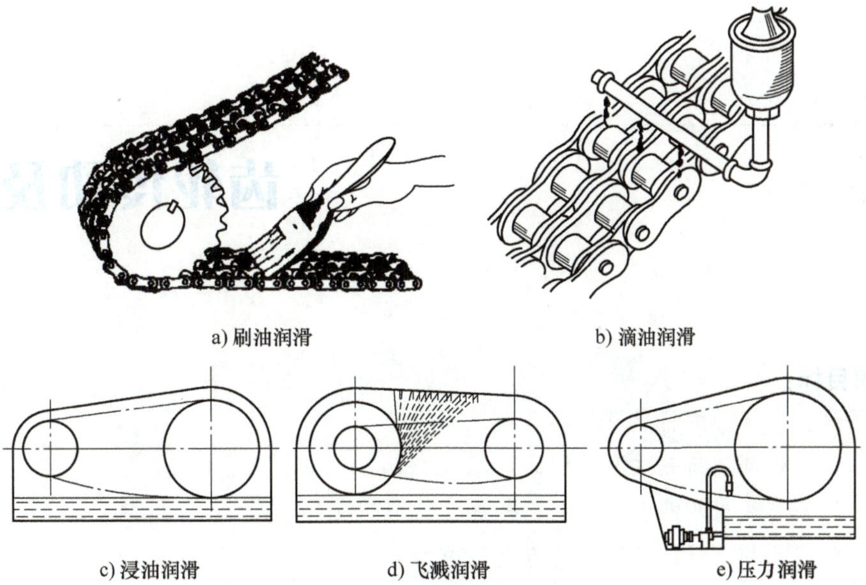

图 9-10　链传动常用润滑方式

第 10 章

CHAPTER 10

齿轮传动及轮系

知识目标：

1. 了解齿轮传动的特点及分类。
2. 掌握直齿圆柱齿轮主要尺寸的计算方法。
3. 了解渐开线齿轮啮合原理、齿轮加工及根切现象。
4. 了解蜗轮和蜗杆的类型、特点及应用场合。
5. 掌握蜗杆和蜗轮的基本参数和几何尺寸的计算方法。
6. 了解轮系的分类与应用。
7. 掌握定轴轮系传动比的计算方法。

能力目标：

1. 具有标准直齿圆柱齿轮、斜齿轮的几何尺寸计算能力。
2. 具有齿轮材料选择的能力。
3. 具有齿轮传动受力分析的能力。
4. 具有标准齿轮传动强度设计的能力。
5. 具有齿轮传动润滑方式选择的能力。
6. 具有蜗杆传动几何尺寸计算的能力。
7. 具有定轴轮系、行星轮系传动比计算的能力。
8. 能进行各类减速器的选用。

融入素养：

1. 通过布置课程设计任务，分组开展带式输送机传动装置设计中前期齿轮设计工作，引入团队合作、劳动精神，培养分析和解决问题的能力。

2. 通过蜗杆传动在电梯曳引机中的应用实例，融入安全意识，包括设备和人身安全意识。

10.1 齿轮传动的基础知识

齿轮传动是机械传动中最重要的也是应用最广泛的一种传动形式，齿轮传动依靠轮齿齿廓直接接触来传递空间任意两轴之间的运动和动力。

一、齿轮传动的特点

1. 优点

1）传动效率高，一级圆柱齿轮传动的效率可达 99%。

2）结构紧凑，体积小，相同使用条件下所需空间尺寸较小。

3）传动比稳定，传动准确，传递功率范围广，传递功率可达数十千瓦，圆周速度可达 300m/s，因此齿轮传动获得广泛的应用。

4）工作可靠，寿命长。齿轮传动设备维护良好工作寿命可长达 20 年，这是其他的机械传动所不能比拟的。

5）可实现平行轴、任意相交轴、任意交错轴之间的传动。

2. 缺点

1）齿轮制造成本较高，加工和安装精度要求较高，齿轮精度低时噪声大。

2）不适用于远距离传递运动和动力。

二、齿轮传动的类型及应用

齿轮传动的类型很多，根据齿轮传动比（$i_{12}=\omega_1/\omega_2$）是否恒定可以分为定传动比（i_{12} 为常数）齿轮机构和变传动比齿轮机构。应用最广泛的是圆柱齿轮机构，也就是定传动比齿轮机构，所以依据齿轮轴线的相对位置以及齿向的不同，常用的定传动比齿轮传动又有如下几类。

- 定传动比齿轮传动
  - 两轴平行
    - 按轮齿方向
      - 直齿圆柱齿轮传动
      - 斜齿圆柱齿轮传动
      - 人字形齿轮传动
    - 按啮合情况
      - 外啮合齿轮传动
      - 内啮合齿轮传动
      - 齿轮齿条传动
  - 两轴不平行
    - 相交齿轮传动
      - 直齿锥齿轮传动
    - 相交轴齿轮传动
      - 交错轴斜齿轮传动
      - 蜗杆传动

齿轮传动的主要类型如图 10-1 所示。

1. 两轴平行齿轮传动

两轴平行齿轮传动中的直齿圆柱齿轮传动，多用于外啮合齿轮泵，车床各级轴之间的传动。斜齿圆柱齿轮传动比直齿圆柱齿轮传动的重合度大，承载能力更强，传动更平稳，更适合用于高速、重载的重要传动场合。齿轮齿条传动常用于齿条千斤顶、齿轮齿条活塞执行机构等。人字形齿轮传动具有承载能力高、传动平稳、轴承载荷小等特点，在重型机械的传动系统中获得广泛的应用。内啮合齿轮传动由一个内齿轮和一个小的外齿轮相啮合，两个齿轮转向相同，多用于需要同向转动的两轴之间，如内啮合齿轮辅助泵等。

2. 两轴不平行齿轮传动

两轴不平行齿轮传动有直齿锥齿轮传动，交错轴斜齿轮传动，蜗杆传动。其中直齿锥齿轮传动是用来传递空间两相交轴之间的运动和动力的一种齿轮机构，常用于汽车的减速器

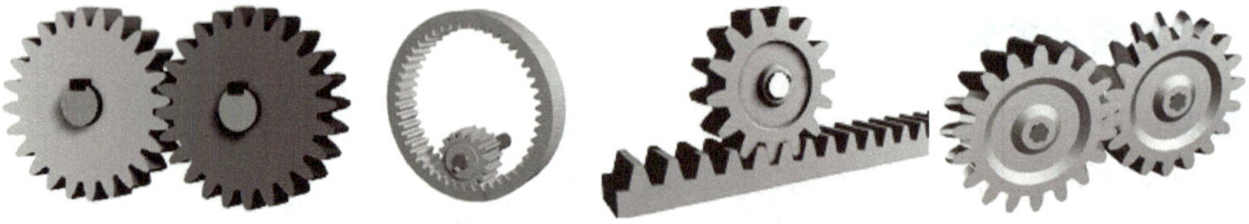

a) 直齿外齿轮传动　b) 直齿内齿轮传动　c) 齿轮齿条传动　d) 斜齿轮传动

e) 人字形齿轮传动　f) 直齿锥齿轮传动　g) 交错轴斜齿轮传动　h) 蜗杆传动

图 10-1　齿轮传动的主要类型

中。交错轴斜齿轮可以传递既不平行又不相交的两轴之间的运动和动力，常用于交错轴齿轮减速器等。蜗杆传动用于两轴交错、传动比大、传动功率不大或间歇工作的场合。

10.2　齿廓啮合基本定律

齿轮传动是依靠主动轮的轮齿依次推动从动轮的轮齿来进行工作的。对齿轮传动的基本要求之一是其瞬时传动比必须保持不变；否则，当主动轮以等角速度回转时，从动轮的角速度为变数，从而产生惯性力。这种惯性力将影响轮齿的强度、工作寿命和工作精度。齿廓啮合基本定律就是研究当齿廓形状符合何种条件时，才能满足这一项基本要求。

图 10-2 表示两相互啮合的齿廓 E_1 和 E_2 在点 K 接触，两轮的角速度分别为 ω_1 和 ω_2。过点 K 做两齿廓的公法线 N_1N_2，与连心线 O_1O_2 交于点 C。两轮齿廓上点 K 的速度分别为

$$\begin{cases} v_{K1} = \omega_1 O_1K \\ v_{K2} = \omega_2 O_2K \end{cases} \tag{10-1}$$

v_{K1}和 v_{K2}在法线 N_1N_2 上的分速度应相等，否则两齿廓将会压坏或分离，即

$$v_{K1}\cos\alpha_{K1} = v_{K1}\cos\alpha_{K1} \tag{10-2}$$

由式（10-1）和式（10-2）得

$$\frac{\omega_1}{\omega_2} = \frac{O_2K\cos\alpha_{K2}}{O_1K\cos\alpha_{K1}} \tag{10-3}$$

过点 O_1 和点 O_2 分别做 N_1N_2 的垂线 O_1N_1 和 O_2N_2，得 $\angle KO_1N_1 = \alpha_{K1}$、$\angle KO_2N_2 = \alpha_{K2}$，故式（10-3）可写成

$$\frac{\omega_1}{\omega_2} = \frac{O_2K\cos\alpha_{K2}}{O_1K\cos\alpha_{K1}} = \frac{O_2N_2}{O_1N_1} \tag{10-4}$$

又因为$\triangle CO_1N_1 \backsim \triangle CO_2N_2$，则式（10-4）又可写成

$$\frac{\omega_1}{\omega_2}=\frac{O_2N_2}{O_1N_1}=\frac{O_2C}{O_1C} \tag{10-5}$$

由式（10-5）可知，要保证传动比为定值，则比值 O_2C/O_1C 应为常数。现因两轮轴心连线 O_1O_2 为定长，欲满足上述要求，点 C 应为连心线上的定点，这个定点 C 称为节点。

因此，为使齿轮保持恒定的传动比，必须使点 C 为轴心连线上的固定点。要使齿轮保持定角速比，不论齿廓在任何位置接触，过接触点所做的齿廓公法线都必须与两轮的轴心连线交于一定点。这就是齿廓啮合基本定律。

凡满足齿廓啮合基本定律而互相啮合的一对齿廓，称为共轭齿廓。符合齿廓啮合基本定律的齿廓曲线有无穷多，传动齿轮的齿廓曲线除要求满足定角速比外，还必须考虑制造、安装和强度等要求。在机械中常用的齿廓有渐开线齿廓、摆线齿廓和圆弧齿廓，其中以渐开线齿廓应用最广。本章只讨论渐开线齿轮传动。

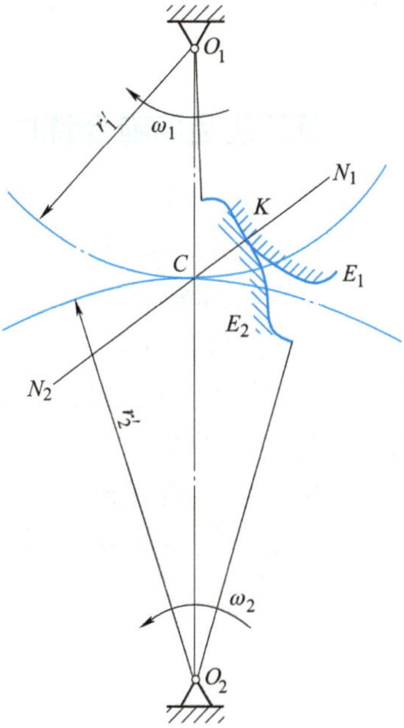

图 10-2　齿廓啮合基本定律

10.3　渐开线及渐开线齿廓

一、渐开线的形成及性质

如图 10-3 所示，一直线 L 与半径为 r_b 的圆相切，当直线沿该圆做纯滚动时，直线上任意点的轨迹即为该圆的渐开线。这个圆称为渐开线的基圆，而做纯滚动的直线 L 称为渐开线的发生线。

由渐开线的形成过程可知它有以下性质。

1）发生线在基圆上滚过的一段长度等于基圆上相应被滚过的一段弧长。

2）因点 N 是发生线沿基圆滚动时的速度瞬心，故发生线 KN 是渐开线上点 K 的法线。又因发生线始终与基圆相切，所以渐开线上任意点的法线必与基圆相切。

3）发生线与基圆的切点 N 即为渐开线上点 K 的曲率中心，线段 NK 为点 K 的曲率半径。随着点 K 离基圆越远，相应的曲率半径越大；而点 K 离基圆越近，相应的曲率半径越小。

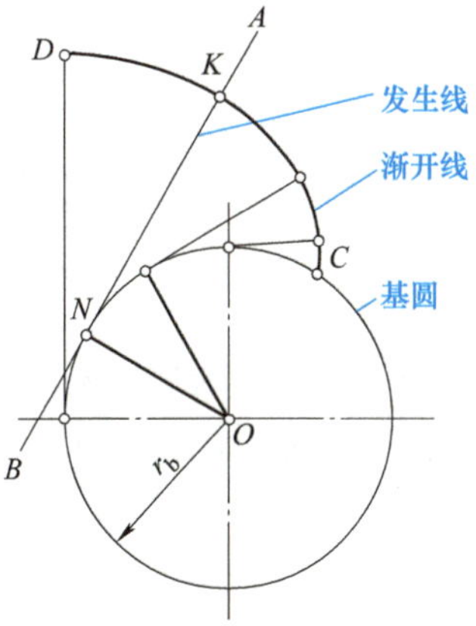

图 10-3　渐开线的形成

4）渐开线的形状取决于基圆半径的大小。如图 10-4 所示，基圆半径越小，渐开线越弯曲；基圆半径越大，渐开线越趋平直。当基圆半径趋于无穷大时，渐开线便成为直线。所以渐开线齿条（直径为无穷大的齿轮）具有直线齿廓。

5）渐开线是从基圆开始向外逐渐展开的，故基圆以内无渐开线。

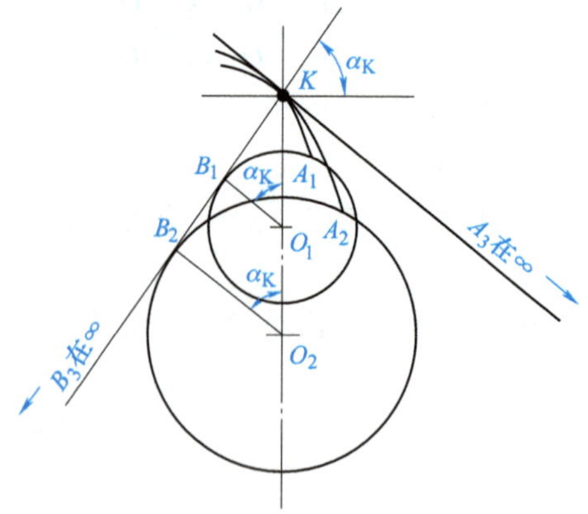

图 10-4　基圆大小与渐开线形状的关系

二、渐开线齿廓啮合特性

以渐开线为齿廓曲线的齿轮称为渐开线齿轮。

如图 10-5 所示，两渐开线齿轮的基圆分别为 r_{b1}、r_{b2}，过两齿廓啮合点 K 做两齿廓的公法线 N_1N_2。根据渐开线的性质，该公法线必与两基圆相切，即为两基圆的内公切线。又因两轮的基圆为定圆，在其同一方向的内公切线只有一条，所以无论两齿廓在任何位置接触（如图中虚线位置接触），过接触点所作两齿廓的公法线（即两基圆的内公切线）为一固定直线，它与连心线 O_1O_2 的交点 C 必是一定点。因此渐开线齿廓满足定角速比要求。

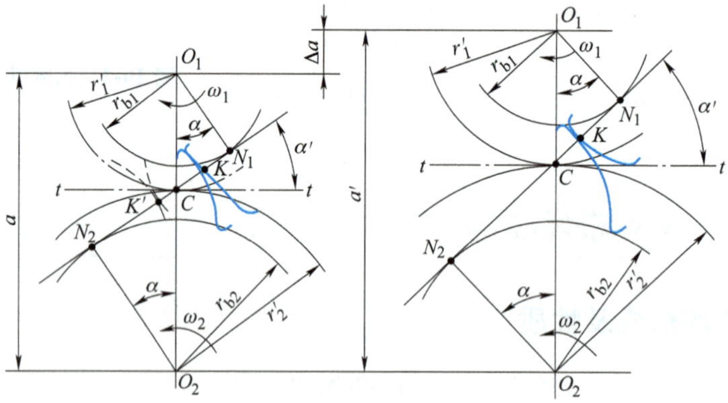

图 10-5　渐开线齿廓啮合基本定律

由图 10-5 可知，两轮的传动比为

$$i_{12}=\frac{\omega_1}{\omega_2}=\frac{O_2C}{O_1C}=\frac{r_{b2}}{r_{b1}} \tag{10-6}$$

式（10-6）表明，两轮的传动比为一定值，并与两轮的基圆半径成反比。公法线与连心线 O_1O_2 的交点 C 称为节点，以点 O_1 和点 O_2 为圆心，O_1C 、O_2C 为半径作圆，这对圆称为齿轮的节圆，其半径分别以 r'_1 和 r'_2 表示。从图中可知，一对齿轮传动相当于一对节圆的纯滚动，而且两齿轮的传动比也等于其节圆半径的反比。故一对齿轮的传动比为

$$i=\frac{\omega_1}{\omega_2}=\frac{r'_2}{r'_1}=\frac{r_{b2}}{r_{b1}} \tag{10-7}$$

三、渐开线齿廓的压力角

在一对齿廓的啮合过程中，齿廓接触点的法向压力和齿廓上该点的速度方向的夹角，称为齿廓在这一点的压力角。如图 10-6 所示，齿廓上点 K 的法向压力 F_n 与该点的速度 v_K 之间

的夹角 α_K 称为齿廓上点 K 的压力角。渐开线齿廓上各点压力角不等，向径 r_K 越大，其压力角越大。在基圆上压力角等于零。

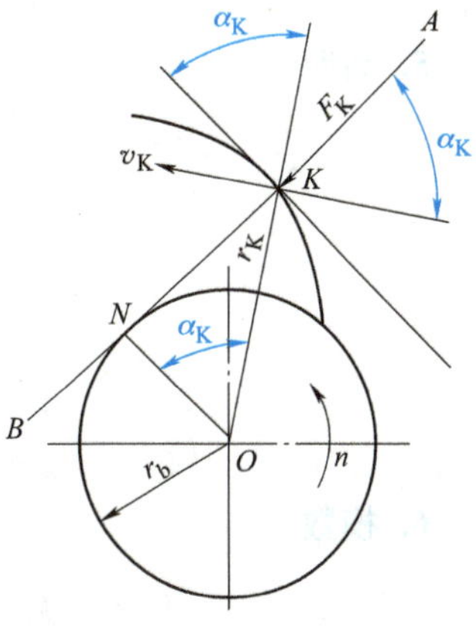

图 10-6　渐开线齿廓的压力角

四、啮合线、啮合角、齿廓间的压力作用线

一对齿轮啮合传动时，齿廓啮合点（接触点）的轨迹称为啮合线。对于渐开线齿轮，无论在哪一点接触，接触齿廓的公法线总是两基圆的内公切线 N_1N_2（图 10-5）。齿轮啮合时，齿廓接触点又都在公法线上，因此内公切线 N_1N_2 即为渐开线齿廓的啮合线。

过节点 C 作两节圆的公切线，它与啮合线 N_1N_2 间的夹角称为啮合角。啮合角等于齿廓在节圆上的压力角 α'，由于渐开线齿廓的啮合线是一条定直线 N_1N_2，故啮合角的大小始终保持不变，这表示齿廓间压力方向不变；若齿轮传递的力矩恒定，则轮齿之间、轴与轴承之间压力的大小和方向均不变，这也是渐开线齿轮传动的一大优点。

五、中心距的可分性

当一对渐开线齿轮制成之后，其基圆半径是不能改变的，因此从式（10-7）可知，即使两轮的中心距稍有改变，其角速比仍保持原值不变，这种性质称为中心距的可分性。这是渐开线齿轮传动的另一重要优点，这给齿轮的制造、安装带来了很大方便。

10.4　渐开线标准直齿圆柱齿轮各部分名称和几何尺寸计算

一、齿轮各部分名称和代号

图 10-7 所示为直齿圆柱齿轮的一部分。为了使齿轮在两个方向都能传动，轮齿两侧齿廓由形状相同、方向相反的渐开线曲面组成。

1. 齿顶圆

齿顶端所确定的圆称为齿顶圆，其直径用 d_a 表示。

2. 齿根圆

齿槽底部所确定的圆称为齿根圆，其直径用 d_f 表示。

3. 齿槽

相邻两齿之间的空间称为齿槽。齿槽两侧齿廓之间的弧长称为该圆上的槽宽，用 e_K 表示。

4. 齿厚

在任意直径 d_K 的圆周上，轮齿两侧齿廓

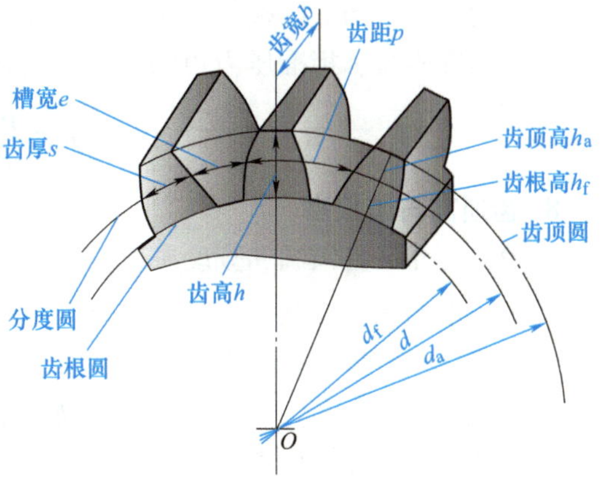

图 10-7　齿轮各部分名称及代号

之间的弧长称为该圆上的齿厚，用 s_K 表示。

5. 齿距

相邻两齿同侧齿廓之间的弧长称为该圆上的齿距，用 p_K 表示。显然

$$p_K = s_K + e_K \tag{10-8}$$

以及

$$p_K = \frac{\pi d_K}{z} \tag{10-9}$$

式中，z 为齿轮的齿数；d_K 为任意圆的直径。

6. 模数

在式（10-6）中含有无理数 π，这对齿轮的计算和测量都不方便。因此，规定比值 $\frac{p}{\pi}$ 等于整数或简单的有理数，并作为计算齿轮几何尺寸的一个基本参数。这个比值称为模数，以 m 表示，单位为 mm，即 $m = \frac{p}{\pi}$，齿轮的主要几何尺寸都与 m 成正比。

为了便于齿轮的互换使用和简化刀具，齿轮的模数已经标准化。我国规定的渐开线圆柱齿轮模数系列见表 10-1。

表 10-1　渐开线圆柱齿轮模数系列（GB/T 1357—2008）　　　（单位：mm）

第一系列	1	1.25	1.5	2	2.5	3	4	5	6	8	10	12	16	20	25	32	40	50
第二系列	1.125	1.375	1.75	2.25	2.75	3.5	4.5	5.5	(6.5)	7	9	11	14	18	22	28	36	45

注：1. 本表适用于渐开线圆柱齿轮，对斜齿轮而言，表中数据是指法向模数。
2. 优先采用第一系列，括号内的模数尽可能不用。

7. 分度圆

标准齿轮上齿厚和槽宽相等的圆称为齿轮的分度圆，用 d 表示其直径。分度圆上的齿厚以 s 表示；槽宽用 e 表示；齿距用 p 表示。分度圆压力角通常称为齿轮的压力角，用 α 表示。分度圆压力角已经标准化，常用的为 20°、15°，我国规定标准齿轮分度圆上的压力角 $\alpha = 20°$。

由于齿轮分度圆上的模数和压力角均规定为标准值，因此，齿轮的分度圆可定义为：齿轮上具有标准模数和标准压力角的圆。齿轮分度圆直径 d 则可表示为

$$d = \frac{p}{\pi} z = mz \tag{10-10}$$

8. 齿顶高与齿根高

在轮齿上介于齿顶圆和分度圆之间的部分称为齿顶，其径向高度称为齿顶高，用 h_a 表示。介于齿根圆和分度圆之间的部分称为齿根，其径向高度称为齿根高，用 h_f 表示。齿顶圆与齿根圆之间轮齿的径向高度称为齿高，用 h 表示，故

$$h = h_a + h_f \tag{10-11}$$

齿轮的齿顶高和齿根高可用模数表示为

$$h_a = h_a^* m \tag{10-12}$$

$$h_f = (h_a^* + c^*)m \tag{10-13}$$

式中　h_a^*——齿顶高系数；

c^*——顶隙系数。

对于圆柱齿轮。其标准值按正常齿制和短齿制规定为

$$\begin{cases} h_a^* = 1,\ c^* = 0.25\ (正常齿) \\ h_a^* = 0.8,\ c^* = 0.3\ (短齿) \end{cases}$$

9. 顶隙

顶隙是指一对齿轮啮合时，一个齿轮的齿顶圆到另一个齿轮的齿根圆的径向距离。顶隙有利于润滑油的流动。顶隙按下式计算：

$$c = c^* m$$

二、标准齿轮

若一齿轮的模数、分度圆压力角、齿顶高系数、齿根高系数均为标准值，且其分度圆上齿厚与槽宽相等，则称为标准齿轮。因此，对于标准齿轮则有

$$s = e = \frac{p}{2} = \frac{\pi m}{2} \tag{10-14}$$

标准直齿圆柱齿轮传动的参数和几何尺寸计算公式见表 10-2。

表 10-2　标准直齿圆柱齿轮传动的参数和几何尺寸计算公式

名称	代号	公式与说明
齿数	z	根据工作要求确定
模数	m	由轮齿的承载能力确定，并按表 10-1 取标准值
压力角	α	$\alpha = 20°$
分度圆直径	d	$d_1 = mz_1$；$d_2 = mz_2$
齿顶高	h_a	$h_a = h_a^* m$
齿根高	h_f	$h_f = (h_a^* + c^*)\ m$
齿高	h	$h = h_a + h_f$
齿顶圆直径	d_a	$d_{a1} = d_1 + 2h_a = m(z_1 + 2h_a^*)$　　$d_{a2} = m(z_2 + 2h_a^*)$
齿根圆直径	d_f	$d_{f1} = d_1 - 2h_f = m(z_1 - 2h_a^* - 2c^*)$　　$d_{f2} = m(z_2 - 2h_a^* - 2c^*)$
分度圆齿距	p	$p = \pi m$
分度圆齿厚	s	$s = \frac{1}{2}\pi m$
分度圆槽宽	e	$e = \frac{1}{2}\pi m$
基圆直径	d_b	$d_{b1} = d_1 \cos\alpha = mz_1 \cos\alpha$　　$d_{b2} = mz_2 \cos\alpha$

10.5 渐开线直齿圆柱齿轮传动分析

一、正确啮合的条件

齿轮传动时，它的每一对齿仅啮合一段时间便要分离，而由后一对齿接替。由前文可知，一对渐开线齿轮传动时，其齿廓啮合点都应在啮合线 N_1N_2 上，如图 10-8 所示，当前一对齿在啮合线上的点 K 接触时，其后一对齿应在啮合线上另一点 K'接触。

这样，当前一对齿分离时，后一对齿才能不中断地接替传动。令点 K_1 和点 K_1' 表示轮 1 齿廓上的啮合点，点 K_2 和点 K_2' 表示轮 2 齿廓上的啮合点。为了保证前后两对齿有可能同时在啮合线上接触，轮 1 相邻两齿同侧齿廓沿法线的距离 K_1K_1' 应与轮 2 相邻两齿同侧齿廓沿法线的距离 K_2K_2' 相等。沿法线方向的齿距称为法线齿距，即

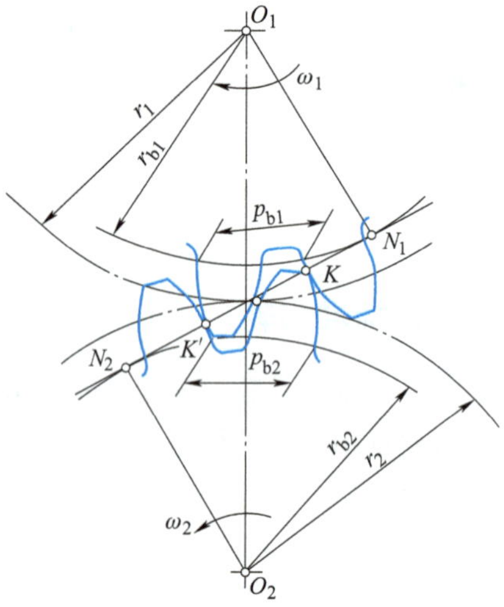

图 10-8 渐开线齿轮正确啮合的条件

$$K_1K_1' = K_2K_2'$$

根据渐开线的性质，对轮 2 有

$$K_2K_2' = p_{b2} = p_2\cos\alpha_2 = \pi m_2\cos\alpha_2$$

同理，对轮 1 可得

$$K_1K_1' = p_1\cos\alpha_1 = \pi m_1\cos\alpha_1$$

由此可得

$$m_1\cos\alpha_1 = m_2\cos\alpha_2$$

由于模数和压力角已经标准化，为满足上式，应使

$$\begin{cases} m_1 = m_2 = m \\ \alpha_1 = \alpha_2 = \alpha \end{cases} \tag{10-15}$$

上式表明，渐开线齿轮的正确啮合条件是两轮的模数和压力角必须分别相等。

齿轮的传动比可写成

$$i = \frac{\omega_1}{\omega_2} = \frac{d_2'}{d_1'} = \frac{d_{b2}}{d_{b1}} = \frac{d_2}{d_1} = \frac{z_2}{z_1} \tag{10-16}$$

由于标准齿轮分度圆的齿厚和槽宽相等，一对正确啮合的渐开线齿轮的模数相等，即

$$s_1 = e_1 = s_2 = e_2 = \frac{\pi m}{2}$$

安装时使分度圆与节圆重合的一对标准齿轮的中心距称为标准中心距，用 a 表示，即

$$a = r_1' + r_2' = r_1 + r_2 = \frac{m}{2}(z_1 + z_2) \tag{10-17}$$

二、连续传动的条件

图 10-9 所示为一对连续不间断地传动的渐开线齿轮，设轮 1 为主动轮，轮 2 为从动轮。

齿廓的啮合是由主动轮 1 的齿根部推动从动轮 2 的齿顶开始。因此，从动轮齿顶圆与啮合线的交点 B_2 即为一对齿廓进入啮合的开始点。随着轮 1 推动轮 2 转动，两齿廓的啮合点沿着啮合线移动。当啮合点移动到齿轮 1 的齿顶圆与啮合线的交点 B_1 时（图中虚线位置），这对齿廓终止啮合，两齿廓即将分离。故啮合线 N_1N_2 上的线段 B_1B_2 为齿廓啮合点的实际轨迹，称为实际啮合线；线段 N_1N_2 称为理论啮合线。

当一对轮齿在点 B_2 开始啮合时，前一对轮齿仍在点 K 啮合，则传动就能连续进行。这时实际啮合线段 B_1B_2 的长度大于齿轮的法线齿距。如果前一对轮齿已于点 B_1 脱离啮合，而后一对轮齿仍未进入啮合，则这时传动发生中断，将引起冲击。所以，保证连续传动的条件是使实际啮合线长度大于或等于齿轮的法线齿距（即基圆齿距 p_b），即

$$B_1B_2 \geqslant p_b \tag{10-18}$$

通常将实际啮合线长度与基圆齿距之比称为齿轮传动的重合度，用 ε 表示，即

$$\varepsilon = \frac{B_1B_2}{p_b} \geqslant 1 \tag{10-19}$$

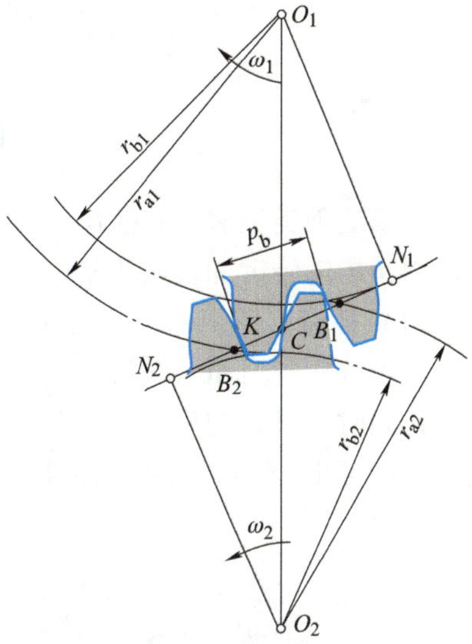

图 10-9 渐开线齿轮连续传动的条件

理论上，当 $\varepsilon = 1$ 时，就能保证一对齿轮连续传动，但考虑齿轮的制造、安装误差和啮合传动中轮齿的变形，实际上应使 $\varepsilon > 1$。重合度越大，表示同时参数啮合的齿对数越多，传动越平稳。对于标准齿轮传动，其重合度都大于 1，故通常不必进行验算。

10.6 渐开线齿轮的加工

一、轮齿的加工方法

轮齿加工的基本要求是齿形准确和分齿均匀。轮齿的加工方法很多，最常用的是切削加工法，此外还有铸造法、热轧法等。轮齿的切削加工方法按其原理可分为成形法和展成法两类。

1. 成形法

成形法是用与齿轮齿槽形状相同的成形刀具在铣床上进行加工，如图 10-10 所示。加工时铣刀绕本身的轴线旋转，同时轮坯转过 $2\pi/z$，再铣第二个齿槽。其余依此类推。这种加工方法简单，虽不需要专用机床，但精度差，而且是逐个齿切削，切削不连续，故生产率低，仅适用于单件生产及精度要求不高的齿轮加工。

2. 展成法

展成法是利用一对齿轮（或齿轮与齿条）相互啮合时其共轭齿廓互为包络线的原理来切齿的，如图 10-11 所示。如果把其中一个齿轮（或齿条）做成刀具，就可以切出与它共轭的渐开线齿廓。

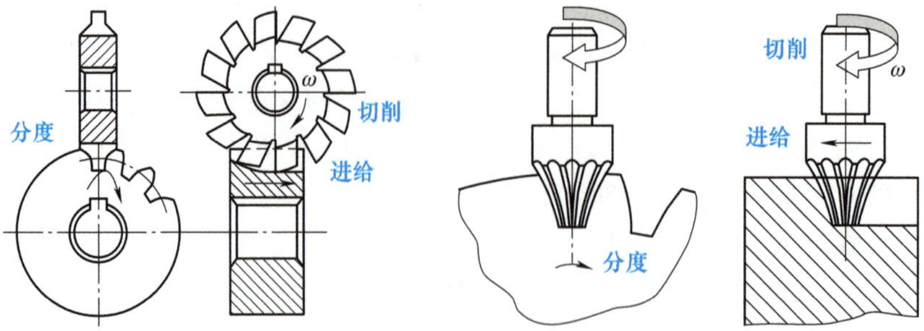

图 10-10　成形法加工齿轮

展成法种类很多，有插齿、滚齿、剃齿、磨齿等，其中最常用的是插齿和滚齿，剃齿和磨齿用于齿轮精度和表面质量要求较高的场合。

(1) 插齿　图 10-12 所示为用齿轮插刀加工齿轮时的情形。齿轮插刀的形状和齿轮相似，其模数和压力角与被加工齿轮相同。加工时，插齿刀沿轮坯轴线方向做上下往复的切削运动；同时，机床的传动系统严格地保证插齿刀与轮坯之间的展成运动。齿轮插刀刀具顶部比正常齿高出 $c^* m$，以便切出顶隙部分。

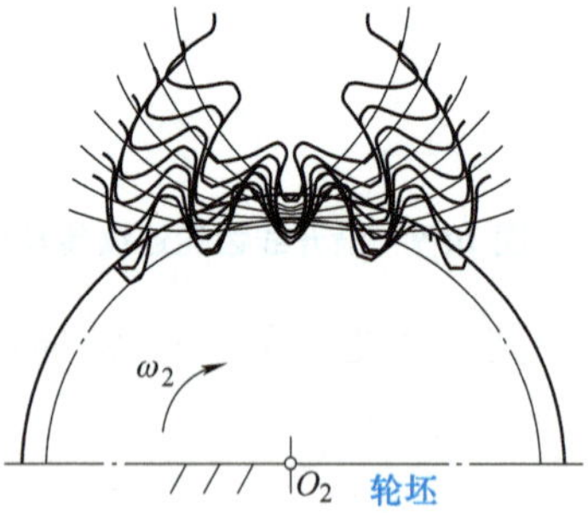

图 10-11　展成法加工齿轮

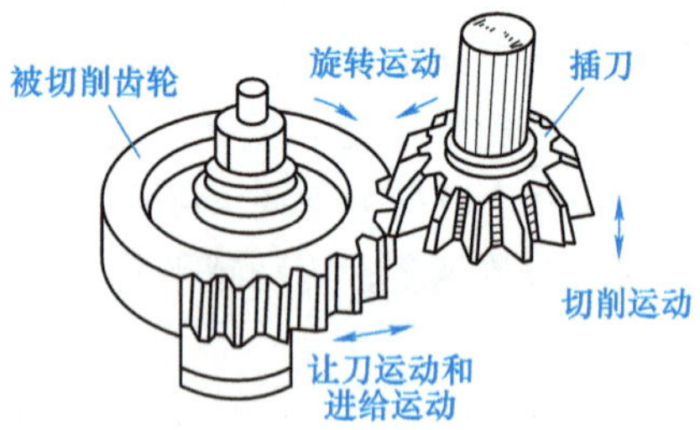

图 10-12　齿轮插刀切齿

当齿轮插刀的齿数增加到无穷多时，其基圆半径变为无穷大，插刀的齿廓变成直线齿廓，齿轮插刀就变成齿条插刀。图 10-13 所示为齿条插刀加工轮齿的情形。

(2) 滚齿　齿轮插刀和齿条插刀都只能间断地切削，生产率低。目前广泛采用齿轮滚刀在滚齿机上进行轮齿的加工。

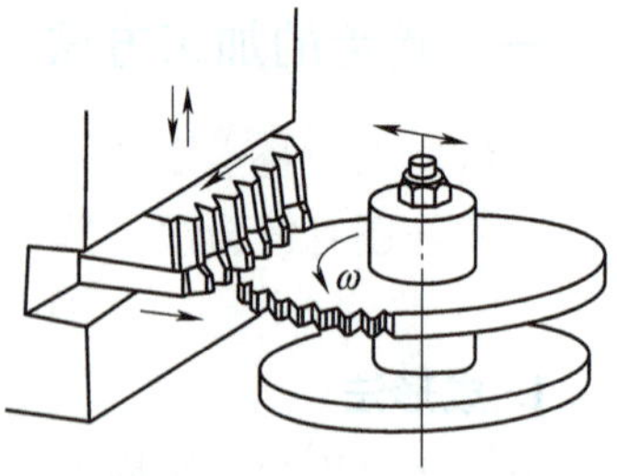

图 10-13　齿条插刀加工轮齿

滚齿加工方法基于齿轮与齿条相啮合的原理。图 10-14 所示为滚刀加工轮齿的情形。滚刀的外形类似沿纵向开了沟槽的螺旋，其轴向剖面齿形与齿条相同。当滚刀转动时相当于这个假想的齿条连续地向一个方向移动，轮坯相当于与齿条相啮合的齿轮，从而滚刀能按照展成原理在轮坯加工渐开线齿廓。滚刀除旋转外，还沿轮坯的轴向逐渐移动，以便切出整个齿宽。

二、轮齿的根切现象及齿轮的最小齿数

当用展成法加工齿数较少的齿轮时，常会将轮齿根部的渐开线齿廓切去一部分，如

图 10-15所示，这种现象称为根切。根切将降低轮齿的弯曲强度，使重合度减小，传动不平稳，故应设法避免。

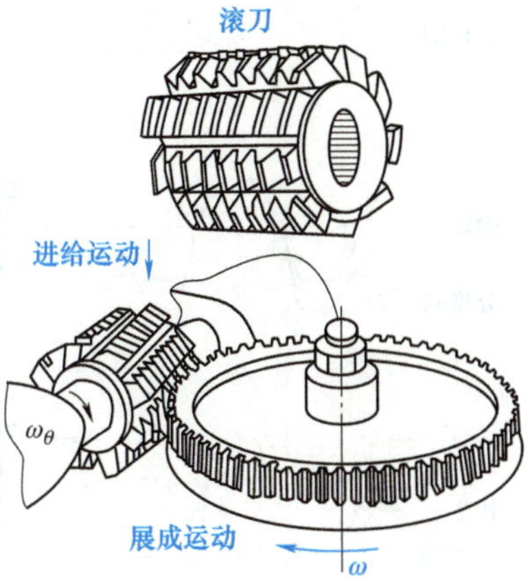

图 10-14　滚刀加工轮齿

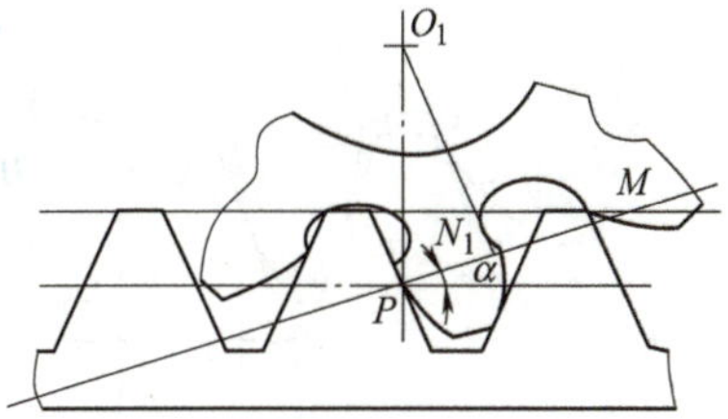

图 10-15　轮齿的根切现象

对于标准齿轮而言，采用限制最少齿数的方法来避免根切。用滚刀加工压力角为 20°的正常齿制标准直齿圆柱齿轮时，根据计算，可得出不发生根切的最少齿数 $z_{min}=17$。某些情况下，为了尽量减少齿数以获得比较紧凑的结构，在满足轮齿弯曲强度的条件下，允许齿根部有轻微根切时，$z_{min}=14$。

三、变位齿轮

标准齿轮有以下局限性。

1）为了避免加工时发生根切，标准齿轮的齿数必须大于或等于最少齿数 z_{min}。

2）标准齿轮不适用于实际中心距 a' 不等于标准中心距 a 的场合。

3）一对互相啮合的标准齿轮，小齿轮的弯曲强度比大轮齿低。

为了弥补这些缺点，在机械中出现了变位齿轮来弥补。

图 10-16 所示为齿条刀具。齿条刀具上与刀具顶线平行而其齿厚等于槽宽的直线 nn，称为刀具中线。中线以及与中线平行的任意直线，称为分度线。除中线外，其他分度线上的齿厚与槽宽不相等。

加工齿轮时，若齿条刀具的中线与轮坯的分度圆相切并做纯滚动，由于刀具中线上的齿厚与槽宽相等，被加工齿轮分度圆上的齿厚与齿槽距相等，其值为 $\frac{\pi m}{2}$，因此被加工出来的齿轮为标准齿轮，如图 10-17a 所示。

若刀具与轮坯的相对运动关系不变，但刀具相对轮坯中心离开或靠近一段距离 xm，如图 10-17b、c 所示，则轮坯的分度圆不再与刀具中线相切，而是与中线以上或以下的某一分度线相切。这时与轮坯分度圆相切并做纯滚动的刀具分度线上的齿厚与槽宽不相等，因此被加工的齿轮在分度圆上的齿厚与槽宽也不相等。当刀具远离轮坯中心移动时，被加工齿轮的分度圆齿厚增大。当刀具向轮坯中心靠近时，被加工齿轮的分度圆齿厚减小。这种由于刀具相对于轮坯位置发生变化而加工的齿轮，称为变位齿轮。齿条刀具中线相对于被加工齿轮分

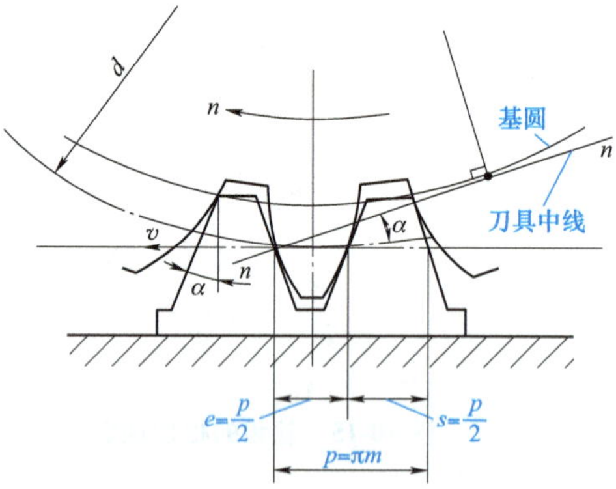

图 10-16　齿条刀具

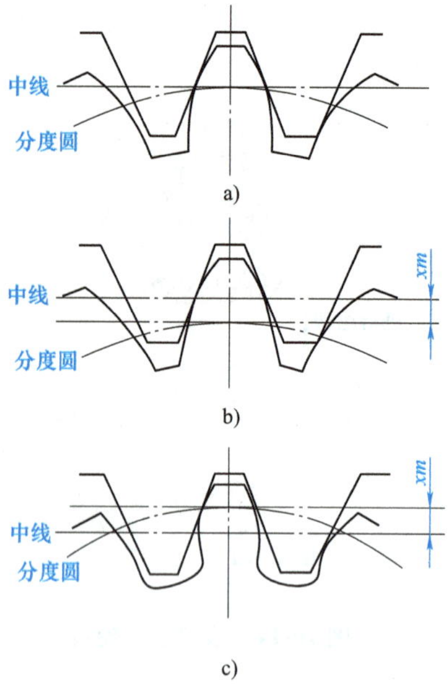

图 10-17　变位齿轮的切削原理

度圆所移动的距离，称为变位量，用 xm 表示，m 为模数，x 为变位系数。刀具中线远离轮坯中心称为正变位，这时的变位系数为正数，所切出的齿轮称为正变位齿轮。刀具靠近轮坯中心称为负变位，这时的变位系数为负数，所加工的齿轮称为负变位齿轮。

采用变位齿轮可以制成齿数少于 z_{min} 而不发生根切的齿轮，可以实现非标准中心距的无侧隙传动，使大、小齿轮的抗弯能力接近相等。

10.7　直齿圆柱齿轮强度设计

一、轮齿的失效形式

轮齿的常见失效形式有以下五种。

1. 轮齿折断

轮齿的折断有两种情况，一种是用脆性材料制成的齿轮，因短时意外的严重过载或受到冲击载荷时突然折断，称为过载折断；另一种是由于循环变化的弯曲应力的反复作用而引起的疲劳折断。轮齿折断一般发生在轮齿根部，如图 10-18 所示。

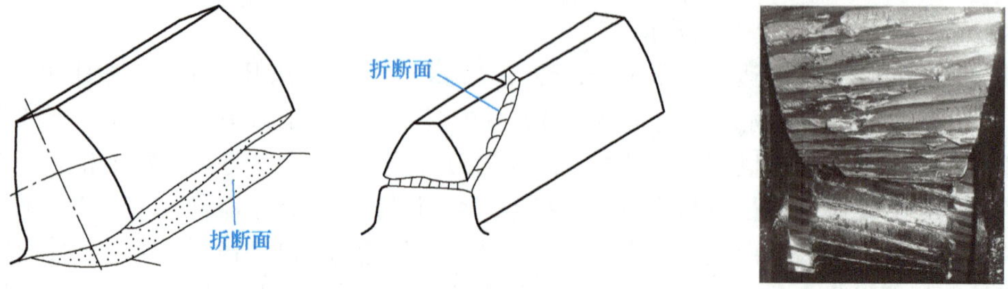

图 10-18　轮齿折断

2. 齿面点蚀

在润滑良好的闭式齿轮传动中，当齿轮工作了一定时间后，在轮齿工作表面上会产生一些细小的凹坑，称为点蚀，如图 10-19 所示。点蚀的产生主要是由于轮齿齿面受到脉动循环应力的多次重复作用，在轮齿表面层会产生疲劳裂纹，裂纹的扩展使金属微粒剥落下来而形成疲劳点蚀。通常疲劳点蚀首先发生在节线附近的齿根表面处。点蚀使齿面有效承载面积减小，点蚀的扩展将会严重损坏齿廓表面，引起冲击和声音，造成传动的不平稳。齿面抗点蚀能力主要与齿面硬度有关，齿面硬度越高，抗点蚀能力越强。

点蚀是闭式软齿面（硬度≤350HBW）齿轮传动的主要失效形式。对于开式齿轮传动，由于齿面磨损速度较快，即使轮齿表层产生疲劳裂纹，但还未扩展到金属剥落时，表面层就已被磨掉，因而一般看不到点蚀现象。

3. 齿面胶合

在高速重载传动中，由于齿面啮合区的压力很大，润滑油膜因温度升高容易破裂，造成齿面金属直接接触，其接触区产生瞬时高温，致使两轮齿表面焊粘在一起，当两齿面相对运动时，较软的齿面金属被撕下，在轮齿工作表面形成与滑动方向一致的沟痕，这种现象称为齿面胶合，如图 10-20 所示。

图 10-19　齿面点蚀

图 10-20　齿面胶合

4. 齿面磨损

互相啮合的两齿廓表面间有相对滑动，在载荷作用下会引起齿面的磨损。尤其在开式齿轮传动中，由于灰尘、砂粒等硬颗粒容易进入齿面间而发生磨损。齿面严重磨损后，轮齿将失去正确的齿形，会导致严重的噪声和振动，影响轮齿正常工作，最终使传动失效。

采用闭式传动，减小齿轮表面粗糙度值和保持良好的润滑，可以减少齿面磨损。

5. 齿面塑性变形

在重载的条件下，较软的齿面上表层金属可能沿滑动方向滑移，出现局部金属流动现象，使齿面产生塑性变形，齿廓失去正确的齿形。在起动和过载频繁的传动中较易产生这种失效形式。

二、设计准则

齿轮在具体的工作情况下，必须具有足够的、相应的工作能力，以保证在整个工作寿命期间内不发生失效。齿轮传动的设计准则是根据齿轮可能出现的失效形式来进行的，但是对于齿面磨损、塑性变形等，尚未形成相应的设计准则，所以目前在齿轮传动设计中，通常只按保证齿根弯曲疲劳强度和齿面接触疲劳强度进行计算。而对于高速重载齿轮传动，还要按保证齿面抗胶合能力的准则进行计算（参阅国家标准 GB/Z 6413. 1—2003）。

在闭式齿轮传动中，对于软齿面（硬度≤350HBW）齿轮，按接触疲劳强度进行设计，弯曲疲劳强度校核；对于硬齿面（硬度>350HBW）齿轮，按弯曲疲劳强度进行设计，接触疲劳强度校核；对于开式（半开式）齿轮传动，按弯曲疲劳强度进行设计，不必校核齿面接触疲劳强度。

三、齿轮材料及热处理

对齿轮材料的要求：齿面有足够的硬度和耐磨性，轮齿心部有较强的韧性，以承受冲击载荷和变载荷。常用的齿轮材料是各种牌号的优质碳素钢、合金结构钢、铸钢和铸铁等，一般多采用锻件或轧制钢材。当齿轮直径在 400~600mm 范围内时，可采用铸钢；低速齿轮可采用灰铸铁。表 10-3 列出了常用的齿轮材料及其力学性能。

表 10-3　常用的齿轮材料及其力学性能

材　料	力学性能		热处理方法	硬　度	
	R_m/MPa	R_{eH}/MPa		HBW	HRC
45	580	290	正火	160~217	
	640	350	调质	217~255	
			表面淬火		40~50
40Cr	700	500	调质	240~286	
			表面淬火		48~55
35SiMn	750	450	调质	217~269	
42SiMn	785	510	调质	229~286	
20Cr	637	392	渗碳淬火后回火		56~62
20CrMnTi	1100	850	渗碳淬火后回火		56~62
40MnB	735	490	调质	241~286	
ZG45	569	314	正火	163~197	
ZG35SiMn	569	343	正火、回火	163~217	
	637	412	调质	197~248	
HT200	200			170~230	
HT300	300			187~255	
QT500-5	500			147~241	
QT600-2	600			229~302	

齿轮常用的热处理方法有以下几种。

1. 表面淬火

表面淬火一般用于中碳钢和中碳合金钢。表面淬火处理后齿面硬度可达 52~56HRC，耐磨性好，齿面接触强度高。表面淬火的方法有高频淬火和火焰淬火等。

2. 渗碳淬火

渗碳淬火用于处理低碳钢和低碳合金钢，渗碳淬火后齿面硬度可达 56~62HRC，齿面接触强度高，耐磨性好，而轮齿心部仍保持有较高的韧性，常用于受冲击载荷的重要齿轮。

3. 调质

调质处理一般用于处理中碳钢和中碳合金钢。调质处理后齿面硬度可达 220~260HBW。

4. 正火

正火能消除内应力，细化晶粒，改善力学性能和切削性能。中碳钢正火处理可用于机械强度要求不高的齿轮。

经热处理后齿面硬度≤350HBW 的齿轮称为软齿面齿轮，多用于中、低速机械。当大、小齿轮都是软齿面时，考虑到小齿轮齿根较薄，弯曲强度较低，且受载次数较多，因此应使小齿轮齿面硬度比大齿轮高出 20~50HBW。

齿面硬度>350HBW 的齿轮称为硬齿面齿轮，其最终热处理在轮齿精加工后进行。因热处理后轮齿会产生变形，故对于精度要求高的齿轮，须进行磨齿。当大、小齿轮都是硬齿面时，小齿轮的硬度应略高，也可和大齿轮相等。

近年来，由于齿轮材质和齿轮加工工艺技术的迅速发展，硬齿面齿轮组合更多地被选用。

四、轮齿的受力分析和计算载荷

1. 轮齿的受力分析

为了计算轮齿的强度以及设计轴和轴承装置等，须确定作用在轮齿上的力。

图 10-21 所示为一对直齿圆柱齿轮啮合传动时的受力情况。若忽略齿面间的摩擦力，则轮齿之间的总作用力 $\boldsymbol{F}_n$ 将沿着轮齿啮合点的公法线 N_1N_2 方向，也称为法向力。法向力 $\boldsymbol{F}_n$ 可分解为两个分力：圆周力 $\boldsymbol{F}_t$ 和径向力 $\boldsymbol{F}_r$。

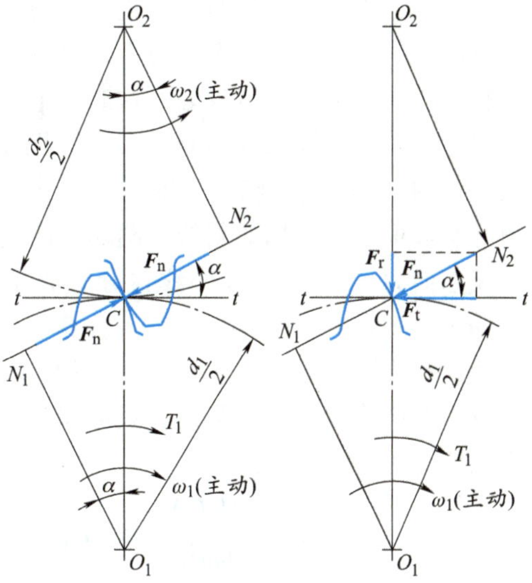

图 10-21　直齿圆柱齿轮传动的作用力

圆周力　$$F_t = \frac{2T_1}{d_1} \tag{10-20}$$

径向力　$$F_r = F_t \tan\alpha \tag{10-21}$$

法向力　$$F_n = \frac{F_t}{\cos\alpha} \tag{10-22}$$

式中　T_1——小齿轮上的转矩，$T_1 = 9.55\times10^6\frac{P_1}{n_1}$；

P_1——小齿轮传递的功率，单位为 kW；

d_1——小齿轮的分度圆直径，单位为 mm；

α——分度圆压力角，单位为（°）。

圆周力 $\boldsymbol{F}_t$ 的方向，在主动轮上与圆周速度方向相反，在从动轮上与圆周速度方向相同。径向力 $\boldsymbol{F}_r$ 的方向，在两轮上都是由作用点指向轮心。

2. 计算载荷

上述受力分析是在载荷沿齿宽均匀分布的理想状态下进行的。实际运转时由于齿轮、轴、支承等存在制造、安装误差，以及受载时产生变形等，使载荷沿齿宽不均匀分布，造成载荷局部集中。轴和轴承的刚度越小、齿宽 b 越大，载荷集中越严重。此外，由于各种原动机和工作机的特性不同，例如机械的起动和制动、工作机构速度的突然变化和过载等，导致在齿轮传动中还将引起附加动载荷。因此，在计算齿轮强度时，通常用计算载荷 F_nK 代替名义载荷 F_n。K 为载荷系数，其值由表 10-4 查取。

表 10-4　载荷系数 K

原动机	工作机特性		
	工作平稳	中等冲击	较大冲击
电动机、透平机	1～1.2	1.2～1.5	1.5～1.8
多缸内燃机	1.2～1.5	1.5～1.8	1.8～2.1
单缸内燃机	1.6～1.8	1.8～2.0	2.1～2.4

注：斜齿圆柱齿轮、圆周速度低、精度高、齿宽系数小时取小值；直齿圆柱齿轮、圆周速度高、精度低、齿宽系数大时取大值。齿轮在两轴承之间对称布置时取小值，不对称布置及悬臂布置时取较大值。

五、轮齿的弯曲强度计算

为了防止齿轮在工作时发生轮齿折断，应限制在轮齿根部的弯曲应力。进行轮齿弯曲应力计算时，假定全部载荷由一对轮齿承受且作用于齿顶处，这时齿根所受的弯曲力矩最大，将轮齿看作宽度为 b 的悬臂梁，如图 10-22 所示。其危险截面可用 30°切线法确定，即做与轮齿对称中心线成 30°夹角并与齿根圆角相切的斜线，两切点的连线是危险截面位置。设法向力 $\boldsymbol{F}_n$ 移至轮齿中线并分解成相互垂直的两个分力，即 $F_1=F_n\cos\sigma_F$，$F_2=F_n\sin\sigma_F$，其中 $\boldsymbol{F}_1$ 使齿根产生弯曲应力，$\boldsymbol{F}_2$ 则产生压缩应力。因压缩应力数值较小，为简化计算，在计算轮齿弯曲强度时只考虑弯曲应力。危险截面的弯曲应力为

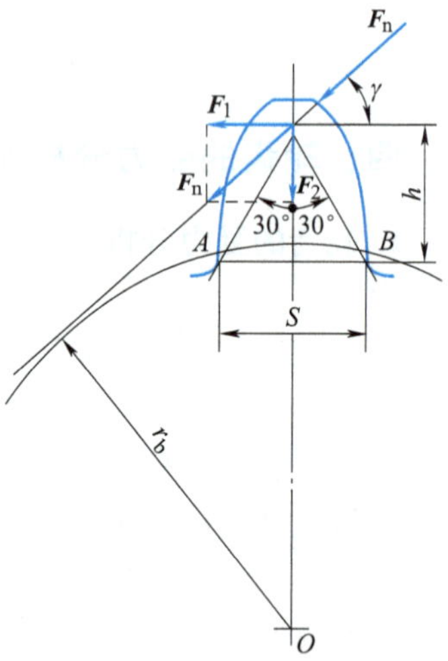

图 10-22　轮齿受力分析

$$\sigma_F=\frac{2KT_1Y_F}{bm^2z_1}\leqslant[\sigma_F] \tag{10-23}$$

式中　K——载荷系数；

T_1——小轮传递转矩，单位为 N · mm；

Y_F——齿形系数；

b——齿宽，单位为 mm；

m——模数，单位为 mm；

z_1——小齿轮齿数。

对于标准齿轮，Y_F 只与齿数有关。正常齿制标准齿轮的 Y_F 值，如图 10-23 所示。

对于 $i\neq1$ 的齿轮传动，由于 $z_1\neq z_2$，因此 $Y_{F1}\neq Y_{F2}$，而且两轮的材料和热处理方法，硬度也不相同，则 $[\sigma_{F1}]\neq[\sigma_{F2}]$，因此，应分别验算两个齿轮的弯曲强度。

在式（10-23）中，令 $\psi_a=\dfrac{b}{a}$，则得轮齿弯曲强度设计方式为

$$m\geqslant\sqrt[3]{\frac{4KT_1Y_F}{\psi_a(i\pm1)z_1^2[\sigma_F]}} \tag{10-24}$$

在式（10-24）中，负号用于内啮合传动；ψ_a 为齿宽系数：轻型减速器可取 $\psi_a=0.2$～

0.4；中型减速器可取 $\psi_a=0.4\sim0.6$；重型减速器可取 $\psi_a=0.8$；当 $\psi_a>0.4$ 时，通常用斜齿或人字齿。u 为大齿轮与小齿轮的齿数比。

将式（10-24）中的 $\dfrac{Y_F}{[\sigma_F]}$ 应代入 $\dfrac{Y_{F1}}{[\sigma_{F1}]}$ 和 $\dfrac{Y_{F2}}{[\sigma_{F2}]}$ 中的较大者，算得的模数应按表 10-1 圆整为标准值。对于传递动力的齿轮，其模数应大于 1.5mm，以防止意外断齿。在满足弯曲强度的条件下，应尽量增加齿数使传动的重合度增大，以改善传动平稳性和载荷分配；在中心距 a 一定时，齿数增加则模数减小，齿顶高和齿根高都随之减小，能节约材料和减少金属切削量。

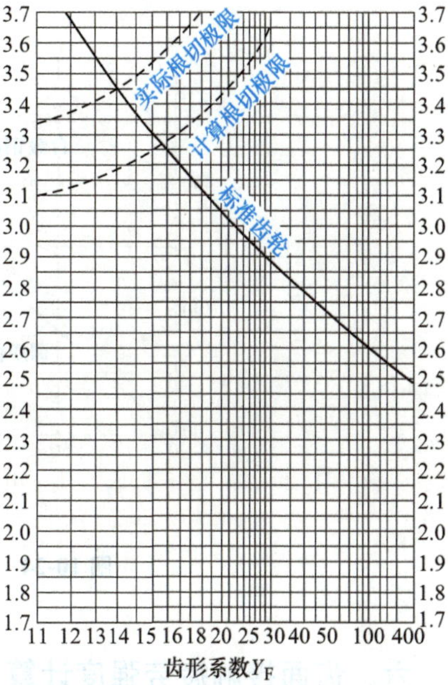

图 10-23　齿形系数 Y_F

对于闭式传动，当齿面硬度不太高时，轮齿的弯曲强度通常是足够的，故齿数可取多些，常取 $z_1=24\sim40$。当齿面硬度很高时，轮齿的弯曲强度会不足，故齿数不宜过多。

许用弯曲应力 $[\sigma_F]$ 按下式计算：

$$[\sigma_F]=\frac{\sigma_{F\lim}}{S_F} \tag{10-25}$$

式中　$\sigma_{F\lim}$——试验齿轮的齿根弯曲疲劳极限，单位为 MPa，按图 10-24 所示曲线查取；

S_F——轮齿弯曲疲劳安全系数，按表 10-5 查取。

表 10-5　安全系数 S_F 和 S_H

安全系数	软齿面	硬齿面	重要的传动、渗碳淬火齿轮或铸造齿轮
S_F	1.3～1.4	1.4～1.6	1.6～2.2
S_H	1.0～1.1	1.1～1.2	1.3

注：对于长期双侧工作的齿轮传动，因齿根弯曲应力为对称循环变应力，故应将图 10-23 中的数据乘以 0.7。

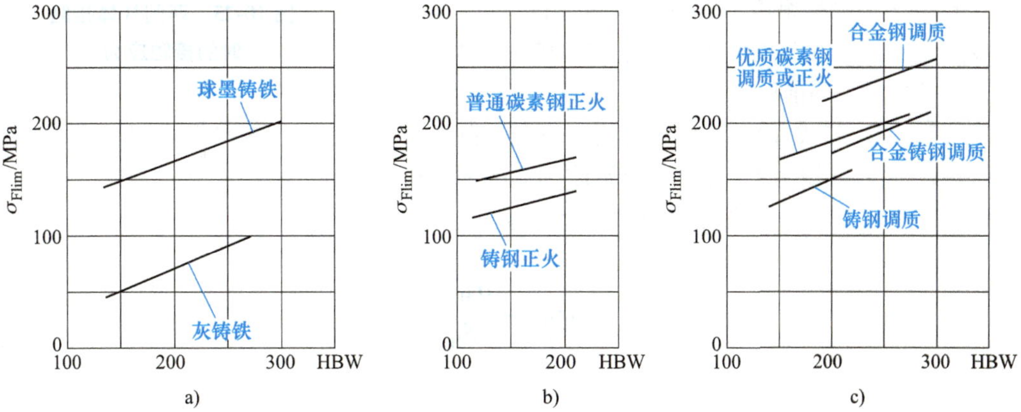

图 10-24　齿轮的弯曲疲劳极限 σ_{Flim}

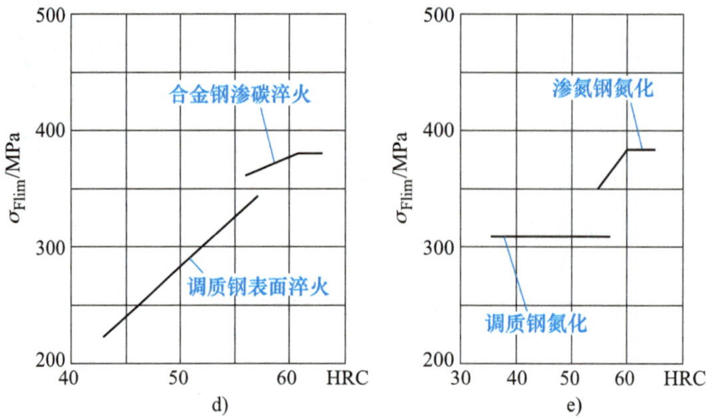

图 10-24 齿轮的弯曲疲劳极限 σ_{Flim}（续）

六、齿面接触疲劳强度计算

为避免齿面发生点蚀，应限制齿面的接触应力。齿面接触应力的计算是以两圆柱体接触时的最大接触应力为基础进行的。图 10-25 所示的两圆柱体，在载荷作用下接触区产生的最大接触应力为

$$\sigma_H = 335\sqrt{\frac{(i \pm 1)^3 KT_1}{uba^2}} \leqslant [\sigma_H] \qquad (10\text{-}26)$$

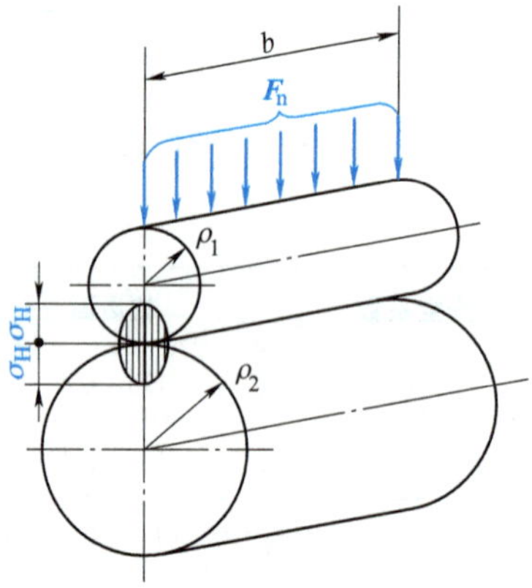

图 10-25 两圆柱体接触时的接触应力

将 $b=\psi_a a$ 代入上式，可得齿面接触疲劳强度设计方式

$$a \geqslant (u \pm 1)\sqrt[3]{\left(\frac{335}{[\sigma_H]}\right)^2 \frac{KT_1}{\psi_a u}} \qquad (10\text{-}27)$$

式中 σ_H——齿面接触应力，单位为 MPa；

$[\sigma_H]$——齿轮材料的许用接触应力，单位为 MPa。

其他参数意义同前面公式所述。

式（10-26）和式（10-27）仅适用于一对钢制齿轮，若配对齿轮材料为钢对铸铁或一对铸铁齿轮，则应将式中的系数 335 分别改为 285 和 250。

许用接触应力 $[\sigma_H]$ 按下式计算：

$$[\sigma_H] = \frac{\sigma_{Hlim}}{S_H} \qquad (10\text{-}28)$$

式中 σ_{Hlim}——试验齿轮的接触疲劳极限，单位为 MPa，其值可由图 10-26 所示曲线查出；

S_H——齿面接触疲劳安全系数，其值由表 10-5 中查出。

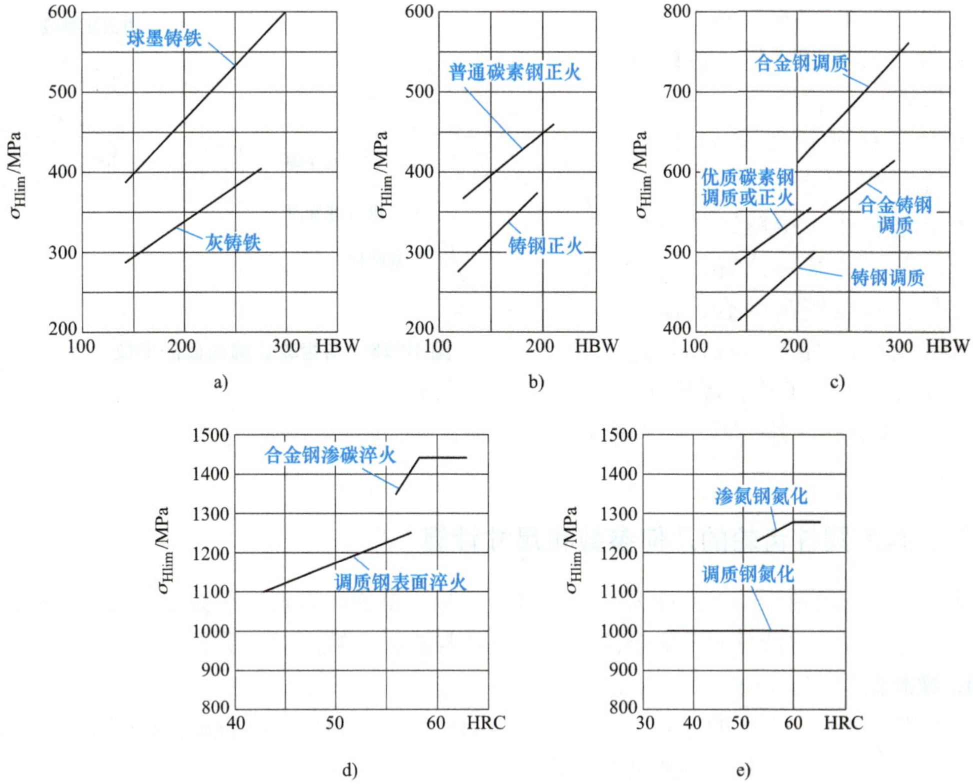

图 10-26　齿轮的接触疲劳极限 σ_{Hlim}

10.8　斜齿圆柱齿轮传动

一、斜齿圆柱齿轮的形成及啮合特性

由前文可知，当发生线在基圆上做纯滚动时，发生线上任意点的轨迹为该圆的渐开线。对于具有一定宽度的直齿圆柱齿轮，其齿廓侧面是发生面 S 在基圆柱上做纯滚动时，平面 S 上任意与基圆柱母线 NN 平行的直线 KK 所形成的渐开线曲面，如图 10-27所示。直齿圆柱齿轮啮合时，其接触线是与轴线平行的直线，因此一对齿廓沿齿宽同时进入啮合或退出啮合，容易引起冲击和噪声，传动平稳性差，不适宜用于高速齿轮传动。

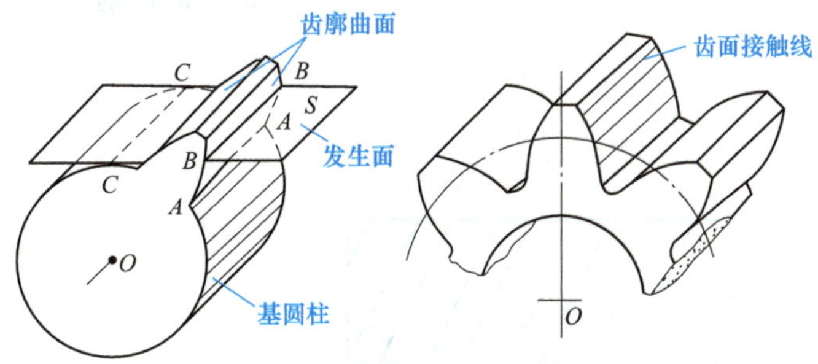

图 10-27　直齿轮齿廓曲面的形成

斜齿圆柱齿轮是发生面在基圆柱上做纯滚动时，平面 S 上直线 KK 不与基圆柱母线 NN 平行，而是与 NN 成一角度 β_b，当 S 平面在基圆柱上做纯滚动时，斜直线 KK 的轨迹形成斜

齿轮的齿廓曲面，KK 与基圆柱母线的夹角 β_b 称为基圆柱上的螺旋角。斜齿圆柱齿轮啮合时，其接触线都是平行于斜直线 KK 的直线，因齿高有一定限制，故在两齿廓啮合过程中，接触线长度由零逐渐增长，从某一位置以后又逐渐缩短，直至脱离啮合，即斜齿轮进入啮合和脱离接触都是逐渐进行的，故传动平稳，噪声小，如图 10-28 所示。此外，由于斜齿轮的轮齿是倾斜的，同时啮合的轮齿对数比直齿轮多，故重合度比直齿轮大。

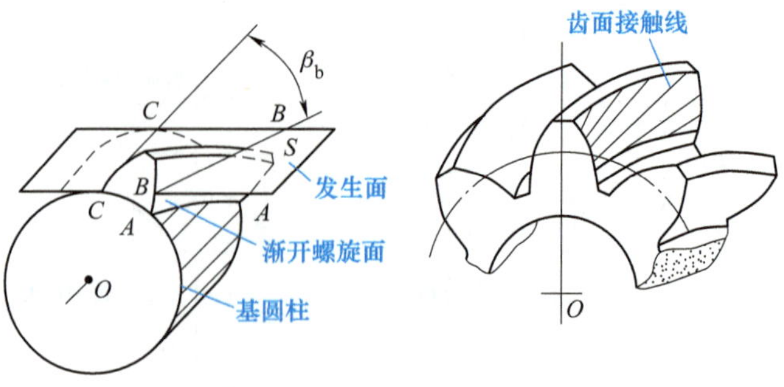

图 10-28 斜齿轮齿廓曲面的形成

二、斜齿圆柱齿轮的几何参数和尺寸计算

垂直于斜齿轮轴线的平面称为端面，与分度圆柱螺旋线垂直的平面称为法面，在进行斜齿圆柱齿轮几何尺寸计算时，应当注意端面参数与法面参数之间的关系。

1. 螺旋角

一般用分度圆柱面上的螺旋角 β 表示斜齿圆柱齿轮轮齿的倾斜程度。即斜齿轮的螺旋角是指分度圆柱上的螺旋角，一般为 8°~20°。

2. 模数和压力角

图 10-29 所示为斜齿圆柱齿轮分度圆柱面的展开图。从图上可知，端面齿距 p_t 与法向齿距 p_n 的关系为

$$p_t = \frac{p_n}{\cos\beta} \tag{10-29}$$

因 $p = \pi m$，故法向模数 m_n 和端面模数 m_t 之间的关系为

$$m_n = m_t \cos\beta \tag{10-30}$$

图 10-30 所示为端面（ABD 平面）压力角和法向（ACE 平面）压力角的关系。

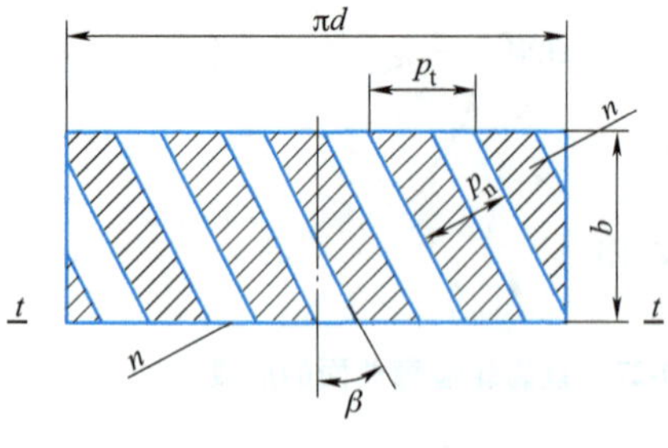

图 10-29 端面与法面齿距

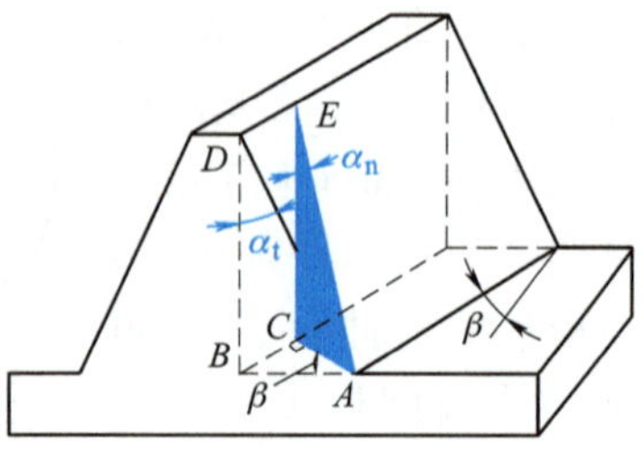

图 10-30 端面压力角和法向压力角

由图可见：$\tan\alpha_t = \dfrac{BD}{AB}$，$\tan\alpha_n = \dfrac{CA}{CE}$，$CA = BA\cos\beta$，得

$$\tan\alpha_n = \tan\alpha_t\cos\beta \tag{10-31}$$

用铣刀或滚刀加工斜齿轮时，刀具沿着螺旋齿槽方向进行切削，切削刃位于法面上，规定斜齿圆柱齿轮的法向模数和法向压力角为标准值。

一对斜齿圆柱齿轮的正确啮合条件是两轮的法向压力角相等，法向模数相等，两轮螺旋角大小相等而方向相反，即 $\beta_1=-\beta_2$。

3. 斜齿圆柱齿轮的几何尺寸计算

由斜齿轮齿廓曲面的形成可知，斜齿轮的端面齿廓曲线为渐开线。从端面看，一对渐开线斜齿轮传动相当于一对渐开线直齿轮传动，故可将直齿轮的几何尺寸计算方式用于斜齿轮的端面。渐开线斜齿圆柱齿轮的几何尺寸按表 10-6 的公式进行计算。

表 10-6　渐开线斜齿圆柱齿轮传动的参数和几何尺寸计算

名称	代号	计　算　公　式
端面模数	m_t	$m_t=\dfrac{m_n}{\cos\beta}$，法向模数 m_n 为标准值
螺旋角	β	$\beta=8°\sim20°$
端面压力角	α_t	$\alpha_t=\arctan\dfrac{\tan\alpha_n}{\cos\beta}$，法向压力角 α_n 为标准值
分度圆直径	d_1，d_2	$d_1=m_tz_1=\dfrac{m_nz_1}{\cos\beta}$，$d_2=m_tz_2=\dfrac{m_nz_2}{\cos\beta}$
齿顶高	h_a	$h_a=m_n$
齿根高	h_f	$h_f=1.25m_n$
齿高	h	$h=h_a+h_f=2.25m_n$
顶隙	c	$c=h_f-h_a=0.25m_n$
齿顶圆直径	d_{a1}，d_{a2}	$d_{a1}=d_1+2h_a$　　$d_{a2}=d_2+2h_a$
齿根圆直径	d_{f1}，d_{f2}	$d_{f1}=d_1-2h_f$　　$d_{f2}=d_2-2h_f$
中心距	a	$a=\dfrac{d_1+d_2}{2}=\dfrac{m_t}{2}(z_1+z_2)=\dfrac{m_n(z_1+z_2)}{2\cos\beta}$

三、斜齿圆柱齿轮的当量齿数

加工斜齿轮时，铣刀是沿着螺旋线方向进给的，故应当按照齿轮的法向齿形来选择铣刀。另外，在计算轮齿的强度时，因为力作用在法向内，所以需要知道法向齿形。通常采用近似方法确定。

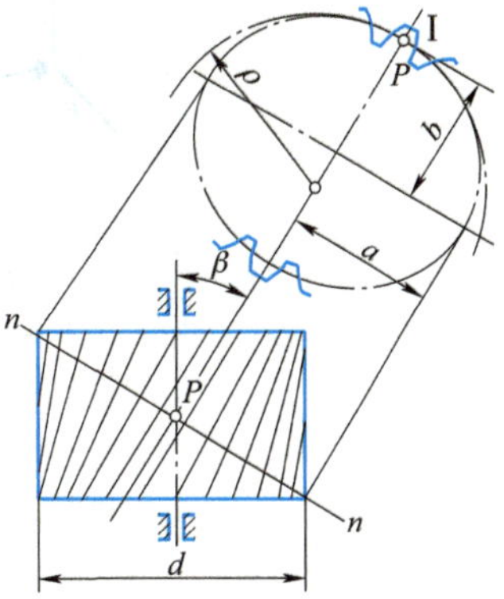

图 10-31　斜齿轮的当量齿轮

如图 10-31 所示，过分度圆柱面上点 P 作轮齿螺旋线的法平面 nn，它与分度圆柱面的交线为一椭圆。其长半轴为 $a=\dfrac{d}{2\cos\beta}$，短半轴为 $b=\dfrac{d}{2}$，椭圆在点 P 的曲率半径为

$\rho=\frac{a^2}{b}=\frac{d}{2\cos^2\beta}$，以 ρ 为分度圆半径，斜齿轮的法向模数 m_n 为模数，法向压力角 $\alpha_n=20°$，作一直齿圆柱齿轮，它与斜齿轮的法向齿形十分接近。这个假想的直齿圆柱齿轮称为斜齿圆柱齿轮的当量齿轮。它的齿数 z_v 称为当量齿数。

$$z_v=\frac{2\rho}{m_n}=\frac{d}{m_n\cos^2\beta}=\frac{m_n z}{m_n\cos^3\beta}=\frac{z}{\cos^3\beta} \tag{10-32}$$

式中　z——斜齿轮的实际齿数。

由式（10-32）可知，斜齿轮的当量齿数总是大于实际齿数，并且往往不是整数。

因斜齿轮的当量齿轮为一直齿圆柱齿轮，其不发生根切的最少齿数 $z_{vmin}=17$，则斜齿圆柱齿轮不发生根切的最少齿数为

$$z_{min}=z_{vmin}\cos^3\beta \tag{10-33}$$

四、斜齿圆柱齿轮的强度设计

1. 轮齿上的作用力

如图 10-32a 所示，作用在斜齿圆柱齿轮轮齿上的法向力 $\boldsymbol{F}_n$ 可以分解为三个互相垂直的分力，即圆周力 $\boldsymbol{F}_t$，径向力 $\boldsymbol{F}_r$ 和轴向力 $\boldsymbol{F}_x$。由图 10-32b 可得三个分力的计算公式为

圆周力
$$F_t=\frac{2T_1}{d_1} \tag{10-34}$$

径向力
$$F_r=\frac{F_t\tan\alpha_n}{\cos\beta} \tag{10-35}$$

轴向力
$$F_x=F_t\tan\beta \tag{10-36}$$

圆周力 $\boldsymbol{F}_t$ 和径向力 $\boldsymbol{F}_r$ 的方向与直齿圆柱齿轮相同；轴向力 $\boldsymbol{F}_x$ 的方向取决于轮齿螺旋线的方向和齿轮的转动方向。确定主动轮的轴向力方向可利用左手或右手定则，例如对于主动右旋齿轮，以右手四指弯曲方向表示它的旋转方向，则大拇指的指向表示它所受轴向力的方向。从动轮上所受各力的方向与主动轮相反，但大小相等。

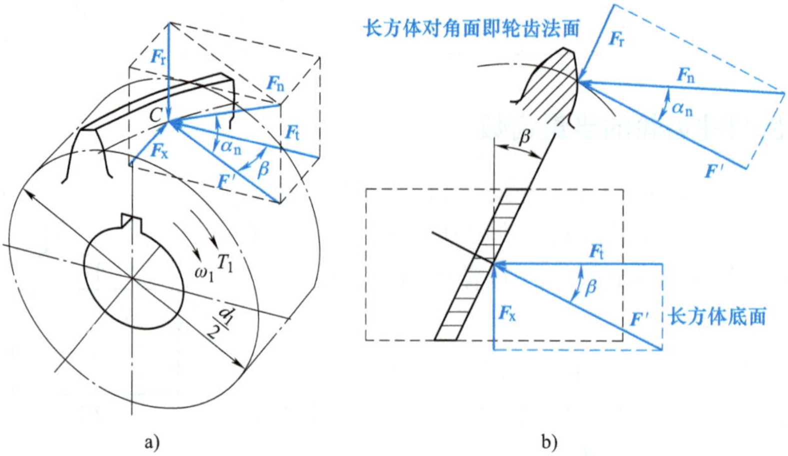

图 10-32　轮齿上的作用力

2. 强度计算

（1）轮齿弯曲强度计算　斜齿圆柱齿轮轮齿的弯曲应力是在轮齿的法向平面内进行分析的，方法与直齿圆柱齿轮中所述的方法相似。

因为斜齿轮啮合时重合度较大，同时啮合的轮齿对数较多，而且轮齿的接触线是倾斜的，有利于降低斜齿轮的弯曲应力，因此斜齿轮轮齿的抗弯能力比直齿轮高。考虑到斜齿轮的上述特点，可得斜齿轮轮齿弯曲强度的校核方式和设计公式：

$$\sigma_F = \frac{1.6KT_1Y_F}{bm_nd_1} = \frac{1.6KT_1Y_F\cos\beta}{bm_n{}^2z_1} \leqslant [\sigma_F] \tag{10-37}$$

$$m_n \geqslant \sqrt[3]{\frac{3.2KT_1Y_F\cos^2\beta}{\psi_a(i\pm1)z_1^2[\sigma_F]}} \tag{10-38}$$

式中　m_n——斜齿轮的法向模数，计算出的数值应按表 10-1 选取标准值；

Y_F——齿形系数，应根据当量齿数 z_v 由图 10-23 查得；

$[\sigma_F]$——齿轮许用弯曲应力，其确定方法与直齿轮相同。

其余各参数的意义和单位同前所述。

（2）齿面接触强度计算　斜齿轮传动除了重合度较大之外，在法向平面上当量齿轮的分度圆半径增大，齿廓的曲率半径增大，而使斜齿轮的齿面接触应力也较直齿轮有所降低。因此，斜齿轮轮齿的抗点蚀能力也较直齿轮高。一对钢制标准斜齿轮传动，其齿面接触强度的校核公式和设计公式为

$$\sigma_H = 305\sqrt{\frac{(i\pm1)^3KT_1}{uba^2}} \leqslant [\sigma_H] \tag{10-39}$$

$$a \geqslant (i\pm1)\sqrt[3]{\left(\frac{305}{[\sigma_H]}\right)^2\frac{KT_1}{\psi_a u}} \tag{10-40}$$

上式中各参数的意义和单位同前所述。

若配对齿轮材料改变时，以上两式中系数 305 应加以修正。若为钢对铸铁应将 305 乘以 $\frac{285}{335}$，若为一对铸铁齿轮应将 305 乘以 $\frac{285}{335}$。

按式（10-40）求出中心距 a 后，根据已选定的 z_1、z_2 和螺旋角 β（或模数 m_n），由下式计算模数 m_n（或螺旋角 β）：

$$m_n = \frac{2a\cos\beta}{z_1+z_2} \tag{10-41}$$

$$\beta = \arccos\frac{m_n(z_1+z_2)}{2a} \tag{10-42}$$

求得的 m_n 应按表 10-1 取为标准值。一般 $\beta = 8°\sim20°$。

10.9　直齿锥齿轮传动

一、直齿锥齿轮传动的特性

锥齿轮用于相交两轴之间的传动，其中应用最广泛的是两轴的交角 $\Sigma=\delta_1+\delta_2=90°$ 的直

齿锥齿轮。与圆柱齿轮不同，锥齿轮的轮齿是沿圆锥面分布的，其轮齿尺寸朝锥顶方向逐渐缩小，锥齿轮的运动关系相当于一对节圆锥做纯滚动。除节圆锥外，锥齿轮还有分度圆锥、齿顶圆锥、齿根圆锥、基圆锥。

图 10-33 所示为一对标准直齿锥齿轮，其节圆锥与分度圆锥重合，δ_1、δ_2 为节锥角，Σ 为两节圆锥几何轴线的夹角，d_1、d_2 为大端节圆直径。当 $\Sigma=\delta_1+\delta_2=90°$ 时，其传动比为

$$i=\frac{n_1}{n_2}=\frac{d_2}{d_1}=\frac{z_2}{z_1}=\frac{\sin\delta_2}{\sin\delta_1}=\tan\delta_2=\cot\delta_1 \tag{10-43}$$

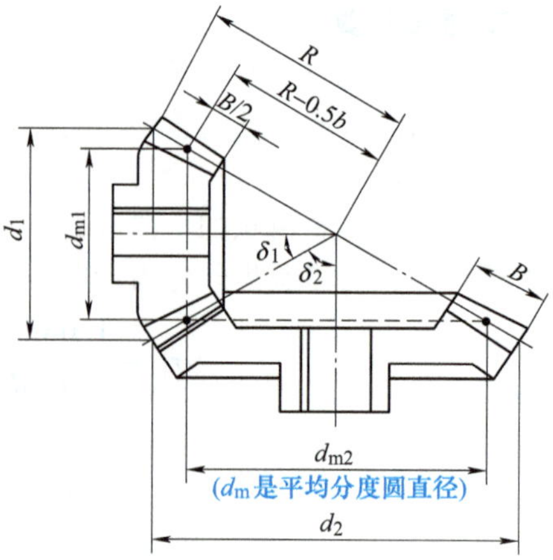

图 10-33　锥齿轮传动

二、直齿锥齿轮的齿廓曲线、背锥和当量齿数

如图 10-34 所示，当发生面 A 沿基圆锥做纯滚动时，平面上一条通过锥顶的直线 OK 将形成一渐开线曲面，此曲面即为直齿锥齿轮的齿廓曲面，直线 OK 上各点的轨迹都是渐开线。渐开线 NK 上各点与锥顶 O 的距离均相等，所以该渐开线必在一个以点 O 为球心，OK 为半径的球面上，因此锥齿轮的齿廓曲线理论上是以锥顶 O 为球心的球面渐开线。但因球面渐开线无法在平面上展开，给设计和制造造成困难，故常用背锥上的齿廓曲线来代替球面渐开线。

图 10-35 所示为一锥齿轮的轴线平面，$\triangle OAB$、$\triangle Obb$、$\triangle Oaa$ 分别表示其分度圆锥、顶圆锥和根圆锥与轴线平面的交线。过点 A 作 OA 的垂线，与锥齿轮的轴线交于点 O'，以 OO' 为轴线，$O'A$ 为母线作圆锥，这个圆锥称为背锥。若将球面渐开线的轮齿向背锥上投射，则点 a 和点 b 的投影为点 a' 和点 b'，由图可见 $a'b'$ 和 ab 相差很小，因此可以用背锥上的齿廓曲线来代替锥齿轮的球面渐开线。

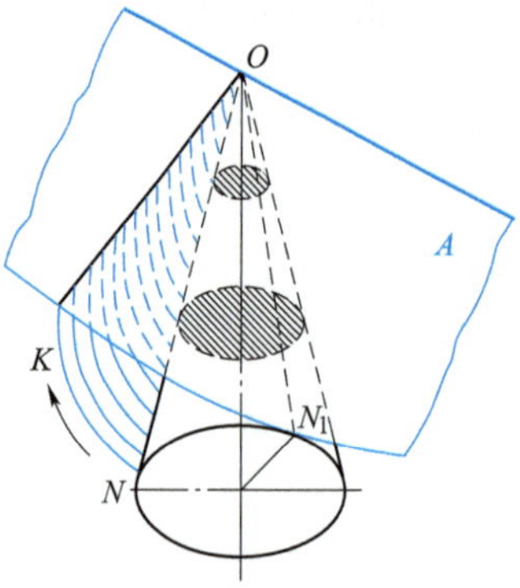

图 10-34　球面渐开线的形成

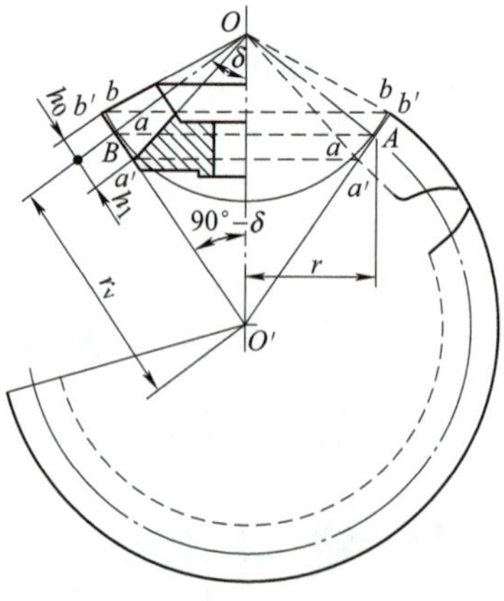

图 10-35　锥齿轮的背锥和当量齿数

因为圆锥面可以展开成平面，所以把背锥表面展开成一扇形平面，扇形的半径 r_v 就是背锥母线的长度，以 r_v 为分度圆半径，大端模数为标准模数，大端压力角为 20°，按照圆柱齿

轮的作图方法画出扇形齿轮的齿形。该齿廓即为锥齿轮大端的近似齿廓，扇形齿轮的齿数为锥齿轮的实际齿数。

将扇形齿轮补足为完整的圆柱齿轮，这个圆柱齿轮称为圆锥齿轮的当量齿轮，当量齿轮的齿数 z_v 称为当量齿数。由图可见：

$$r_v = \frac{r}{\cos\delta} = \frac{mz}{2\cos\delta}$$

而 $r_v = \frac{mz_v}{2}$，故

$$z_v = \frac{z}{\cos\delta} \tag{10-44}$$

因 δ 总是大于 0，故 $z_v > z$，且往往不是整数。

综上所述，一对锥齿轮的啮合相当于一对当量圆柱齿轮的啮合，因此可把圆柱齿轮的啮合原理运用到锥齿轮中。

三、直齿锥齿轮传动的几何尺寸计算

直齿锥齿轮传动的几何尺寸计算是以其大端为标准。当轴交角 $\Sigma = 90°$ 时，标准直齿锥齿轮的几何尺寸计算公式见表 10-7。

表 10-7　标准直齿锥齿轮的几何尺寸计算公式（$\Sigma = 90°$）

名称	符号	计算方式及说明
大端模数	m_e	按 GB/T 12368—1990 取标准值
传动比	i	$i = \frac{z_2}{z_1} = \tan\delta_2 = \cot\delta_1$ 单级 $i<6\sim7$
分度圆锥角	δ_1、δ_2	$\delta_2 = \arctan\frac{z_2}{z_1}$，$\delta_1 = 90° - \delta_2$
分度圆直径	d_1、d_2	$d_1 = m_e z_1$，$d_2 = m_e z_2$
齿顶高	h_a	$h_a = m_e$
齿根高	h_f	$h_f = 1.2m_e$
齿高	h	$h = 2.2m_e$
顶隙	c	$c = 0.2m_e$
齿顶圆直径	d_{a1}，d_{a2}	$d_{a1} = d_1 + 2m_e\cos\delta_1$，$d_{a2} = d_2 + 2m_e\cos\delta_2$
齿根圆直径	d_{f1}，d_{f2}	$d_{f1} = d_1 - 2.4m_e\cos\delta_1$，$d_{f2} = d_2 - 2.4m_e\cos\delta_2$
外锥距	R_e	$R_e = \sqrt{r_1^2 + r_2^2} = \frac{m_e}{2}\sqrt{z_1^2 + z_2^2} = \frac{d_1}{2\sin\delta_1} = \frac{d_2}{2\sin\delta_2}$

（续）

名称	符号	计算方式及说明
齿宽	b	$b \leqslant \frac{R_e}{3}$，$b \leqslant 10m_e$
齿顶角	θ_a	$\theta_a = \arctan \frac{h_f}{R_e}$（不等顶隙齿）
齿根角	θ_f	$\theta_f = \arctan \frac{h_f}{R_e}$
根锥角	δ_{f1}、δ_{f2}	$\delta_{f1} = \delta_1 - \theta_f$，$\delta_{f2} = \delta_2 - \theta_f$
顶锥角	δ_{a1}、δ_{a2}	$\delta_{a1} = \delta_1 + \theta_a$，$\delta_{a2} = \delta_2 + \theta_a$

四、直齿锥齿轮强度计算

1. 直齿锥齿轮轮齿上的作用力

图 10-36 所示为直齿锥齿轮轮齿受力情况。由于锥齿轮的轮齿厚度和高度向锥顶方向逐渐减小，故轮齿各截面上的弯曲强度都不相同。为简化起见，通常假定载荷集中作用在齿宽中部的节点上。法向力 F_n 可分解为三个分力：

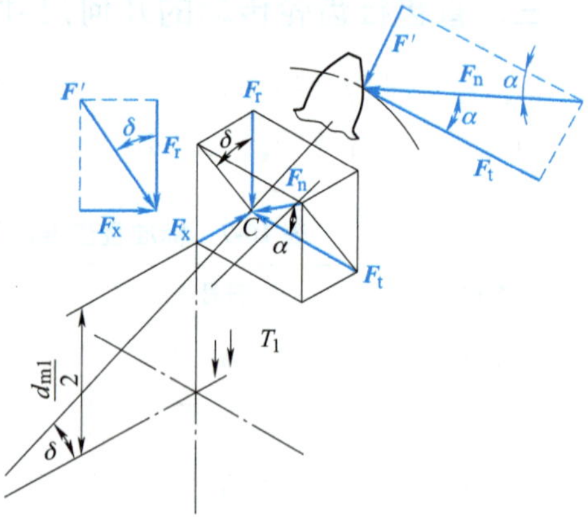

图 10-36　直齿锥齿轮受力分析

圆周力　$$F_t = \frac{2T_1}{d_{m1}} \tag{10-45}$$

径向力　$$F_r = F_t \tan\alpha \cos\delta \tag{10-46}$$

轴向力　$$F_x = F_t \tan\alpha \sin\delta \tag{10-47}$$

式中　d_{m1}——小齿轮齿宽中点的分度圆直径，$d_{m1} = d_1 - b\sin\delta_1$。

圆周力 F_t 和径向力 F_r 的方向判断方法与直齿圆柱齿轮相同。轴向力 F_x 的方向都是沿各自的轴线指向大端。当两轴夹角 $\Sigma = 90°$ 时，因 $\sin\delta_1 = \cos\delta_2$，$\cos\delta_1 = \sin\delta_2$，得

$$F_{r1} = -F_{a2} \tag{10-48}$$

$$F_{a1} = -F_{r2} \tag{10-49}$$

$$F_{t1} = -F_{t2} \tag{10-50}$$

2. 直齿锥齿轮强度计算

直齿锥齿轮传动的强度计算与直齿圆柱齿轮传动基本相同。直齿锥齿轮传动的强度可近似地按齿宽中部处的当量直齿轮的参数与公式进行计算。

（1）齿面接触强度的校核公式和设计公式为

$$\sigma_H = \frac{335}{R_e - 0.5b}\sqrt{\frac{(i^2+1)^3 KT_1}{ub}} \leqslant [\sigma_H] \tag{10-51}$$

$$R_e \geqslant \sqrt{i^2+1}^{\,*}\sqrt{\left(\frac{335}{(1-0.5\psi_R)[\sigma_H]}\right)^2 \frac{KT_1}{\psi_R i}} \tag{10-52}$$

式中　i——齿数比，对于单级直齿锥齿轮传动，可取 $i=1\sim5$；

ψ_R——齿宽系数，$\psi_R=\dfrac{b}{R_e}$，一般取 $\psi_R=0.25\sim0.3$。

其余参数的含义及其单位与直齿圆柱齿轮相同。

式（10-51）和式（10-52）仅适用于一对钢制齿轮，若配对齿轮为钢对铸铁或一对铸铁齿轮，应将公式中的系数 335 分别改为 285 和 250。

由式（10-52）求出锥距 R_e后，再由已选定的齿数 z_1 和 z_2，求出大端端面模数：

$$m_e=\frac{2R_e}{z_1\sqrt{u^2+1}} \tag{10-53}$$

并按国家标准 GB 12368—1990 圆整为标准值。

（2）齿根弯曲强度的校核公式和设计公式为

$$\sigma_F=\frac{2KT_1Y_F}{bm_m^2z_1}\leqslant[\sigma_F] \tag{10-54}$$

$$m_m\geqslant\sqrt[3]{\frac{4KT_1Y_F(1-0.5\psi_R)}{\sqrt{i^2+1}\psi_Rz_1^2[\sigma_F]}} \tag{10-55}$$

式中　m_m——平均模数，$m_m=m_e(1-0.5\psi_R)$；

Y_F——齿形系数，按当量齿数 z_v 由图 10-23 所示曲线查取。

由 m_m 可求出 m_e，并圆整为标准值。

10.10　齿轮的结构

齿轮强度计算和几何尺寸计算，主要是确定齿轮的模数、分度圆直径、齿顶圆直径、齿根圆直径、齿宽等；而轮缘、轮辐和轮毂等结构尺寸和结构形式，需通过结构设计来确定。齿轮的结构有锻造、铸造、装配式及焊接或齿轮等结构形式，具体的结构应根据工艺要求及经验公式确定。

当齿顶圆直径与轴径接近时，应将齿轮与轴做成一体，称为齿轮轴，如图 10-37 所示。

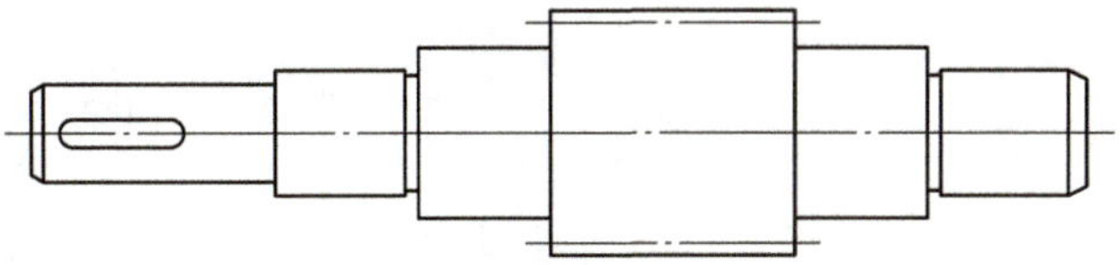

图 10-37　齿轮轴

当齿顶圆直径 $d_a\leqslant500$mm 时，一般选用锻造齿轮（图 10-38）；当 $d_a>500$mm 时，一般选用铸造齿轮（图 10-39）。

对于大型齿轮（$d_a>600$mm），为节省贵重材料，可用优质材料做的齿圈套装于铸钢或铸铁的轮心上，如图 10-40 所示。

对于单件或小批量生产的大型齿轮，可做成焊接式齿轮结构，如图 10-41 所示。

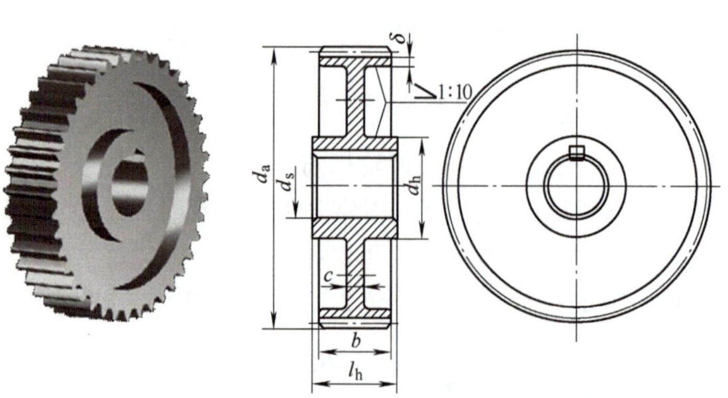

d_h=1.6d_s；l_h=(1.2～1.5)d_s，并使$l_h \geqslant b$，
c=0.3b; δ=(2.5～4)m_n，但不小于8mm

图 10-38　锻造齿轮结构

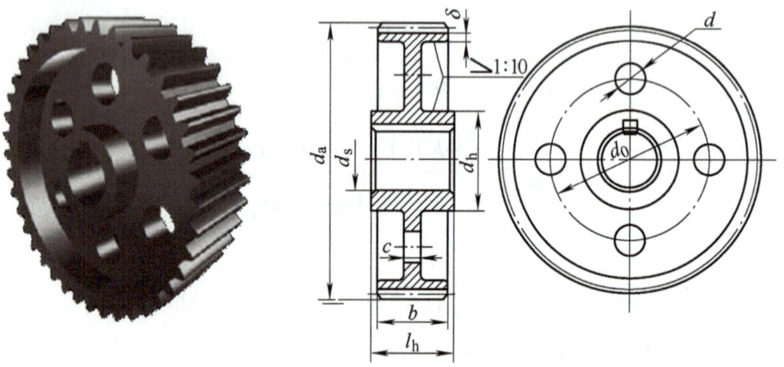

d_h=1.6d_s；l_h=(1.2～1.5)d_s，并使$l_h \geqslant b$，
c=0.3b; δ=(2.5～4)m_n，但不小于8mm；
d_0和d按结构定，当d较小时可不开孔

图 10-39　铸造齿轮结构

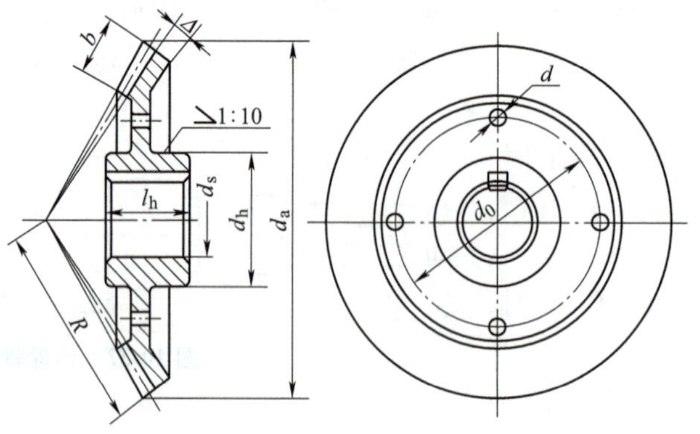

d_h=1.6d_s；l_h=(1.2～1.5)d_s
Δ=(2.5～4)m_e，但不小于10mm；
d_0和d按结构定

图 10-40　装配式齿轮结构

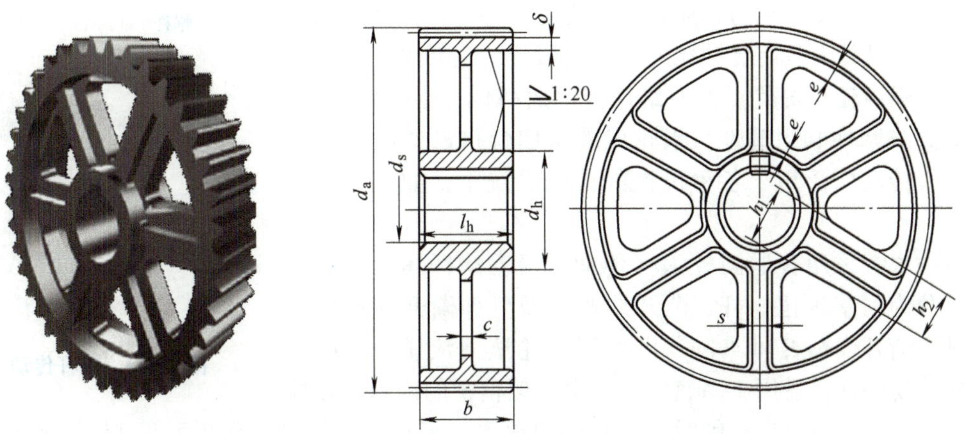

$d_h=1.6d_s$(铸钢、铸铁)；$l_h=(1.2\sim1.5)d_s$，并使$l_h\geqslant b$，
$c=0.2b$，但不小于10mm；$\delta=(2.5\sim4)m_n$，但不小于8mm；
$h_1=0.8d_s$；$h_2=0.8h_1$；$s=1.5h_1$，但不小于10mm；
$e=0.8d_s$

图 10-41　焊接式齿轮结构

10. 11　齿轮传动的润滑

闭式齿轮传动通常采用油润滑，其润滑方式根据齿轮的圆周速度 v 而定，当 $v\leqslant 12\text{m/s}$ 时可用油池润滑（图 10-42a），将大齿轮浸入油池一定深度，齿轮转动时把润滑油带到啮合区。齿轮浸油深度可根据齿轮的圆周速度大小而定，对于圆柱齿轮通常不宜超过一个齿高，但一般不应小于 10mm；对于锥齿轮应浸入全齿宽，至少应浸入齿宽的一半。

多级齿轮传动中，当几个大齿轮直径不相等时，可采用惰轮的油池润滑（图 10-42b）。

当齿轮的圆周速度 $v>12\text{m/s}$ 时，应采用喷油润滑（图 10-42c），用润滑泵以一定的压力通过喷嘴将润滑油喷到齿面上进行润滑。

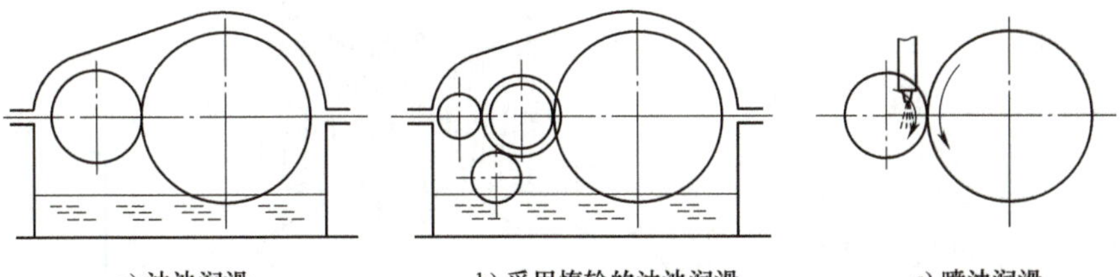

a) 油池润滑　　b) 采用惰轮的油池润滑　　c) 喷油润滑

图 10-42　齿轮润滑形式

半开式及开式齿轮传动或速度较低的闭式齿轮传动，可采用人工定期添加润滑油或润滑脂进行润滑。

10. 12　蜗杆传动概述

蜗杆传动主要由蜗杆和蜗轮组成，如图 10-43 所示，蜗杆传动用于传递空间交错成 90°

的两轴之间的运动和动力，通常蜗杆为主动件。与其他机械传动比较，蜗杆传动具有传动比大、结构紧凑、运转平稳、具有自锁性。噪声较小等优点，但蜗杆传动效率低，磨损较严重。为了提高减摩性和耐磨性，蜗轮齿圈常用价格昂贵的青铜制造。蜗杆传动广泛用于各种机械的传动系统中，如汽车转向器等。

图 10-43 蜗杆传动

机械中常采用普通圆柱蜗杆传动。根据蜗杆螺旋面的形状，可分为阿基米德蜗杆、渐开线蜗杆及延伸渐开线蜗杆三种。其中渐开线蜗杆可车制，也可用齿轮滚刀滚铣，并可磨削，精度易保证，适用于高速、大功率和较精密的传动。延伸渐开线蜗杆的特点是在车削时，刀具法向放置，有利于切削出导程角大于15°的多头蜗杆，蜗杆还可铣制和磨削，常用于机床多头精密蜗杆传动。阿基米德蜗杆可在车床上用直刃车刀车制，加工方便，但在导程角较大（大于15°）时加工困难，且难以磨齿，不便采用硬齿面，通常用于头数较少、载荷小、不太重要的传动场合。由于阿基米德蜗杆容易加工制造，应用广泛，本章主要讲述这种蜗杆传动。根据结构，蜗杆还可以分为以下几类。

按蜗杆形状：
- 圆柱蜗杆传动
- 环面蜗杆传动
- 锥蜗杆传动

按蜗杆螺旋线方向：
- 左旋蜗杆
- 右旋蜗杆

按蜗杆头数：
- 单头蜗杆
- 多头蜗杆

10.13 蜗杆传动的正确啮合条件

通过蜗杆轴线并与蜗轮轴线垂直的平面，称为中间平面，如图10-44所示。在中间平面内阿基米德蜗杆具有渐开线齿条的齿廓，其两侧边的夹角为2α，与蜗杆啮合的蜗轮齿廓可认为是渐开线，所以在中间平面内蜗轮与蜗杆的啮合传动相当于渐开线齿条与齿轮的啮合传动。因此，蜗杆传动的几何尺寸计算与齿条齿轮传动相似。可得蜗杆传动的正确啮合条件为：

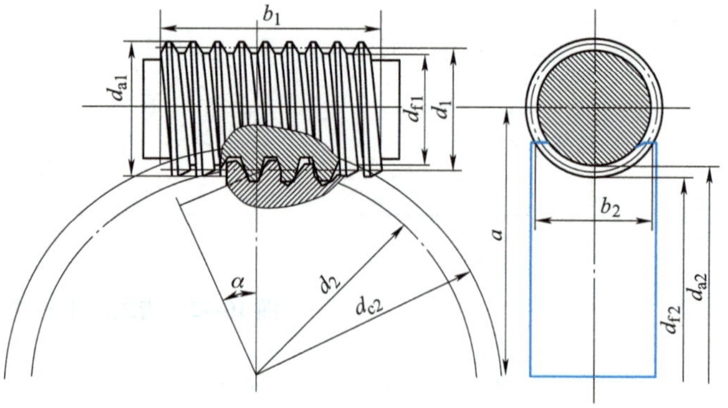

图 10-44 蜗杆传动的中间平面

1）在中间平面内，蜗杆的轴向模数m_{x1}与蜗轮的端面模数m_{t2}必须相等。

2）蜗杆的轴向压力角α_{x1}与蜗轮的端面压力角α_{t2}必须相等。

3）两轴线交错角为 90°时，蜗杆分度圆柱上的导程角 γ 应等于蜗轮分度圆柱上的螺旋角 β，且两者的旋向相同。

10.14　蜗杆传动的主要参数和几何尺寸计算

一、模数 m 压力角 α

为了方便加工，规定蜗杆的轴向模数为标准模数。蜗轮的端面模数等于蜗杆的轴向模数，因此蜗轮端面模数也应为标准模数。蜗杆的标准模数系列见表 10-8。压力角标准值为 20 °。

表 10-8　蜗杆的标准模数系列

模数 m/mm	分度圆直径 d_1/mm	蜗杆头数 z_1	直径系数 q	m^2d_1 /mm^3	模数 m/mm	分度圆直径 d_1/mm	蜗杆头数 z_1	直径系数 q	m^2d_1 /mm^3
1	18	1	18.000	18	6.3	63	1、2、4、6	10.000	2500
1.25	20	1	16.000	31.25	8	80	1、2、4、6	10.000	5120
1.6	20	1、2、4	12.500	51.2	10	90	1、2、4、6	9.000	9000
2	22.4	1、2、4、6	11.200	89.6	12.5	112	1、2、4	8.960	17500
2.5	28	1、2、4、6	11.200	175	16	140	1、2、4	8.750	35840
3.15	35.5	1、2、4、6	11.270	352	20	160	1、2、4	8.000	64000
4	40	1、2、4、6	10.000	640	25	200	1、2、4	8.000	125000
5	50	1、2、4、6	10.000	1250					

注：本表摘选于国家标准 GB/T 10085—2018，本表所得的 d_1 数值为国际规定的优先使用值。

二、蜗杆头数 z_1、蜗轮齿数 z_2 和传动比 i

选择蜗杆头数 z_1 时，主要考虑传动比、效率及加工等因素。通常蜗杆头数 $z_1=1$、2、4。若要得到大的传动比且要求自锁时，可取 $z_1=1$；当传递功率较大时，为提高传动效率，可采用多头蜗杆，通常取 $z_1=2$ 或 4。

蜗轮齿数 $z_2=iz_1$，为了避免蜗轮轮齿发生根切，z_2 应不小于 26，但不宜大于 80。因为 z_2 过大，会使结构尺寸增大，蜗杆长度也随之增加，致使蜗杆刚度降低而影响啮合精度。

对于蜗杆为主动件的蜗杆传动，其传动比为

$$i=\frac{n_1}{n_2}=\frac{z_2}{z_1} \tag{10-56}$$

式中　n_1、n_2——蜗杆和蜗轮的转速，单位为 r/min；

z_1、z_2——蜗杆头数和蜗轮齿数。

三、蜗杆直径系数 q 和导程角 γ

加工蜗轮的滚刀，其参数（m、α、z_1、d_1）必须与相应的蜗杆相同，因此加工不同尺寸的蜗轮，必须采用不同的滚刀。为减少滚刀数量并便于刀具的标准化，制订了蜗杆分度圆直径的标准系列（表10-8）。

如图10-45所示，蜗杆螺旋面和分度圆柱的交线是螺旋线，γ 为蜗杆分度圆柱上的螺旋线导程角，p_x 为轴向齿距，由图可得

$$\tan\gamma=\frac{z_1p_x}{\pi d_1}=\frac{z_1m}{d_1}=\frac{z_1}{q} \quad (10\text{-}57)$$

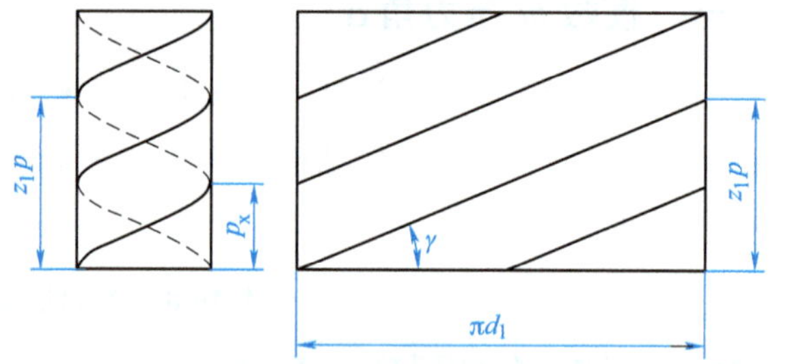

图10-45　蜗杆展开

式中　$q=\dfrac{d_1}{m}$——蜗杆直径系数，表示蜗杆分度圆直径与模数的比。

当 m 一定时，q 增大，则 d_1 变大，蜗杆的刚度和强度相应提高。

又因 $\tan\gamma=\dfrac{z_1}{q}$，当 q 较小时，γ 增大，效率 η 随之提高。在蜗杆轴刚度允许的情况下，应尽可能选用较小的 q 值，q 和 m 的参数配置见表10-8。

四、蜗杆传动的几何尺寸计算

标准圆柱蜗杆传动的几何尺寸计算公式见表10-9。

表10-9　标准圆柱蜗杆传动的几何尺寸计算公式

名称	计算公式	
	蜗杆	蜗轮
分度圆直径	$d_1=mq$	$d_2=mz_2$
齿顶高	$h_a=m$	$h_a=m$
齿根高	$h_f=1.2m$	$h_f=1.2m$
齿顶圆直径	$d_{a1}=m(q+2)$	$d_{a1}=m(z_2+2)$
齿根圆直径	$d_{f1}=m(q-2.4)$	$d_{f2}=m(z_2-2.4)$
顶隙	$c=0.2m$	
中心距	$a=0.5m(q+z_2)$	
蜗杆轴向齿距、蜗轮端面齿距	$p_{x1}=p_{t2}=\pi m$	

五、蜗杆传动的滑动速度

如图10-46所示，蜗杆传动即使在节点 C 处啮合，齿廓之间也有较大的相对滑动。设蜗杆的圆周速度为 v_1，蜗轮的圆周速度为 v_2，v_1 和 v_2 方向成90°夹角，而使齿廓之间产生很大的相对滑动，相对滑动速度 v_s 为

$$v_s = \sqrt{v_1^2 + v_2^2} = \frac{v_1}{\cos\gamma} \tag{10-58}$$

由图可见，相对滑动速度 v_s 沿蜗杆螺旋线方向。齿廓之间的相对滑动引起磨损和发热，导致传动效率降低。

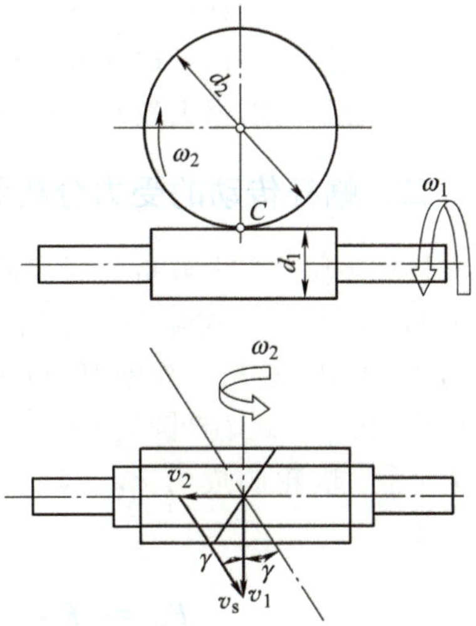

图 10-46　蜗杆传动的滑动速度

六、蜗轮转动方向的判定

1. 判断蜗轮或蜗杆的旋向

右手定则（图 10-47）：手心对着自己，四指顺着蜗杆或蜗轮轴线方向摆正，若齿向与右手拇指指向一致，则该蜗杆或蜗轮为右旋；反之则为左旋。

2. 判断蜗轮的回转方向

左、右手定则（图 10-48）：

左旋蜗杆用左手，右旋蜗杆用右手，用四指弯曲表示蜗杆的回转方向，拇指伸直代表蜗杆轴线，则拇指所指方向的相反方向即为蜗轮上啮合点的线速度方向。

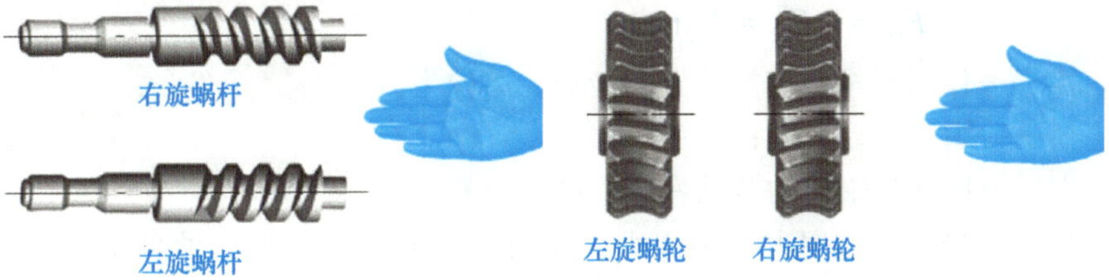

图 10-47　旋向判断——右手定则

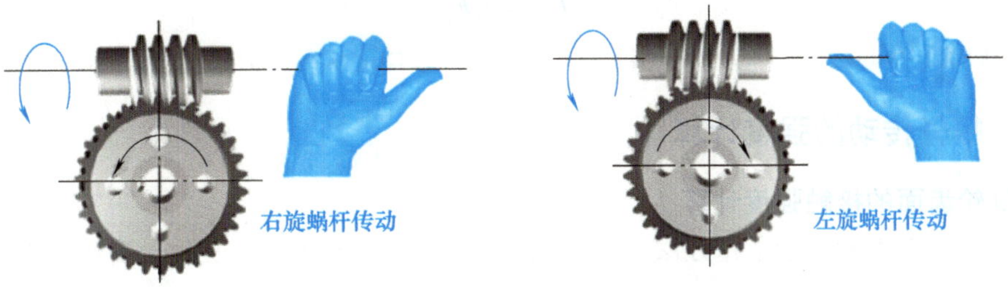

图 10-48　回转方向判断——左、右手定则

10.15　蜗杆传动强度计算

一、蜗杆传动的主要失效形式

由于蜗杆螺旋部分的强度总是高于蜗轮轮齿的强度，故失效常发生在蜗轮齿上，因此轮齿强度计算是针对蜗轮进行的。蜗杆传动的相对滑动速度大，因摩擦引起的发热量大、效率低，故主要失效形式为胶合，其次是点蚀和磨损。目前对于胶合和磨损，还没有完善的计算

方法，只能参照圆柱齿轮进行齿面及齿根强度的计算，在选择许用应力时，适当考虑胶合与磨损失效的影响。由于蜗杆传动轮齿间有较大的滑动，工作时发热大，若闭式蜗杆传动散热不够，可能引起润滑失效而导致齿面胶合，故对闭式蜗杆传动还要进行热平衡计算。

二、蜗杆传动的受力分析和计算载荷

蜗杆传动的受力分析与斜齿圆柱齿轮的受力分析相似。齿面上的法向力 $\boldsymbol{F}_n$ 可分解为三个相互垂直的分力：圆周力 $\boldsymbol{F}_t$，径向力 $\boldsymbol{F}_r$ 和轴向力 $\boldsymbol{F}_x$，如图10-49所示。由于蜗杆轴与蜗轮轴交错成90°角，因此蜗杆圆周力 $\boldsymbol{F}_{t1}$ 等于蜗轮轴向力 $\boldsymbol{F}_{x2}$，蜗杆轴向力 $\boldsymbol{F}_{x1}$ 等于蜗轮圆周力 $\boldsymbol{F}_{t2}$，蜗杆径向力 $\boldsymbol{F}_{r1}$ 等于蜗轮径向力 $\boldsymbol{F}_{r2}$，即

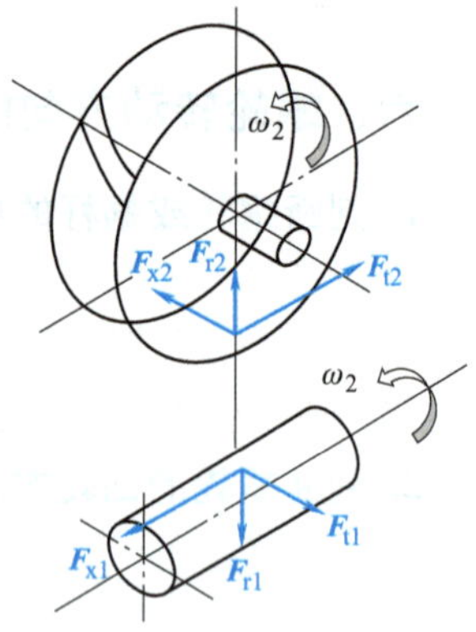

图10-49　蜗杆与蜗轮的作用力

$$
\begin{aligned}
F_{t1} &= -F_{x2} = \frac{2T_1}{d_1}\\
F_{t2} &= -F_{x1} = \frac{2T_2}{d_2}\\
F_{r1} &= -F_{r2} = F_{t2}\tan\alpha
\end{aligned}
\tag{10-59}
$$

式中　T_1、T_2——作用于蜗杆和蜗轮上的转矩，单位为N·m，$T_2=T_1 i\eta$；

η——蜗杆传动效率；

d_1、d_2——蜗杆和蜗轮的节圆直径，单位为m。

蜗杆和蜗轮轮齿上的作用力（圆周力、径向力、轴向力）方向的判定方法，与斜齿圆柱齿轮相同。

与齿轮传动相似，在进行蜗杆传动强度计算时也应考虑载荷系数 K，则计算载荷 F_{nc} 为

$$F_{nc} = KF_n \tag{10-60}$$

一般取 $K=1.1\sim1.3$，当载荷平稳，滑动速度 $v_s \leqslant 3\text{m/s}$ 时取小值，否则取大值。

三、蜗杆传动的强度计算

1. 蜗轮齿面的接触强度计算

蜗轮齿面的接触强度计算方法与斜齿轮相似，青铜或铸铁蜗轮齿面接触强度的校核公式为

$$\sigma_H = 500\sqrt{\frac{KT_2}{m^2 d_1 z_2^2}} \leqslant [\sigma_H] \tag{10-61}$$

设计公式为

$$m^2 d_1 \geqslant \left(\frac{500}{z_2[\sigma_H]}\right)^2 KT_2 \tag{10-62}$$

式中　$[\sigma_H]$、σ_H——蜗轮材料的许用接触应力和齿面接触应力。

$[\sigma_H]$ 值见表10-10和表10-11。

设计和计算时可按 $m^2 d_1$ 值由表10-8确定模数 m 和蜗杆分度圆直径 d_1，最后按表10-9计算出蜗杆和蜗轮的主要几何尺寸及中心距。

表 10-10 锡青铜蜗轮的许用接触应力 $[\sigma_H]$ （单位：MPa）

蜗轮材料	铸造方法	适用的滑动速度 v_s/(m/s)	蜗杆齿面硬度	
			≤350HBW	>45HRC
ZCuSn10P1	砂型	≤12	180	200
	金属型	≤25	200	220
ZCuSn6Zn6Pb3	砂型	≤10	110	125
	金属型	≤12	135	150

表 10-11 铝铁青铜及铸铁蜗轮的许用接触应力 $[\sigma_H]$ （单位：MPa）

蜗轮材料	蜗杆材料	滑动速度 v_s/(m/s)						
		0.5	1	2	3	4	6	8
ZCuAl10Fe3	淬火钢	250	230	210	180	160	120	90
HT150、HT200	渗碳钢	130	115	90	—	—	—	—
HT150	调质钢	110	90	70	—	—	—	—

2. 蜗轮轮齿弯曲强度计算

由蜗轮轮齿接触强度和热平衡计算所限定的承载能力，通常都能满足弯曲强度的要求，因此只有对于受强烈冲击、振动的蜗杆传动，或蜗轮采用脆性材料时，才需要考虑蜗轮轮齿的弯曲强度校核。

10.16 蜗杆传动的材料和结构

一、蜗杆传动的材料

选用蜗杆传动材料时不仅要满足强度要求，更重要的是具有良好的减摩性、耐磨性和抗胶合能力。

蜗杆一般用碳素钢或合金钢制造。对于高速重载的蜗杆，可用 15Cr、20Cr、20CrMnTi 和 20MnVB 等，经渗碳淬火至硬度为 56~63HRC，也可用 40、45、40Cr、40CrNi 等经表面淬火至硬度为 45~50HRC。对于不太重要的传动及低速、中载蜗杆，常用 45、40 钢等经调质或正火处理，硬度为 220~230HBW。

蜗轮常用铸造锡青铜、铸造铝铁青铜或灰铸铁制造。锡青铜用于滑动速度 v_s>3m/s 的重要传动，常用牌号有 ZCuSn10P1 和 ZCuSn6Zn6Pb3；铝铁青铜一般用于 v_s≤6m/s 的传动，常用牌号为 ZCuAl10Fe3；灰铸铁用于滑动速度 v_s≤2m/s 的不重要传动，常用牌号有 HT150 和 HT200 等。近年来，随着塑料工业的发展，也可用尼龙或增强尼龙来制造蜗轮。

二、蜗杆和蜗轮的结构

蜗杆通常与轴做成一体，除螺旋部分的结构尺寸取决于蜗杆的几何尺寸外，其余的结构尺寸可参考轴的结构尺寸而定。图 10-50a 所示为铣制蜗杆结构，在轴上直接铣出螺旋部分，刚性较好。图 10-50b 所示为车制蜗杆结构，刚性稍差。

蜗轮的结构有整体式和组合式两类。图 10-51a 所示为整体式结构，多用于铸铁蜗轮或尺寸很小的青铜蜗轮。为了节省有色金属材料，对于尺寸较大的青铜蜗轮一般制成组合式结构，为防止齿圈和轮心因发热而松动，常在接缝处再拧入 4～6 个螺钉，以增强连接的可靠性（图 10-51b），或采用螺栓连接（图 10-51c），也可在铸铁轮芯浇注青铜齿圈（图 10-51d）。

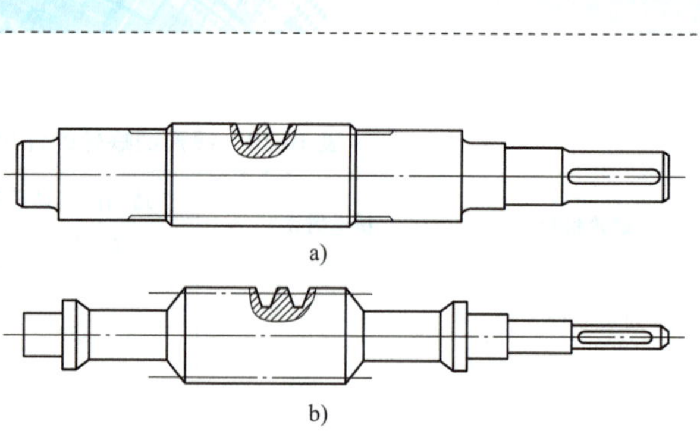

图 10-50　蜗杆的结构形式

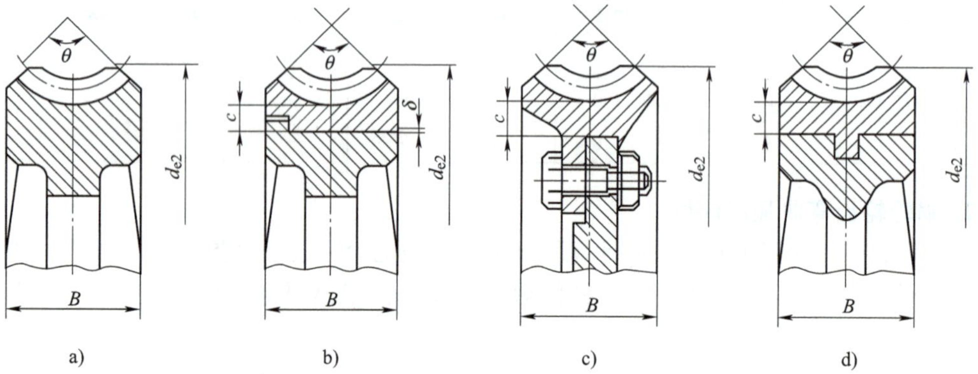

图 10-51　蜗轮的结构形式

10.17　蜗杆传动的效率、润滑和散热

一、蜗杆传动的效率

闭式蜗杆传动的功率损耗包括三部分：啮合摩擦损耗、轴承摩擦损耗和箱体内润滑油被搅动的油阻损耗。因此闭式蜗杆传动的总效率为

$$\eta = \eta_1 \eta_2 \eta_3 \tag{10-63}$$

式中，η_1 为考虑轮齿啮合损耗的效率；η_2 为考虑轴承摩擦损耗的效率；η_3 为考虑搅油损耗的效率。最主要的是轮齿啮合效率 η_1，当蜗杆主动时，η_1 可近似按螺旋副的效率计算，即

$$\eta_1 = \frac{\tan\gamma}{\tan(\gamma + \rho_v)} \tag{10-64}$$

式中　ρ_v——当量摩擦角，$\rho_v = \arctan f_v$（f_v为当量摩擦系数）。

由式（10-64）可知，η_1 随 ρ_v 的减小而增大，而 ρ_v 与蜗杆蜗轮的材料、表面质量、润滑油的种类、啮合角以及齿面相对滑动速度 v_s有关，并随 v_s的增大而减小。在一定范围内轮齿啮合的效率 η_1 随蜗杆导程角的 γ 增大而增大，故动力传动常用多头蜗杆以增大 γ，但 γ 过大时，蜗杆制造困难，效率提高很少，故通常取 $\gamma<30°$。

二、蜗杆传动的润滑

由于蜗杆传动的相对滑动速度 v_s 大，效率低，发热量大，因此必须注意蜗杆传动的润滑；润滑不好会导致效率显著降低，并会带来剧烈的磨损，甚至产生胶合。蜗杆传动润滑油黏度和润滑方法见表 10-12。

表 10-12　蜗杆传动润滑油黏度和润滑方法

滑动速度 v_s/(m/s)	<1	<2.5	<5	5~10	10~15	15~25	>25
工作条件	重载	重载	中载	—	—	—	—
运动黏度 $v_{40℃}$/(mm²/s)	900	500	350	220	150	100	80
润滑方式	油池润滑			油池润滑或喷油润滑	用压力喷油润滑		
					0.7	0.2	0.3

三、蜗杆传动的热平衡计算

由于蜗杆传动的效率较低，工作时将产生大量的热。在闭式传动中若散热不良，会引起温升过高而降低油的黏度，使润滑不良，导致蜗轮齿面磨损和胶合。因此，对连续工作的闭式蜗杆传动要进行热平衡计算。

在闭式传动中，热量由箱体散出，要求箱体内的油温 t 和周围空气温度 t_0 之差 Δt 不超过允许值，即

$$\Delta t = t - t_0 = \frac{1000P_1(1-\eta)}{\alpha_s A} \leqslant [\Delta t] \tag{10-65}$$

式中　P_1——蜗杆传递功率，单位为 kW；

η——传动效率；

α_s——散热系数，通常取 $\alpha_s = 10 \sim 17\mathrm{W/(m^2 \cdot ℃)}$；

A——散热面积，单位为 $\mathrm{m^2}$；

$[\Delta t]$——温差允许值，一般为 60~70℃。

若计算的温差超过允许值，可采取以下措施来改善散热条件。

1）在箱体上加散热片以增大散热面积。

2）在蜗杆轴上装风扇进行吹风冷却，图 10-52a 所示。

3）在箱体油池内装设蛇形水管，用循环水冷却，图 10-52b 所示。

4）用循环油冷却，如图 10-52c 所示。

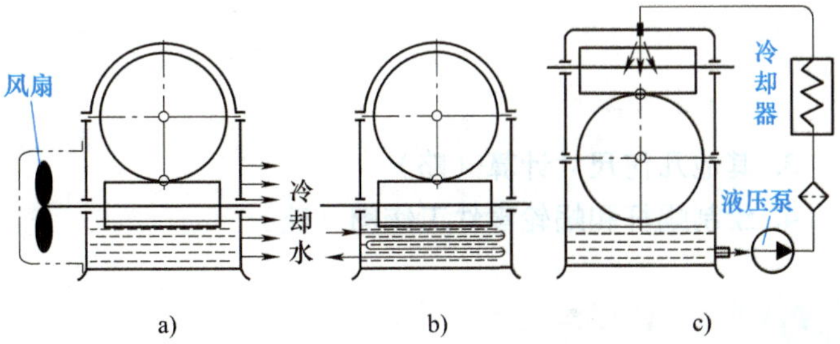

图 10-52　蜗杆传动的散热

例 10-1　已知一传递动力的蜗杆传动，蜗杆为主动件，它所传递的功率 $P = 3\mathrm{kW}$，转速 $n_1 = 960\mathrm{r/min}$，$n_2 = 70\mathrm{r/min}$，载荷平稳，试设计此蜗杆传动。

解　由于蜗杆传动的强度计算是针对蜗轮进行的，而且对载荷平稳的传动，蜗轮齿面接触强度和热平衡计算所限定的承载能力，通常都能满足弯曲强度的要求，因此本题只需进行接触强度和热平衡计算。

1. 蜗轮齿面接触强度计算

（1）选材料，确定许用接触应力 $[\sigma_H]$　蜗杆选用45钢，表面淬火硬度为45～50HRC；蜗轮用ZCuSn10P1（10-1锡青铜）砂型铸造。由表10-10查得 $[\sigma_H]=200\text{MPa}$。

（2）选蜗杆头数 z_1，确定蜗轮齿数 z_2　传动比 $i=n_1/n_2=960/70=13.71$，因传动比不算大，为了提高传动效率，可选 $z_1=2$，则 $z_2=iz_1=13.71\times2=27.42$，取 $z_2=27$。

（3）确定作用在蜗轮上的转矩 T_2　因 $z_1=2$，初步选取 $\eta=0.8$，则

$$T_2=9.55\times10^6\times\frac{P_2}{n_2}=9.55\times10^6\times\frac{P_1\eta}{n_2}=9.55\times10^6\times\frac{3\times0.8}{70}\text{N}\cdot\text{mm}$$
$$=327428.57\text{N}\cdot\text{mm}$$

（4）确定载荷系数 K　因载荷平稳，速度较低，取 $K=1.1$，由式（10-62）得

$$m^2d_1\geqslant\left(\frac{500}{z_2[\sigma_H]}\right)^2KT_2=\left(\frac{500}{27\times200}\right)^2\times1.1\times327428.57\text{mm}^3\geqslant3115.12\text{mm}^3$$

由表10-8，取 $m=8$，$d_1=80\text{mm}$。

（5）计算主要几何尺寸

蜗杆分度圆直径　$d_1=80\text{mm}$

蜗轮分度圆直径　$d_2=mz_2=8\times27\text{mm}=216\text{mm}$

中心距　$a=\frac{1}{2}(d_1+d_2)=0.5\times(80+216)\text{mm}=148\text{mm}$

2. 热平衡计算

由式（10-65）得

$$\Delta t=t-t_0=\frac{1000P_1(1-\eta)}{A\alpha_s}$$

取 $\alpha_s=15\text{W}/(\text{m}^2\cdot℃)$；取散热面积 $A\approx1.1\text{m}^2$；效率 $\eta=0.8$，得到

$$[\Delta t]=t-t_0=\frac{1000\times3\times(1-0.8)}{1.1\times15}℃=36.36℃<[\Delta t]=60\sim70℃$$

故满足热平衡要求。

3. 其他几何尺寸计算（略）

4. 绘制蜗杆和蜗轮零件工作图（略）

10.18　轮系概述

齿轮机构是应用最广的传动机构之一。如果用普通的一对齿轮传动实现大传动比传动，不仅机构外廓尺寸庞大，而且大、小齿轮直径相差悬殊，使小齿轮易磨损，大齿轮的工作能力不能充分发挥。为了在一台机器上获得很大的传动比或是不同转速，常常采用一系列的齿轮组成传动机构。这种由一系列齿轮组成的传动系统称为轮系。采用轮系，可避免上述缺点，而且使结构较为紧凑。

一、轮系的分类

一般轮系可分为定轴轮系、周转轮系和混合轮系。

1. 定轴轮系

定轴轮系是指轮系中所有齿轮的几何轴线都是固定的，如图 10-53 所示。

2. 周转轮系

周转轮系又称为行星轮系，是指轮系中，至少有一个齿轮的几何轴线是绕另一个齿轮几何轴线转动的。在图 10-54 所示轮系中，齿轮 2 的轴线 O_2 是绕齿轮 1 的固定轴线 O_1 转动的。轴线不动的齿轮称为中心轮，如图中齿轮 1 和 3；轴线转动的齿轮称为行星轮，如图中齿轮 2；作为行星轮轴线的构件称为系杆，如图中的转柄 H。通过在整个轮系上加上一个与系杆旋转方向相反的大小相同的角速度，可以把周转轮系转化成定轴轮系。

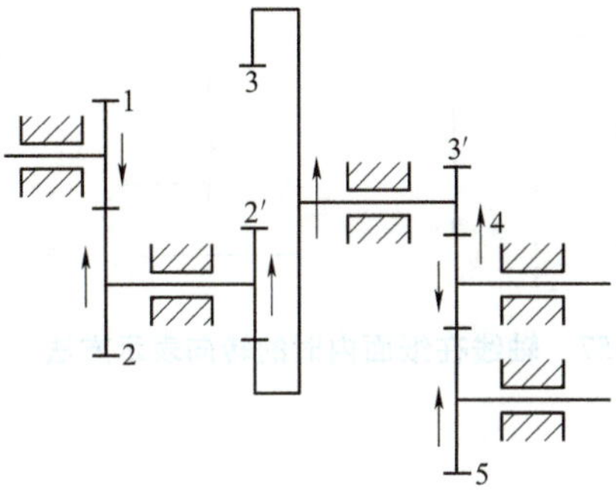

图 10-53　定轴轮系

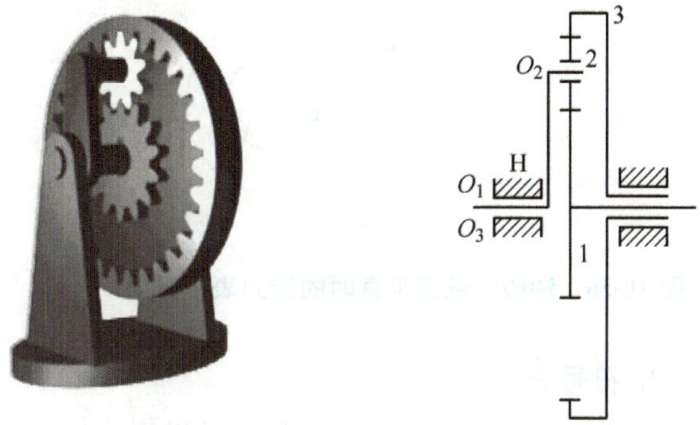

图 10-54　周转轮系

3. 混合轮系

混合轮系是由几个基本周转轮系或由定轴轮系和周转轮系组成。图 10-55 所示的混合轮系包括周转轮系（由齿轮 2′、3 和转臂 H 组成）和定轴轮系（由锥齿轮 1、2 组成）。

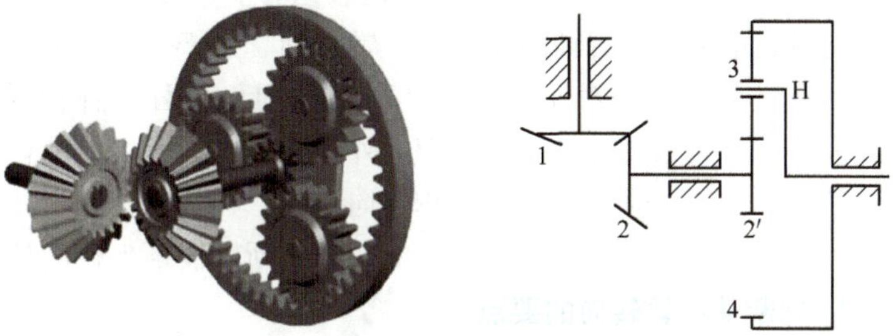

图 10-55　混合轮系

二、传动比

传动比是指两轴的转速比。由于转速 $n=2\pi\omega$，因此传动比又可以表示为两轴的角速度之比。通常传动比用 i 表示，对轴 a 和轴 b 的传动比可表示为

$$i_{ab}=\frac{n_a}{n_b}=\frac{\omega_a}{\omega_b} \tag{10-66}$$

一对相互啮合的齿轮，在同一时间内转过的齿数是相同的，因此有

$$n_a z_a = n_b z_b \tag{10-67}$$

式中　n_a、n_b——两齿轮的转速；

z_a、z_b——两齿轮的齿数。

因此，一对相互啮合的齿轮的传动比又可以用下式表示：

$$i_{ab}=\frac{n_a}{n_b}=\frac{z_b}{z_a} \tag{10-68}$$

三、从动轮转动方向

1. 箭头表示

轴或齿轮的转向一般用箭头表示。如图 10-56 所示，当轴线垂直于纸面时，用图 10-56a 所示箭头表示背离纸面，用图 10-56b 所示箭头表示指向纸面。当轴线在纸面内，则用箭头表示轴或齿轮的转动方向，如图 10-57 所示。

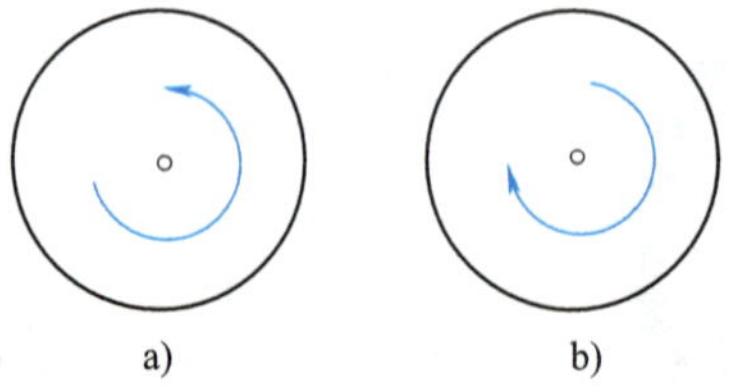

图 10-56　轴线与纸面垂直时的转向表示方法

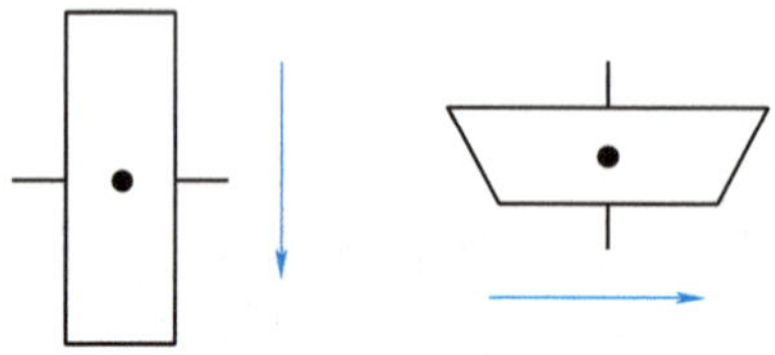

图 10-57　轴线在纸面内时的转向表示方法

2. 符号表示

当两轴或齿轮的轴线平行时，可以用正号“+”或负号“–”表示两轴或齿轮的转向相同或相反，并直接标注在传动比的公式中。例如 $i_{ab}=10$，表示轴 a 和 b 的转向相同，转速比为 10。又如 $i_{ab}=-5$，表示轴 a 和 b 的转向相反，转速比为 5。

符号表示法在平行轴的轮系中经常用到。由于一对内啮合齿轮的转向相同，因此它们的传动比取“+”。而一对外啮合齿轮的转向相反，因此它们的传动比取“–”。由此可见，两轴或齿轮的转向相同与否，由它们的外啮合次数而定。外啮合为奇数时，主、从动轮转向相反；外啮合为偶数时，主、从动轮转向相同。

需要注意的是，符号表示法不能用于判断轴线不平行的从动轮的转向传动比计算。

3. 判断从动轮转向的要点

1）内啮合的圆柱齿轮的转向相同。

2）外啮合的圆柱齿轮或锥齿轮的转动方向要么同时指向啮合点，要么同时指离啮合点。图 10-58 所示为圆柱齿轮和锥齿轮转动方向的几种情况。

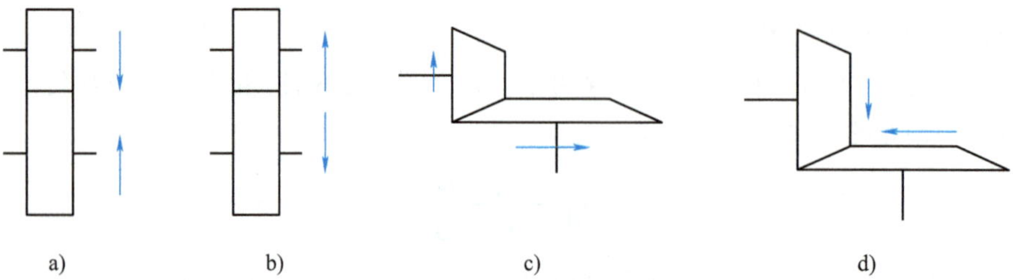

图 10-58　齿轮转动方向的判断

3）蜗杆蜗轮转向的速度矢量之和必定与螺旋线垂直，如图 10-59 所示。

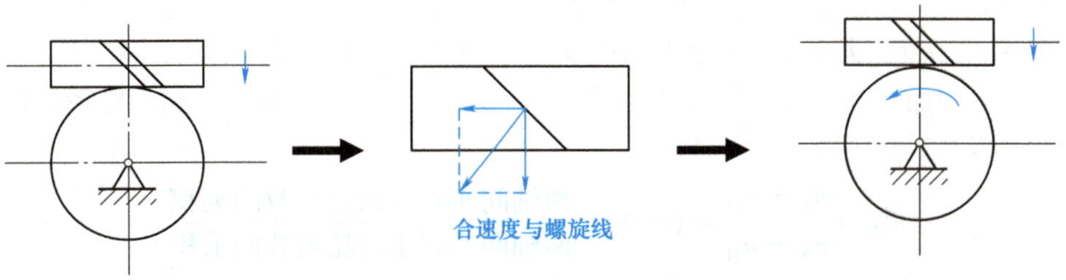

图 10-59　蜗杆-蜗轮转向的判断

10.19　轮系的传动比计算

一、定轴轮系的传动比计算

已知定轴轮系各齿轮的齿数，可利用式（10-66）逐步地计算每对啮合齿轮的传动比，得到所求的两轴间的传动比。以图 10-53 所示的定轴轮系为例，其传动比为

$$i_{1N}=\frac{n_1}{n_N}=(-1)^m\frac{\text{两轴间所有从动轮齿数的乘积}}{\text{两轴间所有主动轮齿数的乘积}} \tag{10-69}$$

例 10-2　已知图 10-53 所示的轮系中各齿轮齿数为 $z_1=22$、$z_2=25$、$z_2'=20$、$z_3=132$、$z_3'=20$、$z_5=28$，$n_1=1450\text{r/min}$，试计算 n_5，并判断其转动方向。

解　因为齿轮 1、2′、3′、4 为主动轮，齿轮 2、3、4、5 为从动轮，共有三次外啮合。代入式（10-69）得

$$i_{15}=(-1)^3\frac{z_2}{z_1}\frac{z_3}{z_2'}\frac{z_4}{z_3'}\frac{z_5}{z_4}=-\frac{25\times132\times28}{22\times20\times20}=-10.5$$

所以　$n_5=\dfrac{n_1}{i_{15}}=\dfrac{1450}{10.5}\text{r/min}=138.1\text{r/min}$

转向与轮 1 相同（图 10-53）。

从上例中可以看出：由于齿轮 4 既是主动轮，又是从动轮，因此在计算中并未用到它的具体齿数值。在轮系中，这种齿轮称为惰轮。惰轮虽然不影响传动比的大小，但若啮合的方式不同，则可以改变齿轮的转向，并会改变齿轮的排列位置和距离。

二、周转轮系的传动比计算

当周转轮系的两个中心轮都能转动，自由度为 2 时称为差动轮系，如图 10-60a 所示。若固定住其中一个中心轮，轮系的自由度为 1 时，则称为行星轮系，如图 10-60b

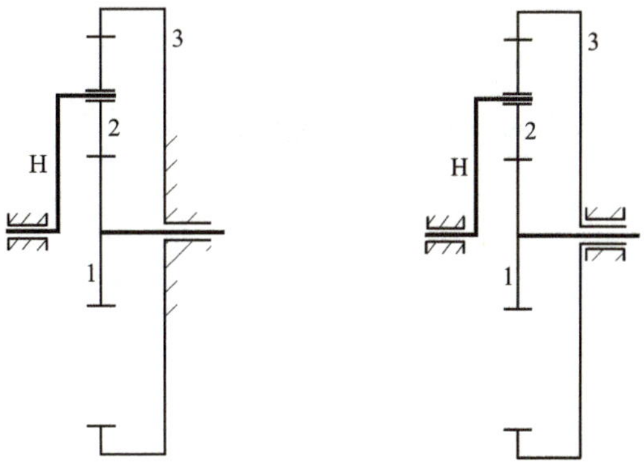

a) 差动轮系　　b) 行星轮系

图 10-60　周转轮系的类型

所示。

由于周转运动是兼有自转和公转的复杂运动，因此需要通过在整个轮系上加上一个与系杆 H 旋转方向相反、大小相同的公共转速 n_H，把周转轮系转化成定轴轮系。对这一转化后的轮系，可以使用定轴轮系的传动比计算公式——式（10-69）。因此，周转轮系的转化轮系的传动比可以写成：

$$i_{1N}^{H}=\frac{n_1-n_H}{n_N-n_H}=(-1)^m\frac{\text{两轴间所有从动轮齿数的乘积}}{\text{两轴间所有主动轮齿数的乘积}} \tag{10-70}$$

式中，$(-1)^m$ 用来判断两轴的转向是否相同，但只适用于平行轮系。

三、混合轮系的传动比计算

在机械设备中，除广泛采用定轴轮系和周转轮系外，还大量应用混合轮系。求解混合轮系的传动比时，首先必须正确地把混合轮系划分为定轴轮系和周转轮系，并分别写出它们的传动比计算公式，然后联立求解。

划分周转轮系的方法是：先找出轴线可动的行星轮，再找出支持该行星轮的转臂，最后确定与行星轮直接啮合的一个或几个中心轮。每一简单的周转轮系中，都应有中心轮、行星轮和转臂，而且中心轮的几何轴线与转臂的轴线是重合的。在找出周转轮系后，剩余的就是一个或多个定轴轮系。

例 10-3　图 10-61 所示为电动卷扬机的传动装置，已知各轮齿数，求 i_{15}。

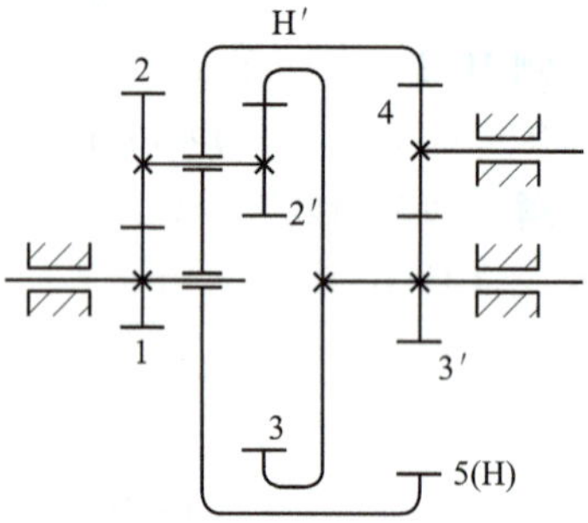

图 10-61　电动卷扬机的传动装置

解　这一混合轮系可划分为由齿轮 1、2、2′、3 和转臂 H 组成的差动轮系，和由齿轮 5、4、3′组成的定轴轮系。此定轴轮系将差动轮系的中心轮 3 和转臂 5（H）联系起来。

齿轮 1、2、2′、3 和 H 组成的差动轮系的传动比为

$$i_{13}^{5}=\frac{n_1-n_5}{n_3-n_5}=-\frac{z_3z_2}{z_2'z_1}$$

齿轮 5、4 和 3′组成的定轴轮系的传动比为

$$\frac{n_3}{n_5}=-\frac{z_5}{z_3'}$$

从上式解出 n_3，代入 i_{13}^{5}，可得

$$i_{15}=\frac{n_1}{n_5}=\left(1+\frac{z_3z_2}{z_2'z_1}+\frac{z_5z_3z_2}{z_3'z_2'z_1}\right)$$

第五部分

PART 5

5

连接与轴系零部件

第 11 章

CHAPTER 11

连　接

知识目标：

1. 了解螺纹连接的类型、预紧和防松方法。
2. 掌握螺栓组连接的结构设计方法。
3. 了解键连接、花键连接、销连接的类型和应用场合。
4. 掌握平键连接的设计方法。
5. 了解其他连接形式的类型和应用场合。

能力目标：

1. 具有螺栓连接预紧和防松技能。
2. 具有键连接的安装与拆卸技能。
3. 具有螺栓组连接的结构设计能力。
4. 具有键的类型及尺寸的选择能力。

融入素养：

小零件、大用途，机器离不开零部件的应用。为人也一样，要阳光自信，天生我才必有用。

11.1 螺纹

一、螺纹的形成原理和类型及主要参数

将一倾斜角为 ϕ 的直线绕在圆柱体上，即可形成一条螺旋线，如图 11-1 所示。如果用一个平面图形（梯形、三角形或矩形）沿着螺旋线运动，并保持此平面图形始终在通过圆柱轴线的平面内，则此平面图形的轮廓在空间的轨迹便形成螺纹，如图 11-2 所示。常用螺纹牙型有矩形、三角形、梯形和锯齿形等。

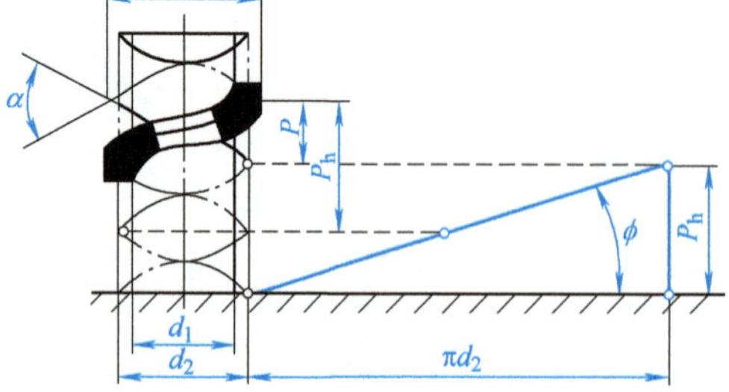

图 11-1　螺旋线

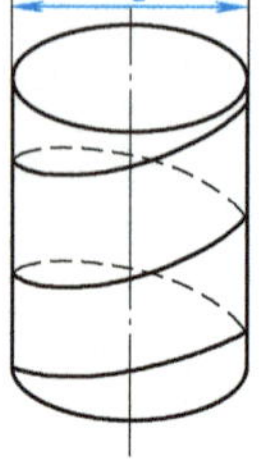

图 11-2　空间螺旋轨迹

根据螺旋线的绕行方向，螺纹分为右旋螺纹和左旋螺纹；根据螺纹线的数目，螺纹又可以分为单线螺纹和双线或以上的多线螺纹，如图 11-3 所示；在圆柱体外表面上形成的螺纹称为外螺纹，在圆柱体孔壁上形成的螺纹称为内螺纹，如图 11-4 所示。

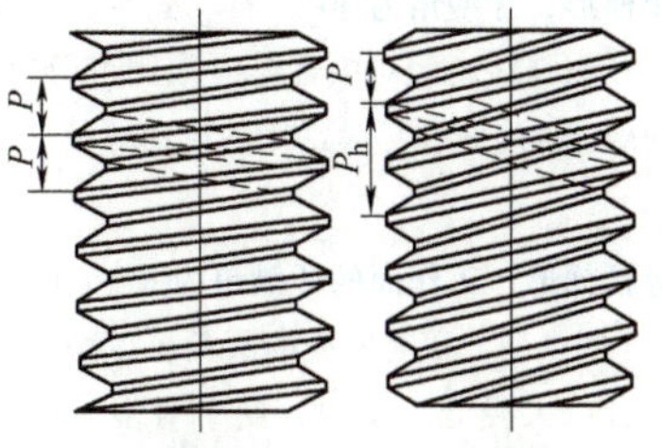

a) 单线螺纹　　b)双线螺纹

图 11-3　螺纹

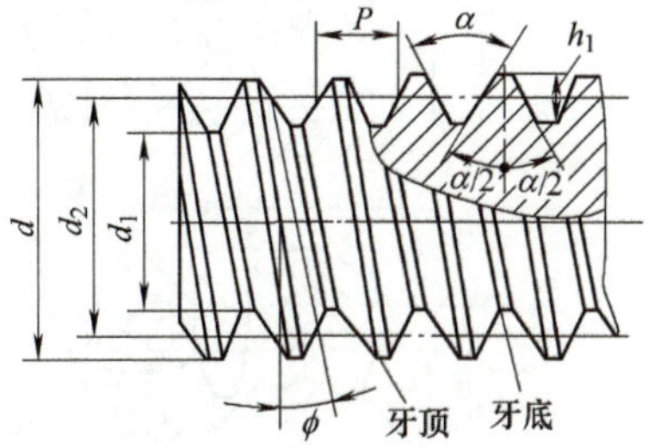

图 11-4　内螺纹

以三角形螺纹为例，普通螺纹有以下主要参数。

1）大径 d：分别表示外、内螺纹的最大直径，作为螺纹的公称直径。

2）小径 d_1：分别表示外、内螺纹的最小直径。

3）中径 d_2：分别表示螺纹牙宽度和牙槽宽度相等处的圆柱直径。

4）螺距 P：表示相邻两螺纹牙同侧齿廓之间的轴向距离。

5）线数 n：表示螺纹的螺旋线数目。

6）导程 P_h：表示在同一条螺旋线上相邻两螺纹牙之间的轴向距离，$P_h=nP$。

7）螺纹升角：圆柱上螺旋线的切线与螺纹轴线的垂直平面间的夹角，如图 11-1 所示，$\phi=\arctan\dfrac{P_h}{\pi d_2}=\arctan\dfrac{nP}{\pi d_2}$。

8）牙型角：在螺纹轴向剖面内螺纹牙型两侧边的夹角。

二、常用螺纹的类型和特点

常用螺纹的类型和特点见表 11-1。

表 11-1　常用螺纹的类型和特点

螺纹类型	牙型	特　点
普通螺纹	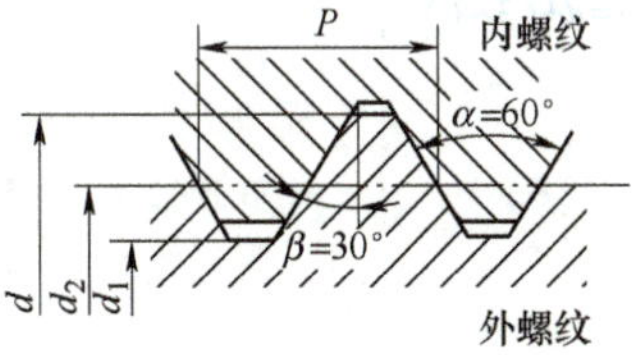	牙型为等边三角形，牙型角为 60°，外螺纹牙根允许有较大的圆角，以减少应力集中。同一公称直径的螺纹，可按螺距大小分为粗牙螺纹和细牙螺纹。一般的静连接常采用粗牙螺纹。细牙螺纹自锁性能好，但不耐磨，常用于薄壁件或者受冲击、振动和变载荷的连接中，也可用于微调机构的调整螺纹
管螺纹	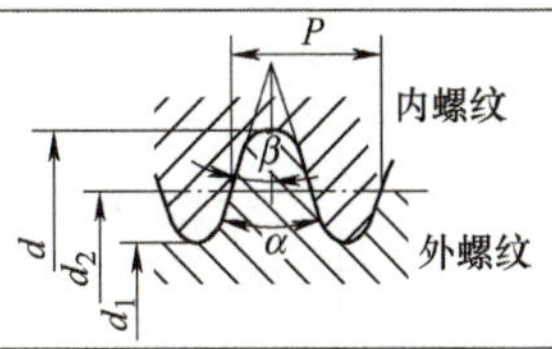	牙型为等腰三角形，牙型角为 55°，牙顶有较大的圆角。管螺纹为寸制细牙螺纹，尺寸代号为管子螺纹大径。适用于管接头、旋塞、阀门用附件
矩形螺纹	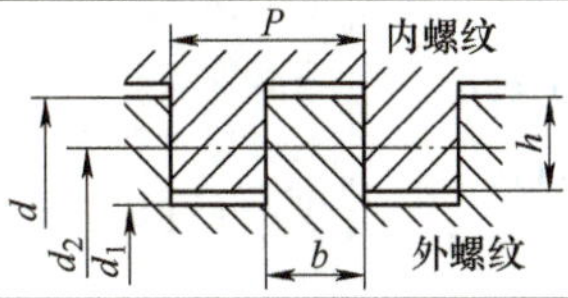	牙型为正方形。传动效率高，但牙根强度低，螺旋副磨损后，间隙难以修复和补偿。矩形螺纹无国家标准，应用较少，目前逐渐被梯形螺纹所代替

（续）

螺纹类型	牙型	特 点
梯形螺纹	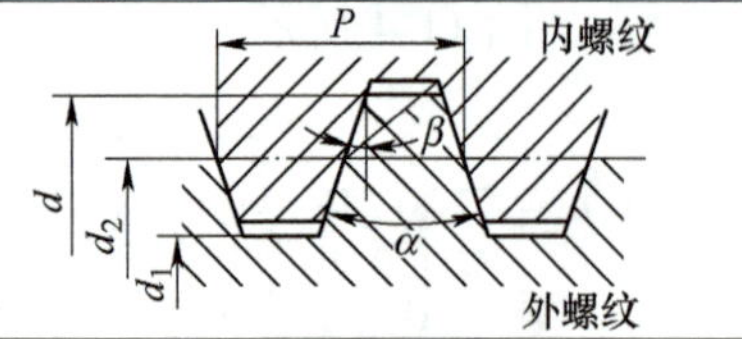 	牙型为等腰梯形，牙型角为30°，传动效率低于矩形螺纹，但工艺性好，牙根强度高，对中性好。采用剖分螺母时，可以补偿磨损间隙。梯形螺纹是最常用的传动螺纹
锯齿形螺纹	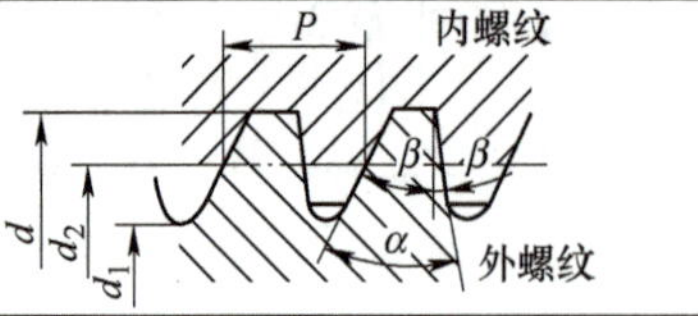 	牙型为不等腰梯形，工作面的牙侧角为3°，非工作面的牙侧角为30°，外螺纹的牙根有较大的圆角，以减少应力集中。内、外螺纹旋合后大径处无间隙，便于对中，传动效率高，而且牙根强度高。适用于承受单向载荷的螺旋传动

注：公称直径相同的普通螺纹有不同大小的距离，其中螺距最大的称为粗牙螺纹，其他的则称为细牙螺纹。普通粗牙螺纹常用尺寸，包括 d、P、d_1、d_2 等可查相关手册（GB/T 196—2003）。

三、螺纹连接的基本类型与标准螺纹连接件

1. 螺纹连接的基本类型

螺纹连接的基本类型、特点与应用，见表11-2。

表11-2 螺纹连接的基本类型、特点与应用

<table>
<tr><th>类型</th><th>结构图</th><th>尺寸关系</th><th>特点与应用</th></tr>
<tr><td>普通螺栓连接</td><td>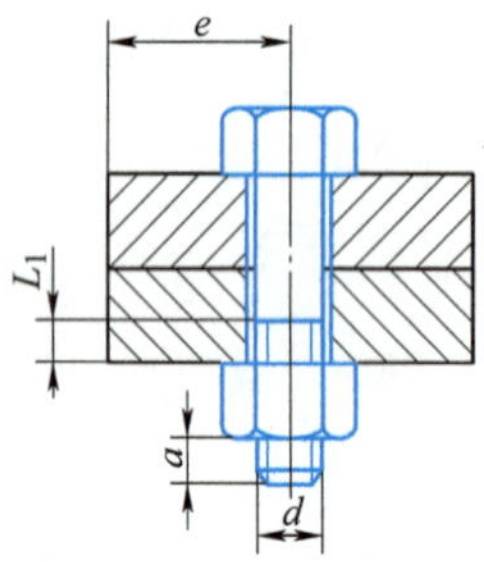
</td><td rowspan="2">普通螺栓的螺纹余量长度 L_1 为
静载荷：$L_1 \geqslant (0.3 \sim 0.5)d$
变载荷：$L_1 \geqslant 0.75d$
铰制孔用螺栓的静载荷：L_1 应尽可能小于螺纹伸出长度 a，即 $a=(0.2 \sim 0.3)d$
螺纹轴线到边缘的距离 $e=d+(3 \sim 6)$
螺栓孔直径 d_0 为
普通螺栓：$d_0=1.1d$
铰制孔用螺栓：d_0 按 d 查有关标准</td><td>结构简单，装拆方便，对通孔加工精度要求低，应用最为广泛</td></tr>
<tr><td>铰制孔用螺栓连接</td><td>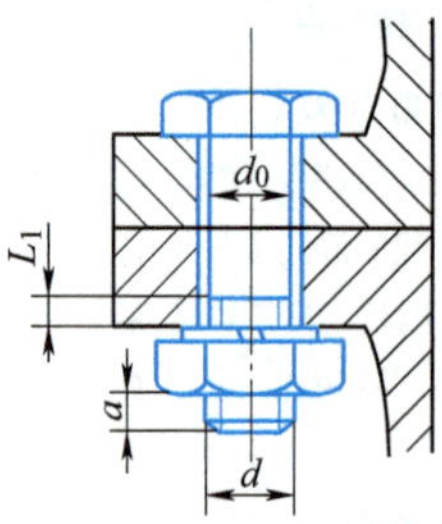
</td><td>孔与螺杆之间没有间隙，采用基孔制过渡配合。用螺杆承受横向载荷或固定被连接件的相对位置</td></tr>
<tr><td>螺钉连接</td><td>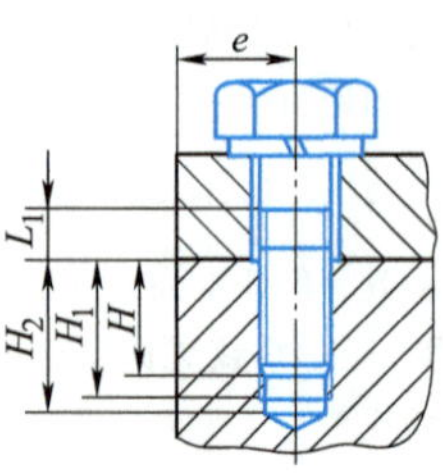
</td><td>螺纹拧入深度 H 为
钢或青铜：$H \approx d$
铸铁：$H=(1.25 \sim 1.5)d$
铝合金：$H=(1.5 \sim 2.5)d$
螺纹孔深度：$H_1=H+(2 \sim 2.5)P$
钻孔深度：$H_2=H_1+(0.5 \sim 1)d$
L_1、a、e 值与普通螺栓连接相同</td><td>不用螺母，直接将螺钉的螺纹部分拧入被连接件之一的螺纹孔中构成连接。其连接结构简单，用于被连接件之一较厚不便加工通孔的场合，但如果经常装拆时，易使螺纹孔产生过度磨损而导致连接失效</td></tr>
</table>

（续）

类型	结构图	尺寸关系	特点与应用
双头螺柱连接	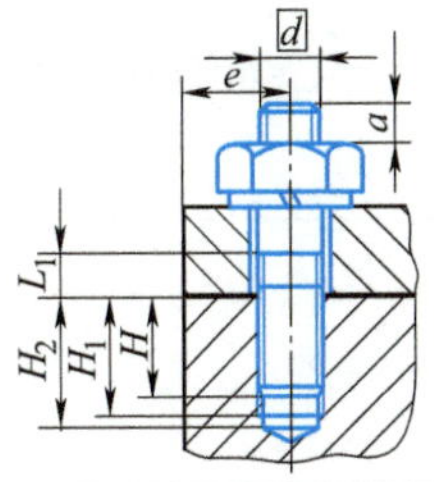	螺纹拧入深度 H 为 钢或青铜：$H \approx d$ 铸铁：$H=(1.25\sim1.5)d$ 铝合金：$H=(1.5\sim2.5)d$ 螺纹孔深度：$H_1=H+(2\sim2.5)P$ 钻孔深度：$H_2=H_1+(0.5\sim1)d$ L_1、a、e 值与普通螺栓连接相同	螺柱的一端旋紧在一被连接件的螺纹孔中；另一端则穿过另一被连接件的孔，通常用于被连接件之一太厚不便穿孔、结构要求紧凑或者经常装拆的场合
紧定螺钉连接	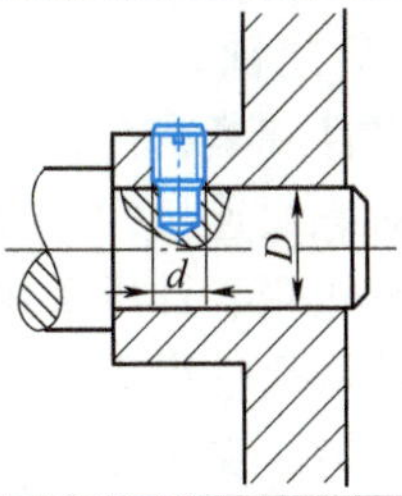	$d=(0.2\sim0.3)D$，当力和转矩较大时取较大值	螺钉的末端顶住另一零件的表面或者旋进该零件的凹坑中，将零件固定；它可以传递不大的载荷

2. 标准螺纹连接件

螺纹连接件的结构形式和尺寸已经标准化，设计时查有关标准选用即可。常用螺纹连接件的类型、结构特点及应用见表 11-3。

表 11-3　常用螺纹连接件的类型、结构特点及应用

类型	图例	结构特点及应用
六角头螺栓	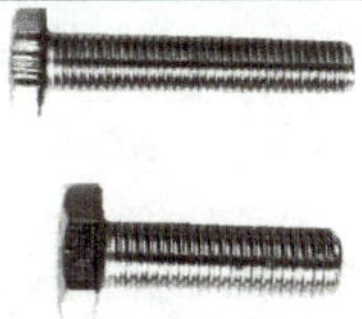	应用最广。螺杆可制成全螺纹或部分螺纹，螺距有粗牙和细牙之分。螺栓头部有六角头和小六角头两种。其中小六角头螺栓材料利用率高、力学性能好，但由于头部尺寸较小，不宜用于装拆频繁、被连接件强度低的场合
双头螺柱		螺柱两端都有螺纹，两端的螺纹可以相同也可以不相同，螺柱可带退刀槽或制成腰杆，也可以制成全螺纹的螺柱。螺柱的一端常用于旋入铸铁或者有色金属的螺纹孔中，旋入后不拆卸，另一端则用于安装螺母以固定其他零件
螺钉	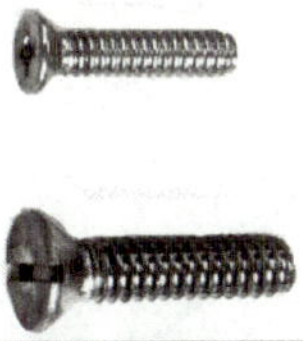	螺钉头部形状有圆头、扁圆头、六角头、圆柱头和沉头等，头部有一字槽、十字槽和内六角孔等形式。十字槽螺钉头部强度高、对中性好，便于自动装配。内六角孔螺钉可承受较大的扳手转矩，连接强度高，可替代六角头螺栓，用于要求结构紧凑的场合
紧定螺钉		紧定螺钉常用的末端形式有锥端、平端和圆柱端。锥端适用于被紧定零件的表面硬度较低或不经常拆卸的场合；平端接触面积大，不会损伤零件表面，常用于顶紧硬度较大的平面或经常装拆的场合；圆柱端压入轴上的凹槽中，适用于紧定空心轴上的零件位置
六角螺母	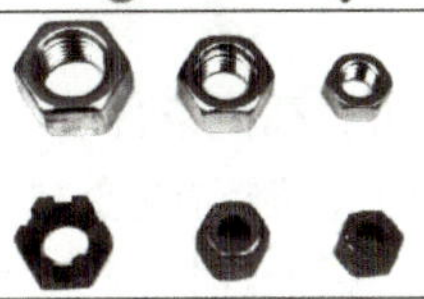	根据螺母厚度不同，可分为标准型和薄型两种。薄螺母常用于受剪螺栓或空间尺寸受限制的场合

（续）

类型	图例	结构特点及应用
垫圈		保护被连接件的表面不被擦伤，增大螺母与被连接件间的接触面积。斜垫圈用于倾斜的支承面

四、螺纹连接的预紧和防松

1. 螺纹连接的预紧

绝大多数螺纹连接在装配时都必须拧紧，使连接件在承受载荷之前，预先受到力的作用，这个预加作用力称为预紧力。预紧的目的在于增强连接的可靠性和紧密性，以防止受载后被连接件间出现缝隙或发生相对滑移。适当选用较大的预紧力对螺纹连接的可靠性以及提高连接件的疲劳强度都是有利的，特别对于气缸盖、管路凸缘、齿轮箱、轴承盖等紧密性要求较高的螺纹连接，预紧更为重要。但过大的预紧力会导致连接结构尺寸增大，也会使连接件在装配或偶然过载时被拉断。因此，为了保证连接所需要的预紧力，又不使螺纹连接件过载，对于重要的螺纹连接在装配时要控制预紧力的大小。

如图 11-5 所示，在拧紧螺母时，扳手需要克服螺纹副相对扭转的阻力矩 T_1 和螺母与支承面之间的摩擦阻力矩 T_2，即拧紧力矩为 $T=T_1+T_2$。

对于 M10～M64 的粗牙普通螺栓，若螺纹连接的预紧力为 F_0，螺栓直径为 d，则拧紧力矩 T 可以按下式计算：

$$T = T_1 + T \approx 20.2F_0 d \tag{11-1}$$

实际工作中为了保证在对螺栓进行预紧时能够控制预紧力的大小，会使用测力矩扳手（图 11-6）或定力矩扳手（图 11-7）等工具进行预紧力的控制。

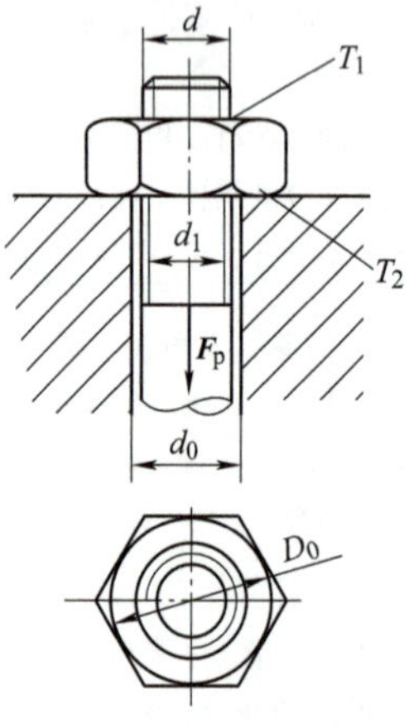

图 11-5　螺母受力分析

图 11-6　测力矩扳手

图 11-7　定力矩扳手

2. 螺纹连接的防松

拧紧以后的螺母、螺柱等支承面上的摩擦力有防松的作用，在静载荷条件下，普通螺栓由于螺纹的自锁性一般可以保证螺栓连接的正常工作。但是在冲击、振动或变载荷作用下，螺纹副间的摩擦力可能减少或瞬时消失，致使螺纹连接产生松动，影响连接的安全性。甚至造成重大事故。因此设计时应该采取一些必要的防松措施。螺纹防松的工作原理为摩擦防松（表 11-4）、机械防松和破坏螺旋副等。

表 11-4 常用螺纹摩擦防松方法

摩擦防松	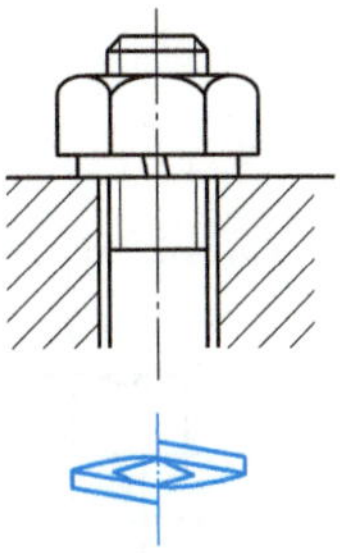 弹簧垫圈	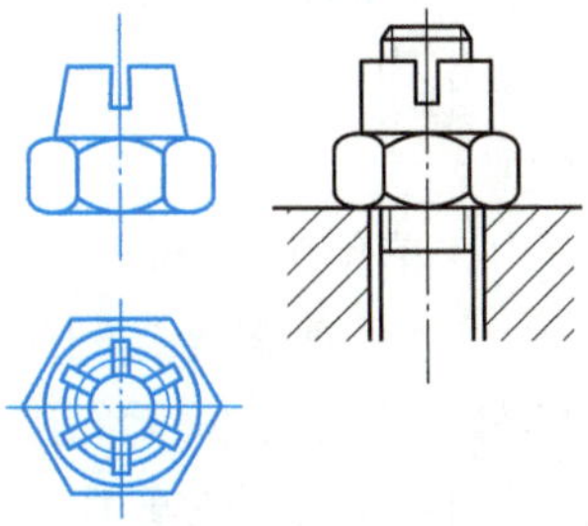 尼龙圈锁紧螺母	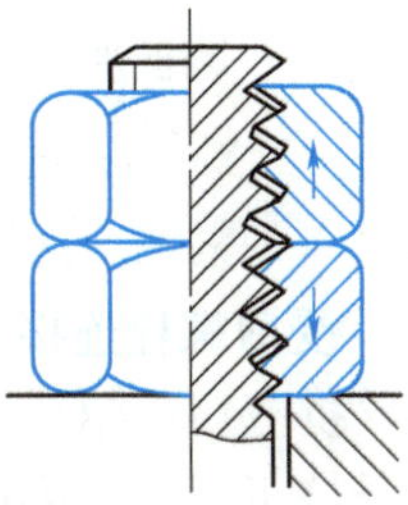 对顶螺母
	弹簧垫圈材料为弹簧钢，装配后垫圈被压平，其反弹力使螺纹间保持压紧力和摩擦力	螺纹旋入处嵌有纤维或尼龙来增加摩擦力，还可以防止液体泄漏	利用两螺母的对顶作用使螺栓始终受到附加拉力和附加摩擦力作用。该结构简单，可用于低速重载场合

11.2 螺栓连接的强度计算

一、螺栓连接的失效形式和设计准则

螺栓连接通常是成组使用的，称为螺栓组。由螺栓组的受力分析可知，螺栓组所受的载荷包括轴向载荷、横向载荷、弯矩和转矩等，每一个螺栓是受轴向力或横向力。受拉螺栓的失效形式主要是螺纹部分的塑性变形和螺杆的疲劳断裂。螺栓经常被装拆时也会因磨损而发生滑扣，其设计准则是保证螺栓的静力（或疲劳）拉伸强度；采用铰制孔用螺栓时的受剪螺栓，螺杆和孔壁的贴合面上可能发生压溃或螺杆被剪断等，其设计准则为保证螺栓和被连接件具有足够的剪切强度和挤压强度。

二、受轴向载荷的螺栓连接

1. 松螺栓连接

松螺栓连接装配时不需要拧紧螺母，在承受工作载荷之前，螺栓不受力。如图 11-8 所示，起重吊钩的螺栓连接就是典型的松螺栓连接。当承受工作载荷 $\boldsymbol{F}$ 时，螺杆受拉，其强度条件为

$$\sigma = \frac{F}{\pi d_1^2/4} \leqslant [\sigma] \tag{11-2}$$

式中 d_1——螺纹小径，单位为 mm；

$[\sigma]$——螺栓的许用拉应力，单位为 N/mm^2。

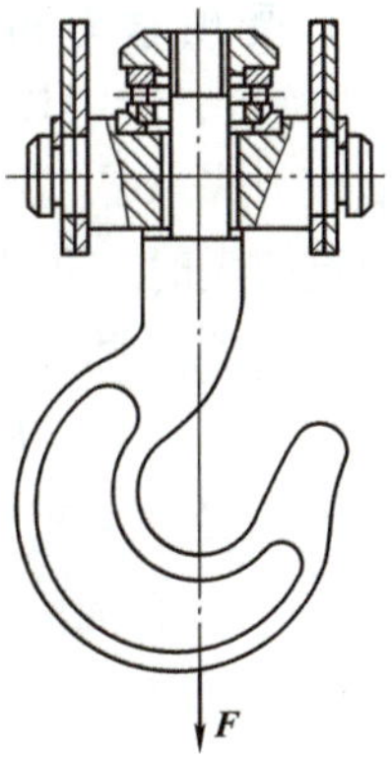

图 11-8 起重吊钩受力图

2. 紧螺栓连接

（1）只受预紧力的紧螺栓连接 如图 11-5 所示，不考虑螺栓所受轴向载荷的作用，螺栓受到预紧力产生的拉应力和螺纹副中摩擦阻力矩 T_1 所产生的

剪切应力，螺栓处于弯扭组合变形状态。为了简化计算，对 M10~M64 的粗牙普通螺栓，只按抗拉强度计算，并将所受拉力增大 30%来考虑剪切应力的影响。即螺栓的强度条件为

$$\sigma=\frac{1.3F_0}{\pi d_1^2/4}\leqslant[\sigma] \tag{11-3}$$

式中　F_0——螺栓所受的预紧力，单位为 N；

d_1——螺纹小径，单位为 mm^2；

$[\sigma]$——紧螺栓连接的许用应力，单位为 N/mm^2。

（2）受剪螺栓连接　如图 11-9 示，受剪螺栓是利用铰制孔用螺栓抗剪切来承受载荷的。螺杆与孔壁之间无间隙，接触表面受挤压。在连接接合面处，螺栓横截面受剪切，螺杆和被连接件孔壁接触表面受挤压，螺栓的剪切强度条件和螺杆与孔壁接触表面的挤压强度条件分别为

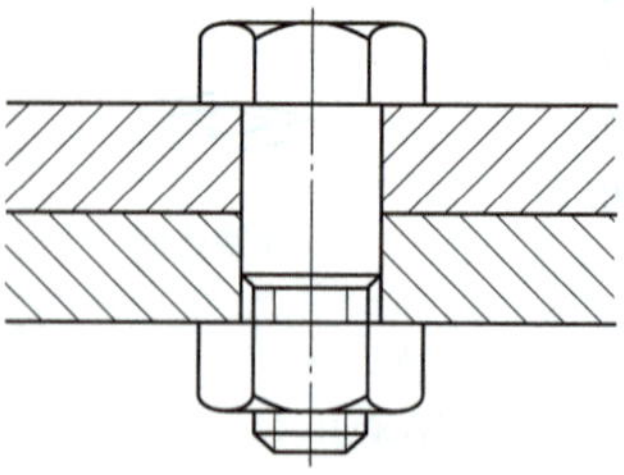
图 11-9　铰制孔用螺栓连接

$$\sigma_p=\frac{F}{zd_0\delta}\leqslant[\sigma_p]\text{（螺杆与孔壁的挤压强度条件）} \tag{11-4}$$

$$\tau=\frac{F}{zm\pi d_0^2/4}\leqslant[\tau]\text{（螺杆的剪切强度条件）} \tag{11-5}$$

式中　F——横向载荷，单位为 N；

z——连接螺栓数目；

m——螺栓受剪面数目；

d_0——螺杆在剪切面处的直径，单位为 mm；

δ——螺杆与孔壁间接触受压的最小轴向长度，单位为 mm；

$[\tau]$——螺栓材料许用剪应力，单位为 N/mm^2；

$[\sigma_p]$——螺杆或者被连接件材料的许用挤压应力，单位为 N/mm^2，计算时取两者中的小值。

（3）受预紧力和横向工作载荷的紧螺栓连接　如图 11-10所示，紧螺栓连接受横向工作载荷，依靠接合面间的摩擦力来承受工作载荷。工作时，只有当接合面间的摩擦力足够大时，才能保证被连接件不会发生相对滑动。因此，螺栓的预紧力 F_0 应为

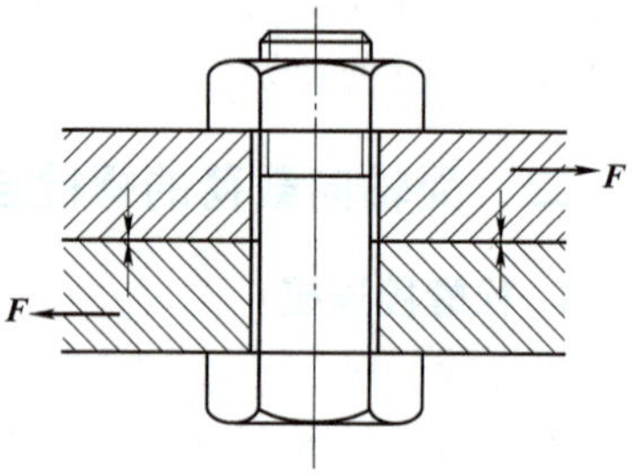

图 11-10　紧螺栓连接

$$F_0=zfm\geqslant K_fF \tag{11-6}$$

式中　z——连接螺栓数目；

f——接合面间的摩擦系数，对于钢和铸铁，$f=0.15\sim0.2$；

m——摩擦接合面数；

F——横向载荷，单位为 N；

K_f——可靠性系数或称防滑系数，通常 $K_f=1.1\sim1.3$。

求出预紧力 F_0 后，再按式（11-3）计算螺栓强度即可。

（4）受预紧力和轴向载荷作用的紧螺栓连接　图 11-11 所示为气缸盖螺栓连接，均布的

螺栓个数为 z，气缸内的气体压强为 p，则每个螺栓的工作载荷为

$$F = p\frac{\pi D^2}{4z} \tag{11-7}$$

图 11-12a 所示为螺栓没有拧紧时的情况，此时螺栓没有受力和变形。图 11-12b 所示为螺栓拧紧后只受预紧力 F_0 作用时的情况，此时螺栓产生拉伸变形量 λ_b，而被连接件则产生压缩变形量 λ_m。图 11-12c 所示为螺栓受工作载荷作用后的情况，此时螺栓继续受拉伸，其拉伸变形量增大 $\Delta\lambda$，即螺栓的总拉伸变形量达到 $\lambda_b+\Delta\lambda$；同时，根据变形协调条件，被连接件因螺栓的伸长而回弹，即被压连接件的压缩变形量减少了 $\Delta\lambda_m$，被连接件的残余压缩变形量为 $\lambda_m-\Delta\lambda_m$，相对应的压力称为残余预紧力 F_{11}。此时，螺栓受工作载荷和残余预紧力的共同作用，所以螺栓的总拉伸载荷为

$$F_2 = F_{11} + F \tag{11-8}$$

为了保证连接的紧密性，防止连接受工作载荷后接合面间出现缝隙，应使 $F_{11}>0$。对于有密封性要求的连接，取 $F_{11}=(1.5\sim1.8)F$。对于一般连接，工作载荷稳定时，取 $F_{11}=(0.2\sim0.6)F$。当工作载荷有变化时，取 $F_{11}=(0.6\sim1.0)F$。

设计时，可先求出工作载荷 F，再根据连接的工作要求确定残余预紧力 F_{11}，然后由上式计算出总拉伸载荷 F_2。同时考虑转矩产生的剪应力的影响，故螺栓的强度条件为

$$\frac{1.3F_2}{\pi d_1^2/4} \leqslant [\sigma] \tag{11-9}$$

式中 F_2——螺栓总拉伸载荷，单位为 N。

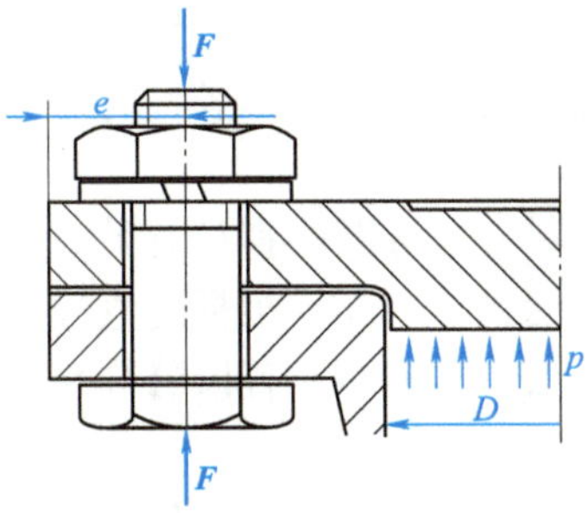

图 11-11 气缸盖螺栓连接

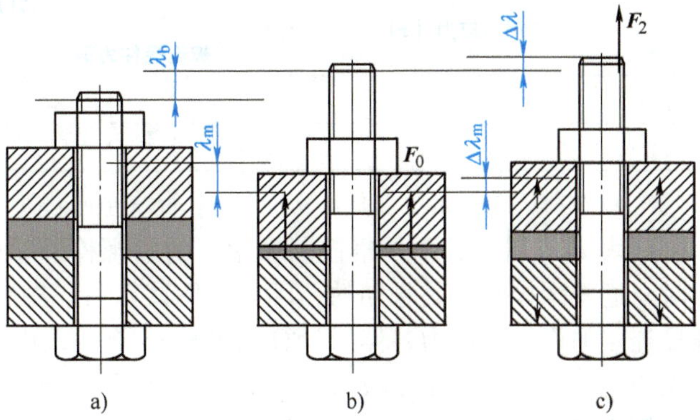

图 11-12 螺栓受力分析

(5) 螺栓的材料和许用应力 螺栓材料一般采用碳素钢；对于承受冲击、振动或变载荷的螺纹连接，可采用合金钢；对于特殊用途（如防锈、导电或耐高温）的螺栓连接，采用特种钢或者铜合金、铝合金等。

国家标准规定螺纹连接件按材料的力学性能分级（表 11-5）。螺母的材料一般与相配合的螺栓相近而硬度略低。

螺栓连接的许用应力与其材料、制造工艺、结构尺寸及载荷性质等因素有关。普通螺栓连接的许用拉应力按表 11-6 选取，许用剪应力和许用挤压应力按表 11-7 选取。

表 11-5　螺栓、螺钉和双头螺柱的性能等级（GB/T 3098.1—2010）

力学性能等级	3.6	4.6	4.8	5.6	5.8	6.8	8.8 ≤M16	8.8 >M16	9.8	10.9	12.9
最小抗拉强度极限 R_{mmin}/(N/mm^2)	330	400	420	500	520	600	800	830	900	1040	1220
下屈服强度极限 R_{eLmin}/(N/mm^2)	190	240	340	300	420	480	640	660	720	940	1100
最低硬度 HBW	90	109	113	134	140	181	232	248	269	312	365

注：1. 8.8 级中"≤M16"和">M16"一栏，对钢结构的螺栓分别改为≤M12 和>M12。

2. 紧定螺钉的性能等级与螺钉不同，此表未列入。

表 11-6　螺栓连接的许用拉应力 $[\sigma]$　（单位：N/mm^2）

松连接，$0.6\sigma_s$		严格控制预紧力的紧连接，$(0.6\sim0.8)\sigma_s$				
		静载荷			变载荷	
		M6~M16	M16~M30	M30~M60	M6~M16	M16~M30
不严格控制预紧力的紧连接载荷性质	碳素钢	$(0.25\sim0.33)\sigma_s$	$(0.33\sim0.50)\sigma_s$	$(0.50\sim0.77)\sigma_s$	$(0.10\sim0.15)\sigma_s$	$0.15\sigma_s$
	合金钢	$(0.20\sim0.25)\sigma_s$	$(0.25\sim0.40)\sigma_s$	$0.4\sigma_s$	$(0.13\sim0.20)\sigma_s$	$0.20\sigma_s$

注：σ_s 为螺栓材料的屈服极限，单位为 N/mm^2。

表 11-7　螺栓连接的许用剪应力 $[\tau]$ 和许用挤压应力 $[\sigma_p]$　（单位：N/mm^2）

	许用剪应力 $[\tau]$	许用挤压应力 $[\sigma_p]$ 被连接件为钢	许用挤压应力 $[\sigma_p]$ 被连接件为铸铁
静载荷	$0.4\sigma_s$	$0.8\sigma_s$	$(0.4\sim0.5)\ \sigma_B$
变载荷	$(0.2\sim0.3)\ \sigma_s$	$(0.5\sim0.6)\ \sigma_s$	$(0.3\sim0.4)\ \sigma_B$

注：σ_s 为钢材的屈服极限，单位为 N/mm^2；σ_B 为铸铁的抗拉强度极限，单位为 N/mm^2。

由表 11-6 可知，不严格控制预紧力的紧螺栓连接的许用拉应力与螺栓直径有关。在设计时，通常螺栓直径是未知的，因此要用试算法：先假定一个公称直径 d，根据此直径查出螺栓连接的许用拉应力，然后计算出螺栓小径 d_1，由 d_1 查取公称直径 d。若该公称直径与原先假定的公称直径相差较大时，应进行重算，直到两者相近。

例 11-1　如图 11-11 所示，一钢制液压缸，已知液体压力 $p=1.6\text{N/mm}^2$，$D=160\text{mm}$，采用八个 4.8 级螺栓，试计算其缸盖连接螺栓的直径和螺栓分布圆直径 D_0。

解　(1) 确定螺栓工作载荷 F

$$F=\frac{p\pi D^2/4}{z}=1.6\times\frac{3.14\times(160)^2}{4\times8}\text{kN}=4.02\text{kN}$$

每个螺栓承受的平均轴向工作载荷 F 为 4.02kN。

(2) 确定螺栓总拉伸载荷 F_2　根据密封性要求，对于压力容器取残余预紧力 $F_{11}=1.8F$，可得

$$F_2=F_{11}+F=2.8F=2.8\times4.02\text{kN}=11.3\text{kN}$$

(3) 求螺栓直径　选取螺栓材料为 45 钢，$\sigma_s=340\text{N/mm}^2$（表 11-6），装配时不严格控

制预紧力，按表 11-7 确定螺栓许用剪应力为

$$[\sigma]=0.3\sigma_s=0.3\times340\text{N/mm}^2=102\text{N/mm}^2$$

由式（11-3）得螺纹小径为

$$d_1=\sqrt{\frac{4\times1.3F_2}{\pi[\sigma]}}=\sqrt{\frac{4\times1.3\times11.3\times10^3}{3.14\times102}}\text{mm}=13.5\text{mm}$$

查阅相关手册，选取 M16 螺栓。

（4）确定螺栓分布圆直径　设液压缸壁厚为 10mm，由图 11-11 可以确定螺栓分布圆直径 D_0 为

$$D_0=D+2e+2\times10=\{160+2\times[16+(3\sim6)]+2\times10\}\text{mm}=218\sim224\text{mm}$$

取 $D_0=220$mm。

11.3 螺纹传动

螺纹传动主要是为了把回转运动转化为直线运动，同时可以承受载荷并传递动力。

1）按照螺纹传动的使用要求可分为传力螺旋、传导螺旋和调整螺旋。

①传力螺旋以传递动力为主，一般要求用较小的转矩转动螺杆（或螺母）而使螺母（或螺杆）产生轴向运动和较大的轴向推力，如螺旋千斤顶等。这种传力螺旋主要是承受很大的轴向力，通常为间歇性工作，每次工作时间较短，工作转速不高，而且需要自锁。

②传导螺旋以传递运动为主，要求能在较长的时间内连续工作，工作转速较高，因此用于有较高传动精度要求的场合，如精密车床的进给螺杆。

③调整螺旋用于调整并固定零部件之间的相对位置，它不经常转动，一般在空载下调整，要求有可靠的自锁性能和精度，用于测量仪器及各种机械的调整装置，如千分尺中的螺旋结构。

2）按照摩擦性质又可分为滑动螺旋和滚动螺旋。

①滑动螺旋结构比较简单，如图 11-13 所示，螺母和螺杆的啮合是连续的，具有工作平稳、无噪声、承载力较大等特点，这对起重设备、调节装置等有重要意义。螺纹牙型通常采用矩形、梯形和锯齿形。由于螺纹之间摩擦大、磨损大、效率低（一般为 25%～70%，自锁时效率小于 50%），因此滑动螺旋不适用于高速、大功率传动。

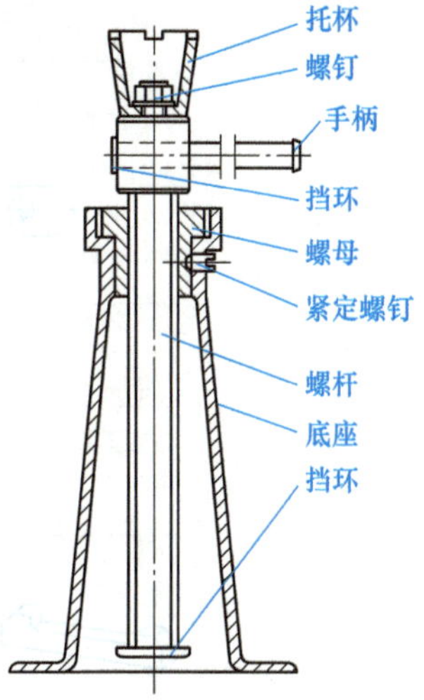

图 11-13　使用滑动螺旋的结构

②滚动螺旋是在螺杆和螺母之间的滚道内填充滚珠，当螺杆和螺母相对转动时，滚珠沿着滚道滚动。滚动螺旋的摩擦阻力小，传动效率高（90%以上），磨损小，精度易保持，但结构复杂，成本高。滚动螺旋适用于传动精度要求较高的场合。

11.4 键连接

键是一种标准件，通常用于连接轴与轴上的旋转零件或摆动零件，起周向固定作用，以

传递运动和转矩。其中，导键、滑键、花键还可用作轴上移动的导向装置。键的主要类型包括平键、半圆键、楔键和切向键。

一、键连接的常见类型

键连接的常见类型、特点及应用见表 11-8。

表 11-8　键连接的常见类型、特点及应用

类型	简图	特点及应用
普通平键连接	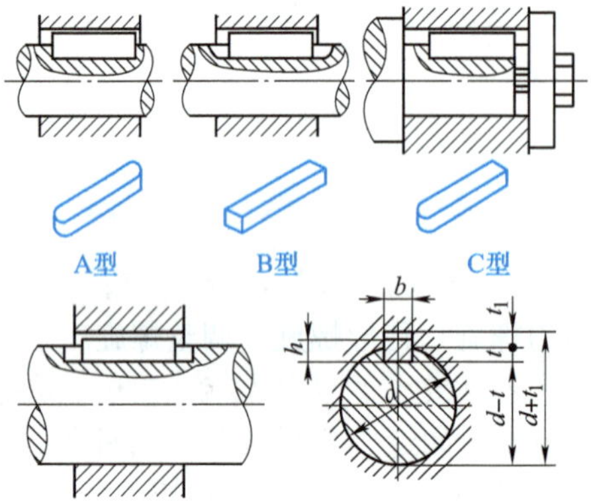	键的断面呈长方形，用于静连接，即轴与轮毂之间无相对轴向移动的连接。其结构简单，装拆方便，对中性好，承载能力大，应用广泛。按端部形状不同分为 A 型（圆头）、B 型（平头）、C 型（半圆头）三种形式
导向平键连接	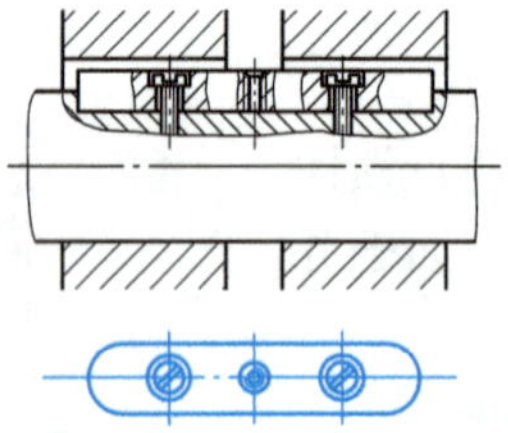	用于动连接，即轴与轮毂之间有相对轴向移动的连接，能实现轴上零件的轴向移动，如变速器中的滑移齿轮等键较长，须用螺钉固定在轴槽中。工作时，键对轴上零件的移动起导向作用。为了拆卸方便，在键的中部制有起键螺纹孔。其他特点与普通平键相同
滑键连接	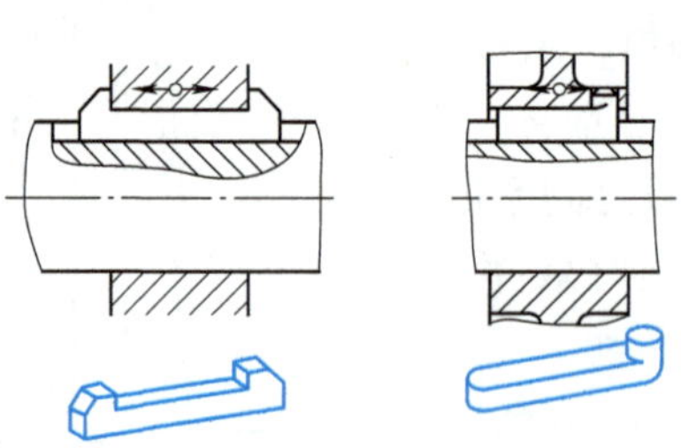	滑键固定在轮毂上，轮毂带动滑键在轴上的键槽中做轴向滑移。这样只需在轴上铣出较长的键槽，而键可以做得较短。当轴上零件需沿轴向滑动且移动距离较大时，所需导向键的尺寸过大，制造困难，因此一般采用滑键。如车床中光杠与溜板箱中零件的连接等
半圆键连接	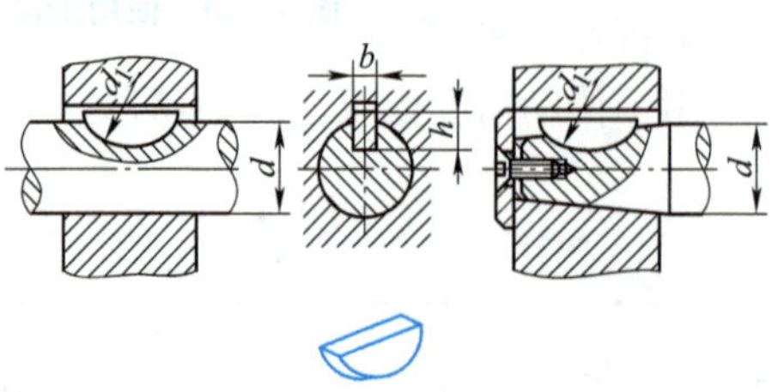	键在槽中能绕其几何中心摆动，以适应轮毂上键槽的倾斜度。半圆键用于静连接，优点是工艺性好，装配方便，尤其适用于锥形轴与轮毂的连接；缺点是轴上的键槽较深，对轴的强度削弱较大，故一般多用于轻载和锥形轴端的连接。当承载能力不够时，采用双键布置在同一条母线上

（续）

类型	简图	特点及应用
花键连接	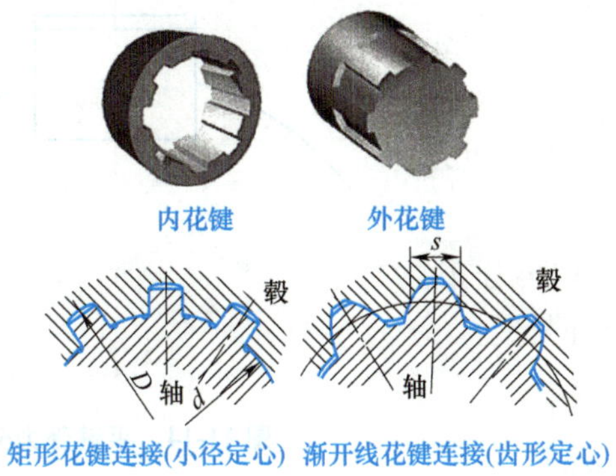	与普通平键相比，花键键齿多，齿槽较浅，具有承载能力高、对轴的削弱程度小、定心性好和导向性能好等优点。但其制造比较复杂，需要专用设备和工具，成本高，适用于定心精度要求较高、传递载荷较大或经常滑移的动连接和静连接。按齿形可分为一般常用的矩形花键、强度高的渐开线花键及适用于薄壁零件的三角形花键，对于大径为 14~125mm 的矩形花键，规定用小径定心，可以通过磨削消除热处理变形，获得较高的定心精度。渐开线花键的两侧曲线为渐开线，其压力角规定了 30°和 45°两种。花键根部强度较大，应力集中小，承载能力大
楔键连接	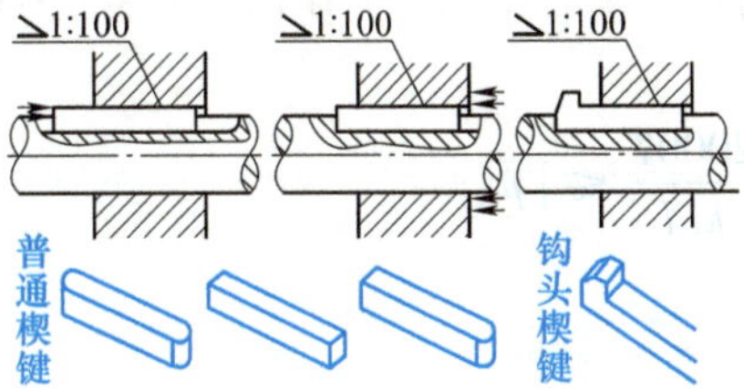	用于静连接，分为普通楔键和钩头楔键两种。钩头楔键的钩头是为了方便拆卸。楔键连接能承受单向的轴向载荷。由于键在楔紧时破坏了轴与毂的同轴度，故这种连接多用于定心精度要求不高、载荷平稳和低速的场合
切向键连接	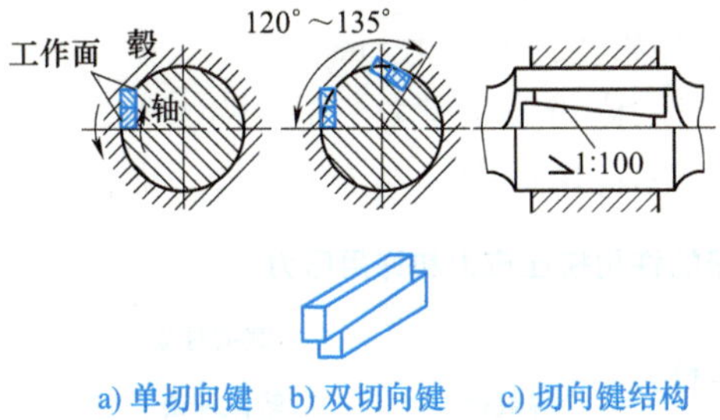	切向键是由一对斜度为 1∶100 的楔键组成。装配时，先将轮毂装好，然后将两楔键从轮毂两端装入键槽并打紧，使键楔紧在轴与毂的键槽中。用一对切向键时只能传递单向转矩，如图 a 所示；当要传递双向转矩时须使用两对切向键，两对切向键间的夹角为 120°~135°，如图 b 所示。切向键的键槽对轴的削弱较大，故常用于直径大于 100mm 的轴上。切向键连接能传递很大的转矩，主要用于对中性要求不高的重型机械中

二、键的选择和键连接强度计算

1. 键的选择

键的选择包括类型选择和尺寸选择两个方面。键的类型应根据键连接的结构特点、使用要求和工作条件来选择。例如，当对中性要求较高时选用平键连接；平键用于轴端时宜选用单圆头平键；轴上零件的毂槽底部有斜度时，选用半圆键；连接于轴上的零件需沿轴向滑动时，可选用导向平键；若需要承受轴向力，则可选用楔键连接等。

键的尺寸包括截面尺寸与长度 L。键的截面尺寸为 $b\times h$，按轴的直径 d 由标准中选定。键的长度 L 一般可按轮毂的长度而定，即键长等于或略短于轮毂的长度。而导向平键长度则按轮毂的长度及其滑动距离而定。一般轮毂的长度可取为 $L_1=(1.5-2)d$，这里 d 为轴的直径。所选定的键长应符合国家标准规定的长度系列。重要的键连接在选出键的类型和尺寸后，还应进行强度校核计算。

2. 键连接强度计算

平键连接传递转矩时，其主要失效形式为工作面被压溃。除非有严重过载，一般不会出现键被剪断的情况。因此，对于平键的强度校核通常只是按照平键工作表面上的挤压强度进行校核。

设平键在工作中工作面上的载荷能够均匀分布，如图 11-14 所示，那么普通平键的强度条件是

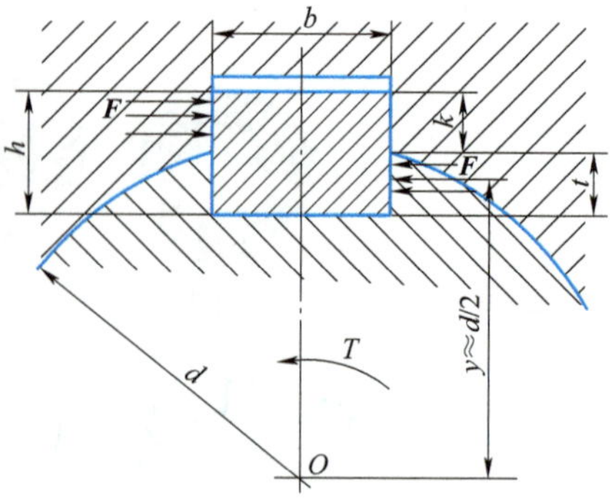

图 11-14　平键受力分析

$$\sigma_P=\frac{N}{kl}=\frac{1000T/\frac{d}{2}}{kl}=\frac{2000T}{kld}\leqslant[\sigma_p] \tag{11-10}$$

对于导向键其主要失效形式为过度磨损，因此按照其工作面进行条件性的强度校核计算，即

$$\sigma_P=\frac{2000T}{kld}\leqslant[p] \tag{11-11}$$

式中　T——转矩，单位为 N · m；

k——工作高度，$k=h/2$，h 为键的高度，单位为 mm；

d——轴径，单位为 mm；

l——键的工作长度，单位为 mm；圆头平键 $l=L-b$，平头平键 $l=L$，这里 L 为键的公称长度，单位为 mm；b 为键的宽度，单位为 mm；

$[\sigma_p]$——键、轴、轮毂三者中最弱材料的许用挤压应力，单位为 MPa，取值见表 11-9。

$[p]$——键、轴、轮毂三者中最弱材料的许用压力，单位为 MPa，取值见表 11-9。

表 11-9　键连接的许用挤压应力和许用压力　（单位：MPa）

许用值	工作方式	键或毂、轴的材料	载荷性质		
			静载荷	轻微冲击	冲击
$[\sigma_p]$	静连接	钢	125~150	100~120	60~90
		铸铁	70~80	50~60	30~45
$[p]$	动连接	钢	50	40	30

例 11-2　图 11-15 所示为减速器的输出轴，轴与齿轮采用键连接，已知轴传递的转矩 $T=600$N · m，轴径为 $d=75$mm，齿轮宽度 $B=80$mm。齿轮材料为铸钢，轴和键的材料为 45 钢，有轻微冲击，试选择键连接的类型和尺寸，并验算其连接强度。

解　(1) 选择键的类型与尺寸　齿轮传动要求齿轮与轴对中性要好，以免啮合不良。该连接属于静连接，且位于轴的中部，故选用 A 型普通平键。根据轴的直径 $d=75$mm，轮毂宽度 $B=80$mm，查表得 $b=20$mm，$h=12$mm，$L=70$mm。

(2) 验算挤压强度　键的工作长度 $l=L-b=70\text{mm}-20\text{mm}=50\text{mm}$，取许用挤压应力

$[\sigma_p]=100\text{MPa}$，代入公式得 $\sigma_p=53.5\text{MPa}<[\sigma_p]$，故此平键连接满足强度要求。

所选键为：GB/T 1096　键　20×12×70。如果用一个平键不能满足轴所传递转矩的要求，即当承载能力不够时，可考虑适当增加轮毂及键的长度，采用双键按 180°对称布置，如图 11-16 所示。考虑到载荷分布的不均匀性，双键连接的强度只按 1.5 个键计算。

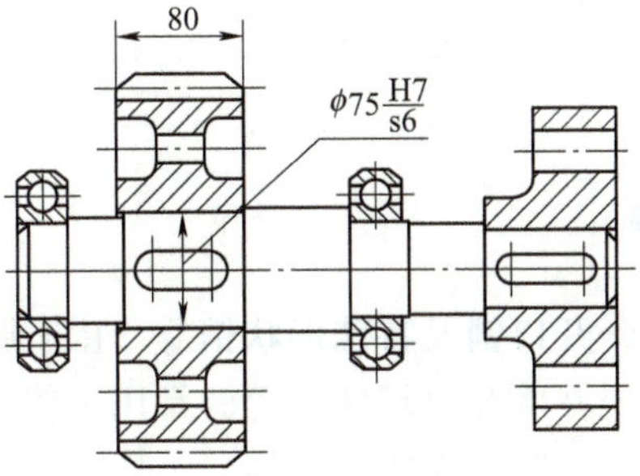

图 11-15　减速器输出轴

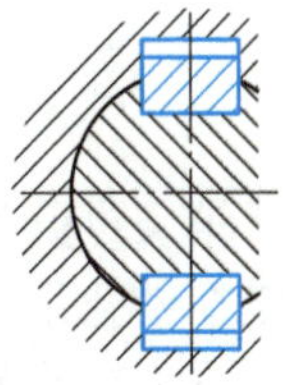

图 11-16　平键的双键布置

键的材料没有统一的规定，一般都采用抗拉强度不小于 600MPa 的钢，多为 45 钢。

例 11-3　图 11-17 所示的一级齿轮减速器中，轴与轴上零件（齿轮、滚动轴承、带轮、联轴器）能共同回转，并传递运动和动力。试分析其各自的连接方式及特点。

解　键连接属于可拆连接，它具有结构简单、工作可靠、装拆方便及已经标准化等特点，在机械中应用很广泛。为了使轴上回转零件随轴一起转动，通常在齿轮、带轮、联轴器的轮毂和其轴上的安装位置处分别加工出键槽，用键进行连接，起到传递运动和动力的作用。图 11-17 所示一级齿轮减速器中的轴与齿轮、带轮和联轴器等轴上零件均为静连接，输出轴与工作机输入轴一般选用弹性套柱销联轴器连接，故采用普通平键连接即可满足要求；而滚动轴承由于其本身结构、性能、工作原理等方面因素的影响，不宜与轴进行键连接，一般采用过盈配合的方式使其内孔与轴实现连接。

图 11-17　一级齿轮减速器

1—滚动轴承　2—主动轴（输入端安装带轮）
3—主动齿轮　4—从动齿轮
5—从动轴（输出端安装联轴器）

11.5　其他连接

一、销连接

销能实现轴与轴上零件的连接，按照销的用途分为三类：当销用来固定零件之间的相对位置时称为定位销，如图 11-18a 所示；当作为组合和装配的重要辅助零件，起到连接作用时，称为连接销，如图 11-18b 所示；当销作为安全装置中的过载剪断元件，起保护作用时，称为安全销，如图 11-18c 所示。

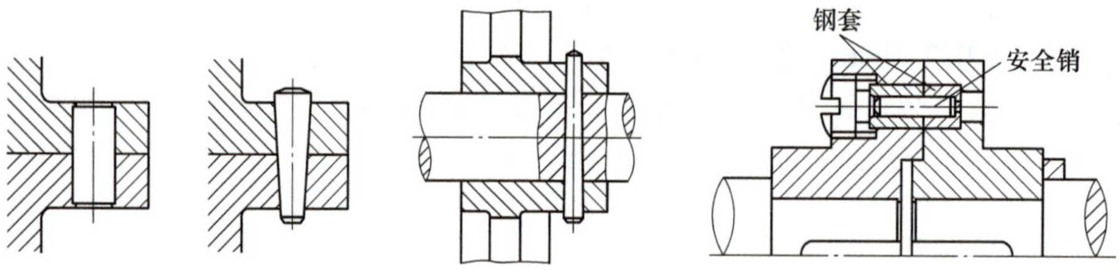

a) 定位销　　b) 连接销　　c) 安全销

图 11-18　销连接

按照销的形状销又可分为圆柱销、圆锥销、槽销、开口销及特殊形状销等。由于圆柱销依靠过盈配合固定在销孔中，经多次装拆会降低其定位精度和可靠性，因此常用来传递不大的载荷。圆锥销具有 1∶50 的锥度，在受横向力时可以自锁。它安装方便，定位精度高，可多次装拆而不影响定位精度，而端部带螺纹的圆锥销可用于不通孔或拆卸困难的场合。开尾圆锥销适用于有冲击和振动的场合，如图 11-19 所示。

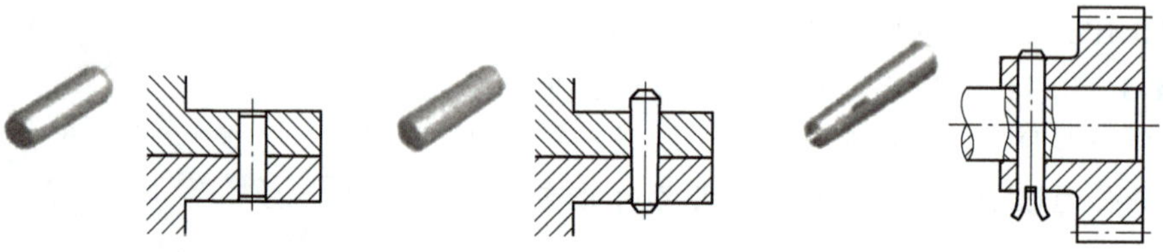

a) 圆柱销　　b) 圆锥销　　c) 开尾圆锥销

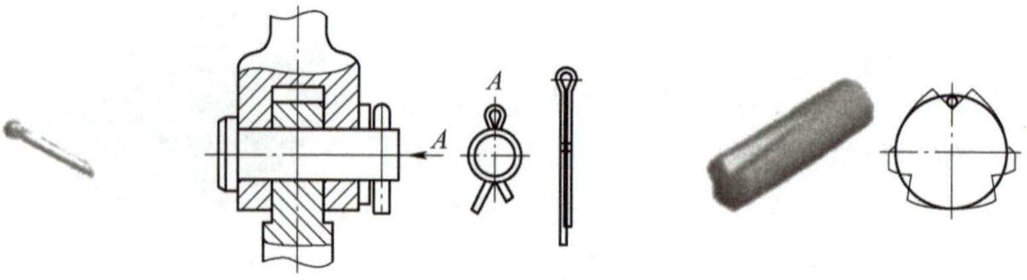

d) 开口销　　e) 槽销

图 11-19　常见销的类型

二、过盈连接

过盈连接是利用零件间的过盈配合来达到连接目的的。这种连接也称干涉配合连接或紧配合连接。过盈连接主要用于轴与毂的连接、轮圈与轮芯的连接以及滚动轴承与轴或座孔的连接等，如图 11-20 所示。由于轮毂与轴之间存在着过盈量，因此装配后在两者的配合表面间产生压力，工作时依靠与此压力伴随的摩擦力传递转矩或轴向力。这种连接的特点是结构简单，对中性好，承载能力大，承受冲击性能好，对轴的强度削弱少，但配合面加工精度要求高，装拆不便。

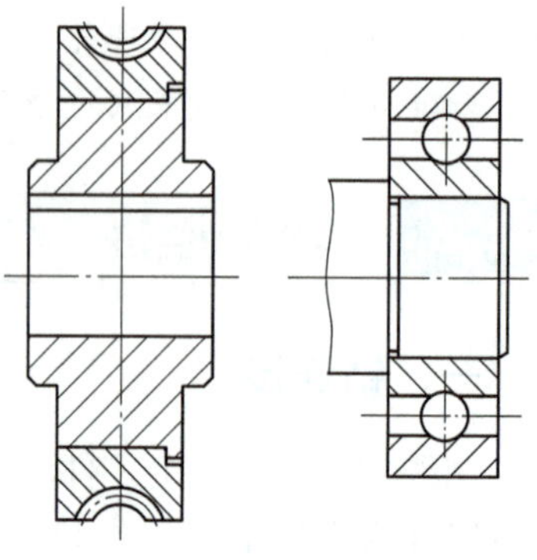

图 11-20　过盈配合

过盈连接常用的装配方法有以下几种：

(1) 压入法 用压入法装配不可避免地会使被连接零件的配合表面受到擦伤，从而降低连接的紧固性。

(2) 温差法 被连接零件的配合表面不会引起擦伤，使连接更为牢固。

三、胶接

胶接是利用胶黏剂在一定条件下把预制的元件连接在一起，并具有一定的连接强度。它是较早使用的一种不可拆连接，如木工利用聚醋酸乙烯乳液（乳胶）粘合木质构件。在机械制造中采用胶接的金属构件，涉及很多化学与物理的因素，已经在机床、汽车、造船、化工、仪表、航空航天等领域的应用日渐广泛。

第 12 章

CHAPTER 12

轴系零部件

知识目标：

1. 了解轴的功用、分类与应用。
2. 掌握轴上零件的固定和定位方法。
3. 了解轴的加工工艺性。
4. 掌握轴的结构设计和强度计算方法。
5. 掌握常用滚动轴承的结构、特点，主要类型及其代号。
6. 了解滚动轴承的工作情况分析、失效形式和计算准则。
7. 掌握轴系部件的组合设计方法，滚动轴承的配合与装拆方法。

能力目标：

1. 能正确安装与拆卸轴上零件。
2. 具有轴材料的选择能力。
3. 具有轴的结构设计能力。
4. 具有轴的强度校核能力。
5. 能正确安装与拆卸轴承。
6. 能正确润滑和密封轴承。
7. 具有滚动轴承类型的选择能力。
8. 具有滚动轴承寿命的计算能力。
9. 具有轴系部件的组合设计能力。

融入素养：

对轴的刚度和强度的要求，体现了刚柔并济的原则，这种原则讲究的是灵活应变，既能展现出坚强的立场和决心，又能展现出谦卑和适度的让步，养成良好性格。

12.1 轴

一、轴的分类

轴是组成机器的重要零件之一，机器工作时其中的有些零件，如齿轮、蜗轮、带轮和链轮等需做旋转运动。这些零件通常都套装在轴上。轴主要用来支承旋转零件，传递运动和动力。

按照承受载荷的不同，轴可分为心轴、传动轴和转轴三类。

1. 心轴

只承受弯矩（支承旋转零件）而不承受转矩的轴称为心轴。当心轴随零件转动时称为转动心轴（图 12-1），如机车轮轴；而固定不旋转的心轴称为固定心轴（图 12-2），如自行车前轮轴。

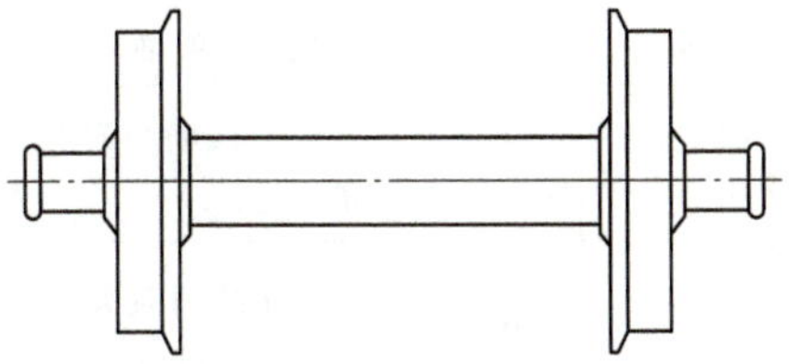

图 12-1　转动心轴

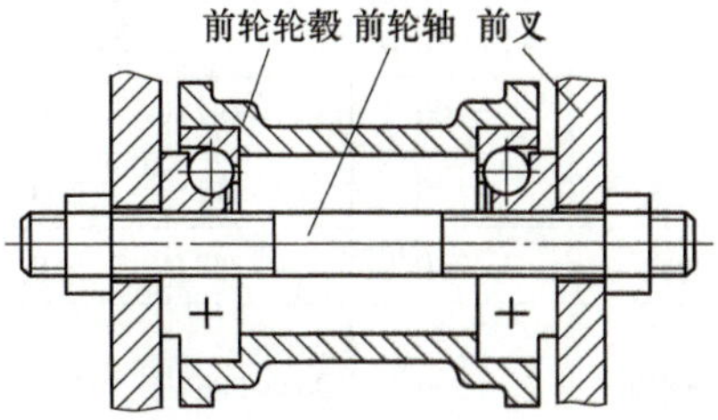

图 12-2　固定心轴

2. 传动轴

主要传递转矩，不承受或承受弯矩很少的轴称为传动轴（图 12-3），如汽车传动轴、转向轴等。

3. 转轴

工作时既承受弯矩（支承旋转零件），又承受转矩（传递动力）的轴称为转轴，如减速器中的轴（图 12-4）。这是机器中最常见的轴。

图 12-3　传动轴

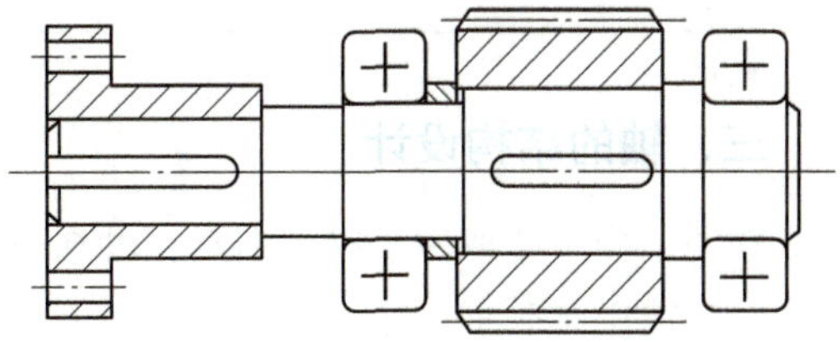

图 12-4　转轴

二、轴的材料

轴的材料主要根据轴的强度、刚度、耐磨性以及加工、热处理等要求来选择。

轴的材料主要是碳素钢和合金钢。轴的毛坯多数采用轧制圆钢和锻件，有的则直接用圆钢。由于碳素钢比合金钢的价格低廉，对应力集中的敏感性较低，同时也可以用热处理或化学热处理的办法提高其耐磨性和抗疲劳强度，故采用碳素钢制造轴尤为广泛，其中最常用的是 45 钢。

合金钢比碳素钢具有更高的力学性能和更好的淬火性能。因此，传递大功率并要求减小尺寸与重量，以及处于高温或低温条件下工作的轴，常采用合金钢。

球墨铸铁成本低，易铸造成形，吸振性、耐磨性好，对应力集中的敏感性也较低。但可靠性差，品质难控制，常用于形状复杂的凸轮轴、曲轴等。

各种热处理如高频感应淬火、渗碳、氮化、碳氮共渗等以及表面强化处理如喷丸、滚压等，对提高轴的抗疲劳强度都有着显著的效果。

轴的常用材料及其力学性能见表 12-1。

表 12-1 轴的常用材料及其力学性能

材料及热处理	毛坯直径 d/mm	硬度 HBW	抗拉强度 R_m/MPa	下屈服强度 R_{eL}/MPa	许用弯曲应力/MPa	许用剪切应力/MPa	应用说明
Q235	≤100		400~420	225	40	12~20	用于不重要及受载荷不大的轴
	>100~250		375~390	215			
35 正火	≤300	143~187	520	270	45	20~30	用于一般轴
45 正火	≤100	170~217	600	300	55	30~40	用于较重要的轴，应用最广泛
45 调质	≤200	217~255	650	360	55		
40Cr 调质	≤200	241~286	750	550	60	40~52	用于载荷较大，而无很大冲击的重要的轴
40MnB 调质	≤200	241~286	750	500	70	40~52	性能接近于 40Cr，用于重要的轴
35CrMo 调质	≤100	207~269	750	550	70	40~52	用于重载荷的轴
35SiMn 调质	≤100	229~286	800	520	70	40~52	可代替 40Cr，用于中、小型轴
42SiMn 调质	≤100	229~286	800	520	70	40~52	与 35SiMn 相同，但专供表面淬火用

三、轴的结构设计

轴的结构主要取决于以下因素：轴在机器中的安装位置及形式；轴上安装零件的类型、尺寸、数量以及和轴连接的方法；载荷的性质、大小、方向及分布情况；轴的加工工艺等。

由于影响轴的结构的因素较多，且其结构形式又要随着具体情况的不同而异。轴的结构设计总的原则是使轴的各部分具有合理的形状和尺寸，主要有以下要求：

1）轴应便于加工，轴上零件要易于装拆和调整。

2）轴和轴上零件要有准确的工作位置（定位）。

3）各零件要牢固而可靠地相对固定。

4）轴应具有良好的制造工艺性，要改善受力状况，减小应力集中。

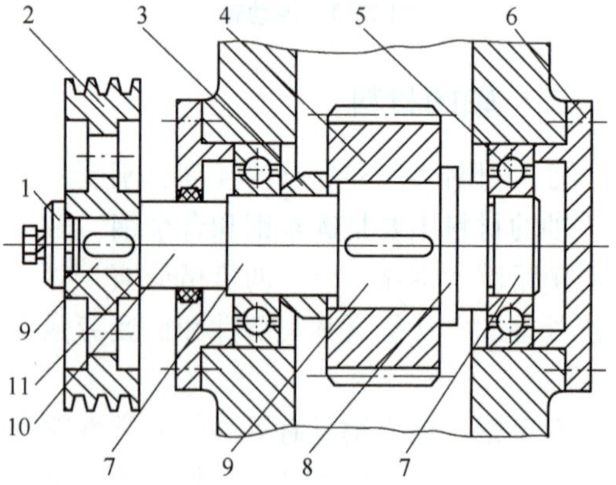

图 12-5 轴的结构组成

1—轴端挡圈 2—带轮 3—套筒 4—齿轮 5—滚动轴承 6—轴承盖 7—轴颈 8—轴环 9—轴头 10—轴身 11—轴肩

四、轴的结构组成

轴主要由轴颈、轴头和轴身三部分组成，如图 12-5 所示。轴和轴承配合部分称为轴颈；轴上安装轮毂的部分称为轴头；连接轴头和轴颈的部分称为轴身；用作零件轴向固定的台阶部分称为轴肩，环形部分称为轴环。轴颈直径与轴承内径、轴头直径与相配合零件的轮毂内径应一致，而且为标准值。

为便于装配，轴颈和轴头的端部均应有倒角。轴上螺纹或花键部分的直径应符合螺纹或花键的国家标准要求。

五、轴上零件的轴向定位

为了防止轴上零件受力时发生沿轴向或周向的相对运动，轴上零件除了有游动或空转的要求外，都必须进行轴向和周向定位，以保证其准确的工作位置。轴上零件常见的轴向定位有轴肩、套筒、轴端挡圈、轴承端盖和圆螺母等来保证的。轴上零件的轴向固定方法见表 12-2。

表 12-2　轴上零件的轴向固定方法

固定方法	简图	特点及应用
轴肩和轴环	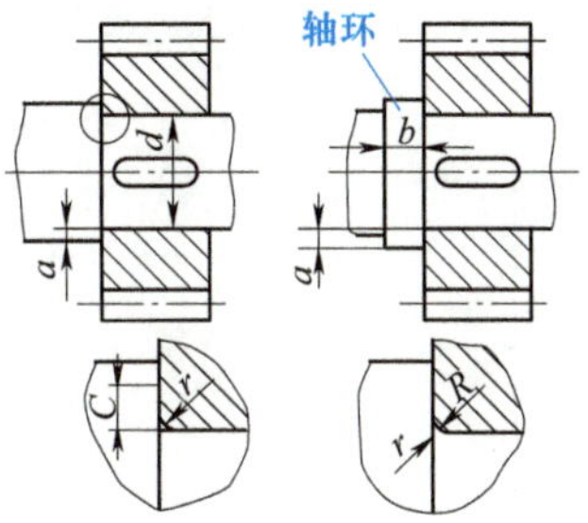	方法简单可靠，无须附加零件，能承受较大的轴向力，但会使轴径增大，在阶梯处形成应力集中，阶梯过多不利于加工。为使零件与轴肩贴合，轴上圆角 r 应较轴上零件孔端的圆角半径 R 或倒角 C 稍小。一般取轴肩 $a=0.07-d+(1\sim2)$ mm，轴环宽度 $b=1.4a$
套筒	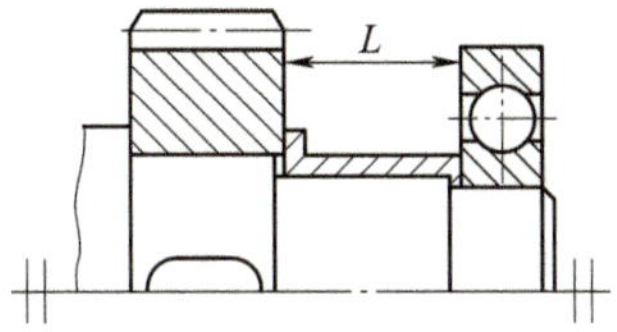	当轴上一零件的位置已固定而零件间的距离又较小时，可采用套筒。套筒固定方法简单可靠，简化了轴的结构设计且不削弱轴的强度，但使机器重量增加，且由于套筒与轴的配合较松，故不宜用于高速运转的轴
圆螺母和止动垫圈	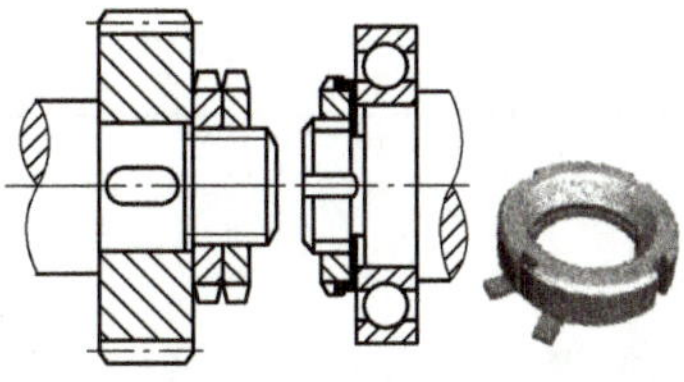	当轴上两零件间距离较大或无法采用套筒，而轴上又允许车制螺纹时，可采用圆螺母同定。圆螺母可承受较大的轴向力，但切制螺纹处有较大的应力集中，会降低轴的疲劳强度，故一般用细牙螺纹；多用于轴端零件的固定，为了防松，须加止动垫圈或使用双螺母

（续）

固定方法	简图	特点及应用
弹性挡圈	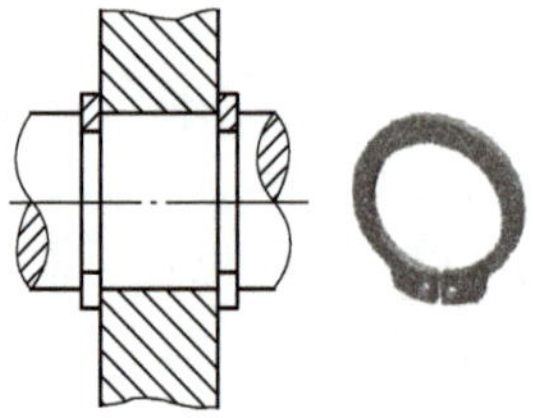	结构简单紧凑，常用于滚动轴承的轴向固定，但承受的轴向力较小。切槽尺寸有一定的精度要求，否则可能出现与被固定件间存在间隙或弹性挡圈不能装入切槽的现象
圆锥面和轴端挡圈	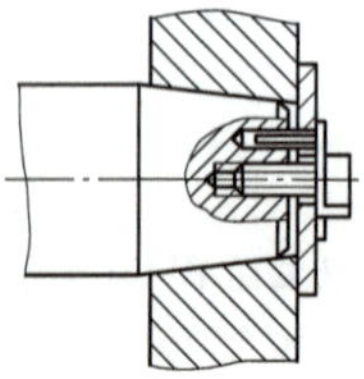	有效消除间隙，能承受冲击载荷，对精度要求较高，拆装方便
紧定螺钉	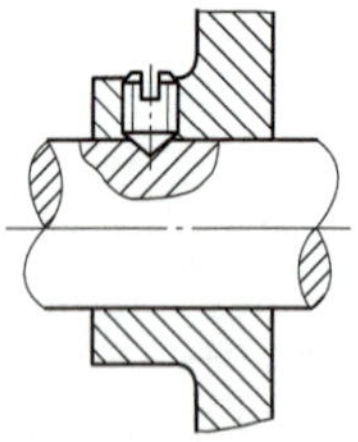	结构简单，同时起周向固定作用，但承载能力较低；适用于轴向力很小、转速很低或仅为防止偶然轴向滑移的场合
销连接	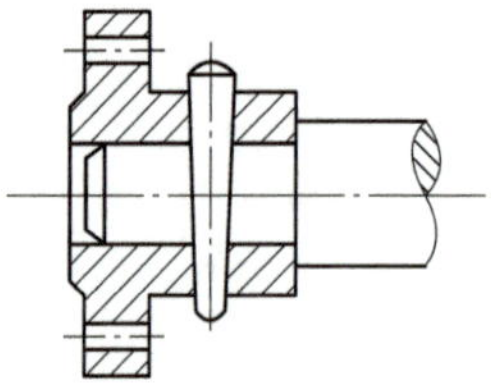	结构简单，但轴的应力集中较大，用于固定不太重要、受力不大，同时需要周向或轴向固定的零件

六、各轴段直径和长度的确定

零件在轴上的定位和装拆方案确定后，轴的形状大致确定。各轴段所需直径与轴上的载荷大小有关。这时候可按轴所受的转矩初步估算轴所需的最小直径，然后根据轴上零件的装配方案和定位要求，确定轴的各段长度。

具体确定工作应该满足以下几个方面。

1）有配合要求的轴段，应尽量采用标准直径。

2）安装标准件（如滚动轴承、联轴器、密封圈等）部位的轴径，应取标准直径。

3）轴上螺纹处的直径应符合螺纹标准系列。

4）用作定位和固定的轴肩或轴环，非定位轴肩的高度一般取 $a \approx 1 \sim 2$mm。

5）若在轴上装有滑移的零件，应该考虑零件的滑移距离。

6）轴上各零件之间应该留有适当的间隙，以防止运转时互相碰撞。

7）轴的各段长度主要是根据各零件与轴配合部分的轴向尺寸和相邻零件间必要的空隙来确定的。

8）为了保证轴向定位可靠，与齿轮和联轴器等零件相配合部分轴段长度一般应比轮毂长度短 2~3mm。

七、轴的加工工艺性

轴的加工工艺性应该注意以下几个问题。

1）轴端应加工倒角，轴颈（或轴头）与轴肩（或轴环）的过渡部位应有过渡圆角，并应尽可能使倒角大小一致，圆角半径尺寸相同，以便于加工，如图 12-6所示。

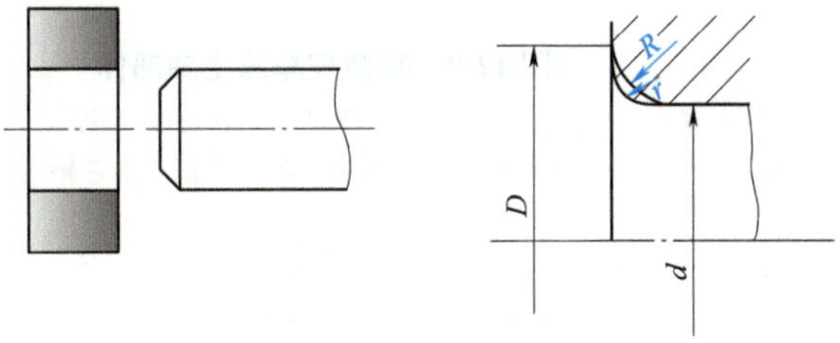

图 12-6　轴端倒角与过渡圆角

2）轴上有磨削的表面或需车削螺纹的部分，应该留有砂轮越程槽和螺纹退刀槽，如图 12-7 所示。

3）轴的直径变化应尽可能小，并限制轴的最小直径与各段直径差，这样既能减少材料的浪费，又可以减少加工工作量。

4）为了减少装夹工件的次数，尽量使轴上的各类结构要素（如过渡圆、倒角、键槽、越程槽、中心孔等）尺寸相同，同一轴上不同轴段的键槽应布置在轴的同一素线上，如图 12-8所示。

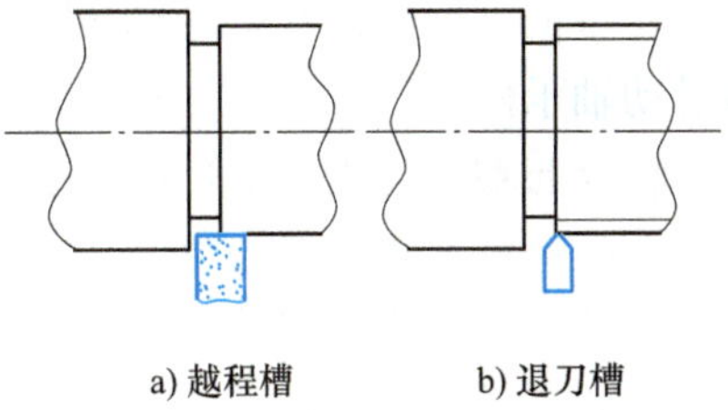

图 12-7　砂轮越程槽和螺纹退刀槽

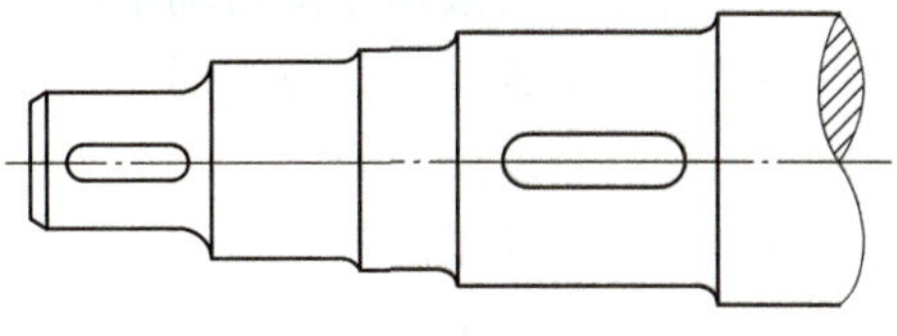

图 12-8　键槽布置

5）装配段不宜太长。

例 12-1 说出图 12-9 所示数控车床主轴各段的结构名称，并说明带轮是如何实现轴向和周向固定的。

解 （1）主轴各段的结构名称 由图 12-9 可知，数控车床主轴为空心直轴，轴上安装轴承的两段称为轴颈，安装带轮的轴段称为轴头，其余各段为轴颈与轴头的连接部分，称为轴身。

（2）带轮的轴向与周向固定方法

1）轴向固定。带轮右端与轴承之间采用轴承挡圈定位，兼有密封作用；左端采用锁紧螺母固定，旋入螺钉后可起到防松作用。

2）周向固定。采用平键连接实现周向固定。

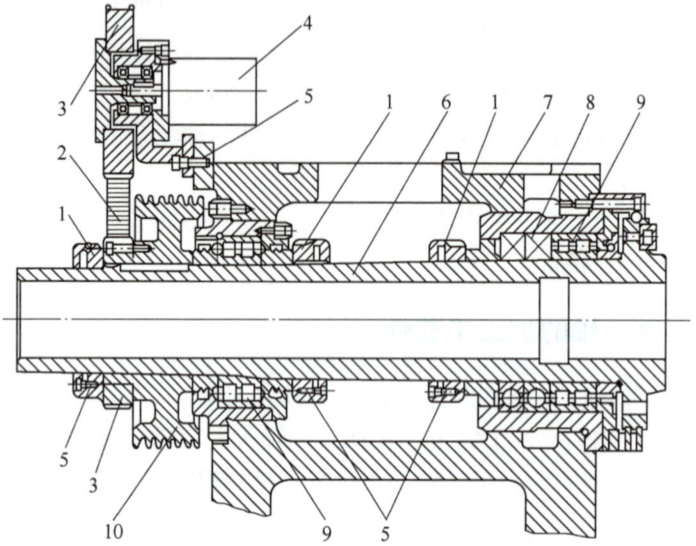

图 12-9 某数控车床主轴部件

1—螺母 2—同步带 3—同步带轮 4—脉冲编程器 5—螺钉 6—主轴 7—箱体 8—角接触球轴承 9—圆柱滚子轴承 10—带轮

12.2 轴承

根据轴承工作时摩擦性质的不同，可把轴承分为滑动轴承和滚动轴承两大类。滚动轴承由于摩擦系数小，起动阻力小，而且已高度标准化，选用、润滑、维护都很方便，因此在一般机器中应用较广。而滑动轴承具有一些独特的优点，使得它在一些不能使用滚动轴承的场合，如在工作转速很高、承受很大冲击载荷与振动、径向空间尺寸受到限制或必须剖分安装（如连杆大端轴承）等场合，仍占有重要地位。

一、滑动轴承

1. 滑动轴承的分类及结构特点

滑动轴承的运动形式是以轴颈与轴瓦相对滑动为主要特征，即摩擦性质为滑动摩擦。按其摩擦性质可以分为液体摩擦滑动轴承和非液体摩擦滑动轴承两类。

液体摩擦滑动轴承的摩擦表面完全被润滑油隔开，轴承与轴颈的表面不直接接触，避免了磨损，但制造精度要求较高，多用于高速、精度要求较高或低速重载的场合。

非液体摩擦滑动轴承的摩擦表面不能被润滑油完全隔开，摩擦表面容易磨损，但结构简单，制造精度要求较低，用于一般转速、载荷不大和精度要求不高的场合。

常用滑动轴承的结构和特点见表 12-3。

表 12-3　常用滑动轴承的结构和特点

类型	简图	特点
整体式滑动轴承	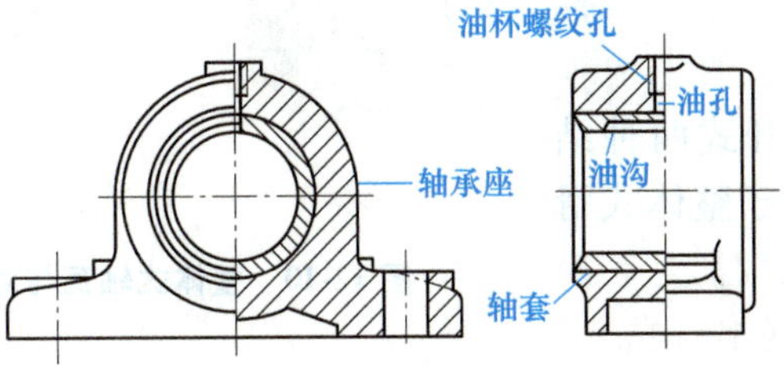	结构简单、制造方便，刚度较大，但轴瓦磨损后间隙无法调整，轴颈只能从端部装入；适用于轴颈不大，低速轻载或间歇性工作的机器，如手动机械、某些农业机械等
调心式滑动轴承	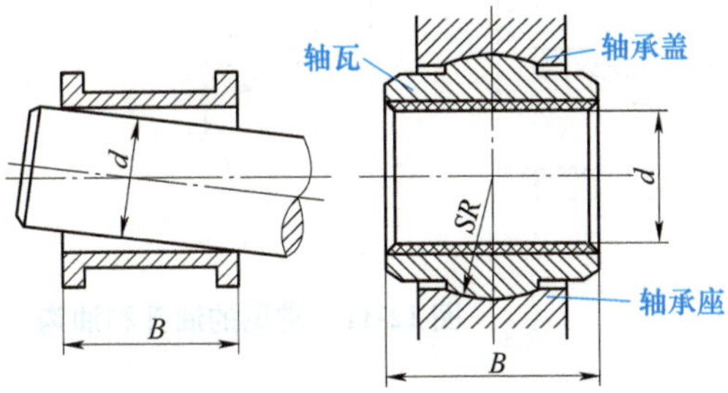 a) 轴承端部的局部接触　b) 调心式滑动轴承结构	轴瓦与轴承盖、轴承座之间为球面接触，轴瓦可以自动调位，以适应轴受力弯曲时轴线产生的倾斜，避免出现轴与轴承两端的局部接触和局部磨损，如图 a 所示；主要用于轴承宽度 B 与直径 d 之比（宽径比）$B/d>1.5\sim1.75$ 的轴承
对开式滑动轴承	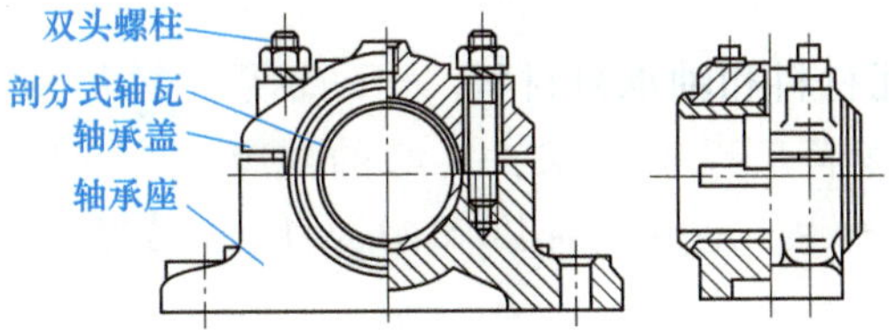 a) 对开式正滑动轴承 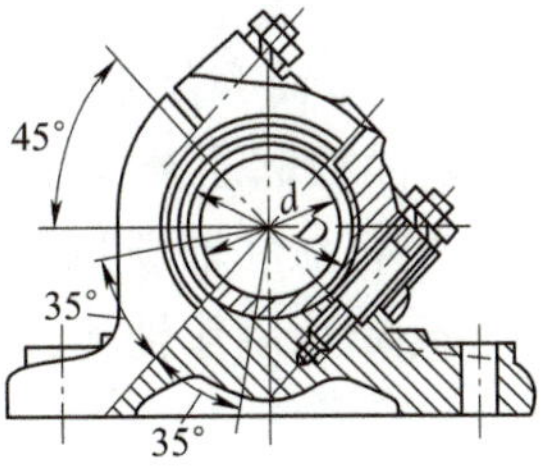 b) 对开式斜滑动轴承	由轴承盖、轴承座、剖分式轴瓦和双头螺柱组成。正滑动轴承的剖分面平行于轴承座底面，斜滑动轴承的剖分面与水平面成 45° 角。为防止轴承盖和轴承座横向错动和便于装配时对中，轴承盖和轴承座的剖分面做成阶梯状的榫口。轴承载荷的方向应位于垂直于剖分面的轴承中心线±35°范围。在装拆时，轴颈不需要轴向移动，装拆方便。通过增减轴瓦剖分面间的调整垫片，可以调节轴颈与轴承之间的间隙
推力滑动轴承	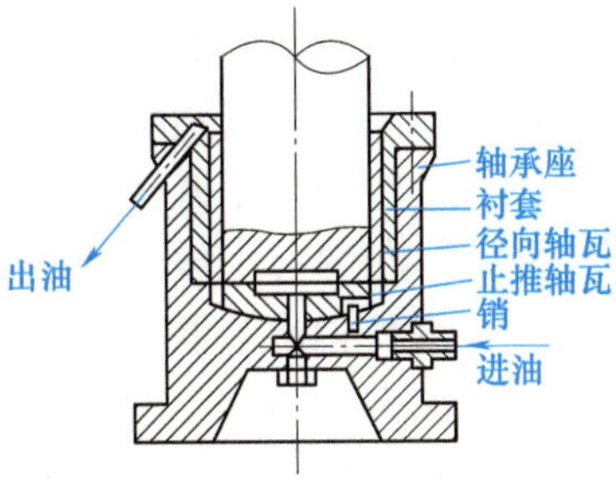	承受轴向载荷，依靠轴的端面或轴肩、轴环的端面向止推轴瓦支承面传递轴向载荷。为便于对中，止推轴瓦底部制成球面形式，可调整位置，用销防止其随轴颈转动。工作时润滑油从底部进入、上部流出

2. 轴瓦结构

轴瓦是轴承和轴颈直接接触的零件，对于重要的轴承，轴瓦内表面还需增加一层减摩性能更好的轴承衬。轴瓦是滑动轴承的主要零件，常用的轴瓦分为整体式和对开式两种结构，如图 12-10 所示。它们分别用于整体式滑动轴承和对开式滑动轴承。整体式轴瓦是套筒形（又称轴套），对开式轴瓦多由两半组成。

a) 整体式　　b) 对开式

图 12-10　整体式轴瓦与对开式轴瓦

为使轴承获得良好的润滑，轴瓦上需开设油孔及油沟。油孔用于供应润滑油，油沟用于输送和分布润滑油。通常，油孔和油沟应开在轴瓦的非承载区或压力较小的区域内，要求既便于供油又不降低轴承的承载能力。为使润滑油能均匀地分布在整个轴颈上，油沟应有足够的长度，但不能开通，以免润滑油从轴瓦端部大量流失，一般取轴瓦长度的 80%。图 12-11 所示为常见的油孔和油沟。

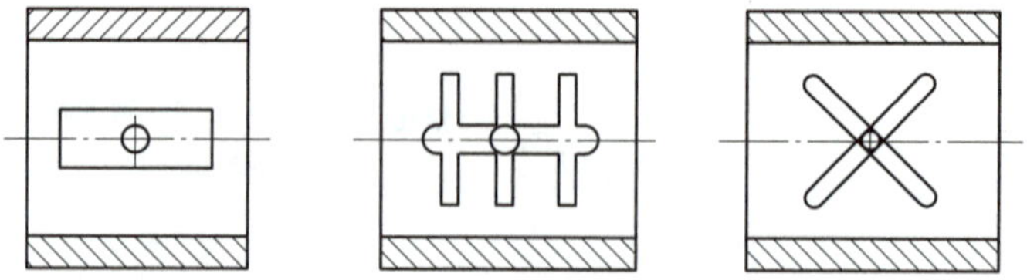
a)　b)　c)

图 12-11　常见的油孔和油沟

3. 滑动轴承的材料

滑动轴承的材料主要是指轴瓦材料和轴承衬材料。滑动轴承主要的失效形式是轴瓦磨损和胶合，所以对于轴承材料应该满足以下要求：良好的减摩性、耐磨性和抗胶合性，良好的摩擦顺应性、嵌入性和磨合性，足够的强度和耐蚀性，良好的导热性、工艺性、经济性等。

常见的轴承材料包括如下几类：

（1）轴承合金（又称巴氏合金或白合金）　轴承合金以锡或铅作为基体，其内含有锑-锡（Sb-Sn）或铜-锡（Cu-Sn）的硬晶粒。硬晶粒起耐磨作用，软基体具有塑性。在所有轴承材料中，它的嵌入性及摩擦顺应性最好，很容易和轴颈磨合，也不易与轴颈发生胶合。但轴承合金的机械强度很低，价格昂贵，不适合单独制作轴瓦，只能贴附在青铜、钢或铸铁轴瓦上作为轴承衬。

（2）铜合金　铜合金是比较常见的轴瓦材料，具有较高的强度，较好的减摩性和耐磨性。由于青铜的减摩性和耐磨性比黄铜好，故青铜是最常用的材料，主要有锡青铜、铅青铜和铝青铜三种，其中锡青铜的减摩性和耐磨性最好，应用较广。但锡青铜比轴承合金硬度高，磨合性及嵌入性差，适用于重载及中速轴承。铅青铜抗粘附能力强，适用于高速、重载轴承。铝青铜的强度及硬度较高，抗粘附能力较差，适用于低速、重载轴承。

（3）铝基轴承合金　铝基轴承合金在许多国家获得广泛应用。它有很好的耐蚀性和较高的疲劳强度，减摩性、耐磨性也较好。这些品质使铝基轴承合金在部分领域取代了较贵的轴承合金和青铜。铝基轴承合金可以制成单金属零件（如轴套、轴承等），也可制成双金属零件。双金属轴瓦以铝基轴承合金做轴承衬，以钢做衬背。

（4）灰铸铁及耐磨铸铁　普通灰铸铁分为灰铸铁和球墨铸铁，两者都可以用做轴承材料。这类材料中的片状或球状石墨在材料表面覆盖后，可以形成一层起润滑作用的石墨层，故具有一定的减摩性和耐磨性。此外，石墨能吸附碳氢化合物，有助于提高边界润滑性能，故采用灰铸铁作为轴承材料时，应加润滑油。由于铸铁性脆、磨合性差，因此只适用于轻载、低速和不承受冲击载荷的场合。

（5）粉末冶金　粉末冶金是一种多孔的金属材料，主要由铜、铁、石墨等粉末经压制、烧结而成。若将轴承放入润滑油中，微孔中将会充满润滑油，使其具有自润滑性，常用于无冲击载荷及中低速场合。

二、滚动轴承

滚动轴承是现代机器中广泛应用的部件之一，它是依靠主要元件间的滚动接触来支承转动零件的。滚动轴承绝大多数已经标准化，并由专业工厂大量制造及供应各种常用规格的轴承。滚动轴承具有摩擦阻力小，功率消耗少，起动容易等优点。

1. 轴承的结构

滚动轴承的基本结构如图 12-12 所示，它由内圈、外圈、滚动体和保持架四部分组成。

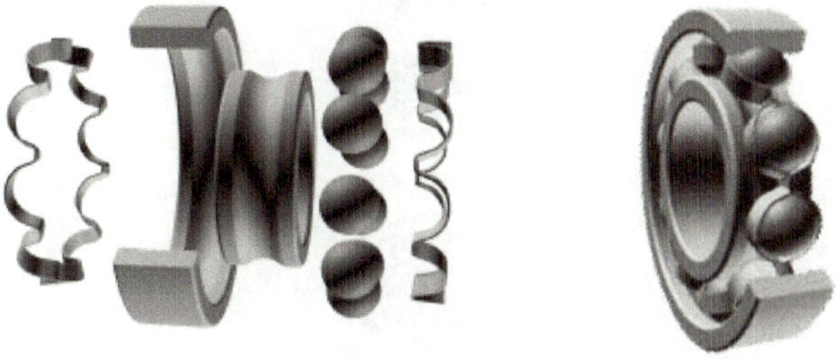

图 12-12　滚动轴承的结构

内、外圈统称为套圈，内圈安装在轴颈上，外圈安装在机座或零件的轴承孔内。内、外圈上有滚道，其间装有滚动体，当内、外圈相对旋转时，滚动体将沿着滚道滚动。

滚动体是滚动轴承的核心元件，其形状、尺寸和数量直接影响轴承的承载能力。常用的滚动体形状有球、短圆柱滚子、圆锥滚子、长圆柱滚子、鼓形滚子、螺旋滚子和滚针滚子，它们可呈单列或双列排列。

保持架的作用是使滚动体等距分布，避免滚动体相互接触，改变轴承内部的负荷分配。

2. 常用滚动轴承的类型和特性

如果按轴承用于承受的外载荷不同来分类时，滚动轴承可以分为向心轴承、推力轴承和向心推力轴承三大类，主要承受径向载荷F_r的轴承称为向心轴承；只能承受轴向载荷F_x的轴承称为推力轴承；能同时承受径向载荷和轴向载荷的轴承称为向心推力轴承。

常用滚动轴承的类型和特性见表 12-4。

表 12-4　常用滚动轴承的类型和特性

名称	结构图	类型代号	基本特性
调心球轴承		1	主要承受径向载荷，同时可承受少量的双向轴向载荷。外圈内滚道为球面，能自动调心，适用于轴弯曲变形大及两轴承轴线不能精确对中的支承

（续）

名称	结构图	类型代号	基本特性
调心滚子轴承		2	主要用于承受径向载荷，同时能承受少量的双向轴向载荷。其承载能力比调心球轴承大，具有自动调心性能，适用于重载和冲击载荷的场合
圆锥滚子轴承		3	能同时承受较大径向载荷和单向轴向载荷。内、外圈可分离，通常成对使用，对称布置安装
双列深沟球轴承		4	主要承受径向载荷，也能承受一定的双向轴向载荷。它比深沟球轴承的承载能力大
单向推力球轴承		5（5100）	只能承受单向轴向载荷，适用于轴向载荷大而转速不高的场合
双向推力球轴承		5（5200）	可承受双向轴向载荷，用于轴向载荷大、转速不高的场合
深沟球轴承		6	主要承受径向载荷，也可同时承受少量双向轴向载荷。摩擦阻力小，极限转速高，结构简单，价格便宜，应用最为广泛
角接触球轴承		7	能同时承受径向载荷和轴向载荷，公称接触角有15°、25°、40°三种。接触角越大，承受轴向载荷的能力越大，适用于转速较高，同时承受径向和轴向载荷的场合
推力圆柱滚子轴承		8	能承受很大的单向轴向载荷。承载能力比推力球轴承大得多，不允许有角偏差
圆柱滚子轴承		N	外圈无挡边，只能承受纯径向载荷。与球轴承相比，承受载荷的能力较大，尤其是承受冲击载荷，但极限转速较低

滚动轴承根据使用环境的不同在结构、尺寸、精度和公差等级等方面有各种不同的分类，以便适应不同的技术要求。为了统一表示各类轴承的特点，便于组织生产和选用，轴承代号由前置代号、基本代号和后置代号组成，见表 12-5。

表 12-5　滚动轴承代号

<table>
<tr><th>前置代号</th><th colspan="5">基本代号</th><th colspan="8">后置代号</th></tr>
<tr><td rowspan="3">轴承分部件代号</td><td>五</td><td>四</td><td>三</td><td>二</td><td>一</td><td rowspan="3">内部结构代号</td><td rowspan="3">密封与防尘结构代号</td><td rowspan="3">保持架及其材料代号</td><td rowspan="3">特殊轴承材料代号</td><td rowspan="3">公差等级代号</td><td rowspan="3">游隙代号</td><td rowspan="3">多轴承配置代号</td><td rowspan="3">其他代号</td></tr>
<tr><td rowspan="2">类型代号</td><td colspan="2">尺寸系列代号</td><td colspan="2" rowspan="2">内径代号</td></tr>
<tr><td>宽（高）度系列代号</td><td>直径系列代号</td></tr>
</table>

（1）**基本代号**　表示轴承类型与尺寸等主要基本特征，包括轴承的类型、尺寸和内径。

1）类型代号：用数字或大写字母表示，见表 12-6。

表 12-6　滚动轴承类型代号

类型代号	轴承类型	类型代号	轴承类型
0	双列角接触球轴承	6	深沟球轴承
1	调心球轴承	7	角接触球轴承
2	调心滚子轴承和推力调心滚子轴承	8	推力圆柱滚子轴承
3	圆锥滚子轴承	N	圆柱滚子轴承
4	双列深沟球轴承	U	外球面球轴承
5	推力球轴承	QJ	四点接触球轴承

2）尺寸系列代号：由轴承的宽（高）度系列代号和直径系列代号组合而成，用两位数字表示。

①轴承的宽（高）度系列代号：宽（高）度系列，即结构、内径和直径系列都相同的轴承，在宽度方面的变化系列，对于推力轴承，是指高度系列，用基本代号右起第四位数字表示，宽度系列代号有 8、0、1、2、3、4、5 和 6，对应同一直径系列的轴承，其宽度依次递增，如图 12-13 所示。

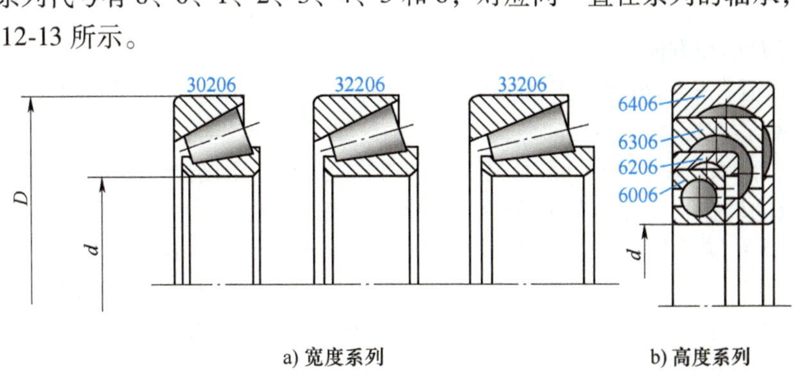

a) 宽度系列　　b) 高度系列

图 12-13　轴承尺寸系列示意图

②直径系列代号：直径系列，即结构、内径相同的轴承在外径和宽度方面的变化系列，

用基本代号右起第三位数字表示。直径系列代号有 7、8、9、0、1、2、3、4 和 5，对应相同内径的轴承，其直径尺寸依次递增。

3）内径代号：表示轴承内径尺寸，其表示方法见表 12-7。

表 12-7　轴承内径代号

轴承公称内径/mm		内径代号	示例	
1~9（整数）		用公称内径毫米数直接表示，对深沟及角接触球轴承直径系列 7、8、9，内径与尺寸系列代号之间用“/”分开	深沟球轴承　625 深沟球轴承　618/5 角接触球轴承　707 角接触球轴承　719/7	$d=5$mm $d=5$mm $d=7$mm $d=7$mm
10~17	10	00	深沟球轴承　6200	$d=10$mm
	12	01	调心球轴承　1201	$d=12$mm
	15	02	圆柱滚子轴承　NU 202	$d=15$mm
	17	03	推力球轴承　51103	$d=17$mm
20~480（22，28，32 除外）		公称内径除以 5 的商数，商数为个位数，需在商数左边加“0”，如 08	调心滚子轴承　22308 圆柱滚子轴承　NU 1096	$d=40$mm $d=480$mm

（2）后置代号　用字母和数字等表示轴承的内部结构、公差等级、游隙以及一些特殊要求等。

1）内部结构代号：表示同一类型轴承的不同内部结构，用规定的字母紧跟着基本代号表示。例如接触角为 15°、25°、40°的角接触球轴承，分别用 C、AC 和 B 表示其内部结构的不同。

2）公差等级代号：轴承的公差等级分 2 级、4 级、5 级、6 级、6X 级和 0 级，共六个级别，等级依次降低，其代号分别为/P2、/P4、/P5、/P6、/P6x 和/P0。0 级为普通级，在轴承代号中不标出。

3）游隙代号：轴承径向游隙系列分为 1 组、2 组、0 组、3 组、4 组和 5 组，共六个组别，其游隙代号分别用/C1、/C2、/C3、/C4、/C5 表示，径向间隙依次增大。

（3）前置代号　前置代号为轴承分部件代号，用以说明成套轴承部件的特点，一般轴承无须作此说明，则前置代号可以省略。

3. 滚动轴承的合理选用

滚动轴承类型的选择应该根据轴承自身特点，充分考虑载荷、转速、调心性能、经济性能、拆装方便等因素。

（1）载荷大小和方向

1）根据载荷大小：小载荷用球轴承，重载荷和冲击载荷选用滚子轴承。

2）根据载荷方向：承受纯径向载荷采用深沟球轴承、圆柱滚子轴承和滚针轴承；承受纯轴向载荷采用推力轴承；既承受径向载荷又承受轴向载荷可采用角接触球轴承和圆锥滚子轴承。

（2）轴承的转速　由于球轴承的极限转速高于滚子轴承，因此在转速较高、载荷较小时宜选用球轴承；转速较低、载荷较大或有冲击载荷时，宜选用滚子轴承。

在轴承内径相同的情况下，外径小的轴承，滚动体质量更小，受到的离心力也更小，因而更适合高转速下工作。推力轴承的极限转速很低。工作转速较高时，若轴向载荷不大，可采用角接触球轴承承受轴向载荷。

（3）轴承的调心性能　对于因支点跨距大而使轴刚度较差或因轴承座孔的同轴度误差大等原因而使轴的中心线与轴承座中心线不重合，会造成轴承的内、外圈发生偏斜。此时应采用具有调心性能的调心轴承。

（4）拆装方便　在轴承的径向尺寸受到限制时，应选择同一类型、相同内径的轴承中外径较小的轴承或考虑选用滚针轴承；当轴向尺寸受到限制时，应选用宽度尺寸较小的轴承。在轴承座没有剖分面而必须沿轴向安装和拆卸时，应优先选择内、外圈可分离的轴承。

（5）轴承的经济性　由于轴承的精确程度和价格有直接的关系，在能满足工作需要的前提下应该尽可能选用低精度的轴承来保证经济性。

4. 滚动轴承的失效形式

（1）疲劳点蚀　由于轴承类零件承受脉动循环变应力的作用，接触面上的金属发生剥落，产生点蚀。轴承在发生点蚀后运转会产生振动和噪声，进一步破坏表面，形成恶性循环，严重影响轴承使用寿命。

（2）塑性变形　轴承在低速或非脉动循环变应力的作用下，一般不容易发生疲劳点蚀。滚动轴承承受载荷后，在滚动体和滚道接触处产生塑性变形。载荷过大时，会在滚道表面形成塑性变形凹坑，使轴承在运转中产生剧烈摩擦和噪声而失效。

（3）轴承断裂　造成轴承零件的破断或裂纹的主要原因是由于运行时载荷过大、转速过高、润滑不良或装配不得当而产生过大的热应力，也有由于磨削或热处理不当而导致的。

（4）磨损　在滚动轴承运转中，滚动体和套圈之间均存在滑动，这些滑动会引起零件接触面的磨损。尤其在轴承中侵入金属粉末、氧化物以及其他硬质颗粒时，则形成严重的磨料磨损，使磨损更为加剧。

（5）轴承的腐蚀　轴承零件表面的腐蚀分三种类型：一是化学腐蚀，当水、酸等进入轴承或者使用含酸的润滑剂，都会产生这种腐蚀；二是电腐蚀，由于轴承表面间有较大电流通过，使表面产生点蚀；三是微振腐蚀，由于轴承套圈在机座座孔中或轴颈上的微小相对运动而致，使套圈表面产生红色或黑色的锈斑，这是以后损坏的起点。

5. 滚动轴承的当量动载荷和静载荷计算

（1）当量动载荷的计算　滚动轴承在实际工作中，往往同时受到径向载荷与轴向载荷的复合作用，寿命计算中须将这个复合载荷换算成某一假想载荷，在此假想载荷作用下轴承的寿命与实际载荷作用下的寿命相同，并与额定动载荷具有相同的受载条件，该假想载荷称为当量动载荷，用 P 表示，即

$$P = f_p(XF_r + YF_x) \tag{12-1}$$

只能承受纯径向载荷 F_r 的轴承　$P = f_pF_r$　(12-2)

只能承受纯轴向载荷 F_x 的轴承　$P = f_pF_x$　(12-3)

式中，f_p 是考虑工作时冲击和振动导致实际载荷变大而引入的冲击载荷系数，其参考值见表 12-8；X、Y 分别是径向载荷系数与轴向载荷系数，其参考值见表 12-9。

（2）当量静载荷的计算　由轴承的失效形式可知，对于不旋转或转速很低等以极低的速度工作的轴承，不承受脉动循环变应力的作用。这种情况下轴承的主要失效形式是表面塑性变形而非疲劳点蚀。因此，为每种轴承规定一个不能超过的外载荷界限来防止接触应力产生的塑性变形，这样的载荷称为基本额定静载荷。

表 12-8　滚动轴承冲击载荷系数

载荷性质	f_p	举　例
无冲击或轻微冲击	1.0~1.2	电动机、汽轮机、通风机、水等
中等冲击或中等惯性冲击	1.2~1.8	车辆、机床、动力机械、起重机、造纸机、冶金机械、减速器
强大冲击	1.8~3.0	破碎机、轧钢机

表 12-9　径向载荷系数 X 和轴向载荷系数 Y

		F_x/C_{0r}	e	单列轴承				双列轴承			
				$F_x/F_r \leqslant e$		$F_x/F_r > e$		$F_x/F_r \leqslant e$		$F_x/F_r > e$	
				X	Y	X	Y	X	Y	X	Y
深沟球轴承		0.014	0.19				2.3				2.3
		0.028	0.22				1.99				1.99
		0.056	0.26				1.71				1.71
		0.084	0.28				1.55				1.55
		0.11	0.30	1	0	0.56	1.45	1	0	0.56	1.45
		0.17	0.34				1.31				1.31
		0.28	0.38				1.15				1.15
		0.42	0.42				1.04				1.04
		0.56	0.44				1				1
角接触球轴承	$\alpha=15°$	0.015	0.38				1.47		1.65		2.39
		0.029	0.4				1.4		1.57		2.28
		0.058	0.43				1.3		1.46		2.11
		0.087	0.46				1.23		1.38		2
		0.12	0.47	1	0	0.44	1.19	1	1.34	0.72	1.93
		0.17	0.50				1.12		1.26		1.82
		0.29	0.55				1.02		1.14		1.66
		0.44	0.56				1.0		1.12		1.63
		0.58	0.56				1.0		1.12		1.63
	$\alpha=25°$	…	0.68	1	0	0.41	0.87	1	0.92	0.67	1.41
	$\alpha=40°$	…	1.14	1	0	0.35	0.57	1	0.55	0.57	0.93

轴承上作用的径向载荷 F_r 和轴向载荷 F_x，应折合成一个当量静载荷P_0，即

$$P_0 = X_0 F_r + Y_0 F_x \tag{12-4}$$

式中　X_0——径向载荷系数；

Y_0——轴向载荷系数。

如果根据轴承的静承载能力选择轴承应引入新的系数为

$$C_0 \geqslant S_0 P_0 \tag{12-5}$$

式中，S_0 为静强度安全系数。S_0 的值由具体的工况来选择，可参考表 12-10。

表 12-10　不同工况下的静强度安全系数

	载荷条件	S_0	使用条件	S_0
连续旋转轴承	普通载荷	1.0~2.0	高精度旋转场合	1.5~2.5
	冲击载荷	2.0~3.0	振动冲击场合	1.2~2.5
不旋转及做摆动运动的轴承	普通载荷	0.5	普通旋转精度场合	1.0~1.2
	冲击及不均匀载荷	1.0~1.5	允许有变形量	0.3~1.0

6. 向心角接触轴承的径向载荷 F_r 和轴向载荷 F_x 的计算

由于向心角接触轴承结构的特点，角接触轴承只能承受单方向的轴向力，为了保证能够正常工作，这类轴承通常都是成对出现的，安装时会采用正装或反装，如图 12-14 所示。

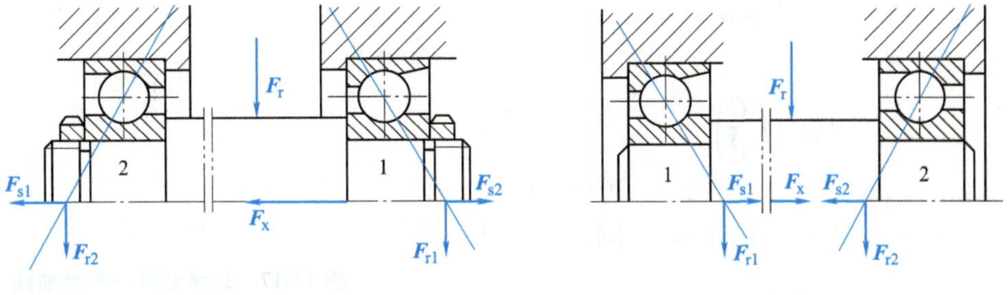

a) 反装　　b) 正装

图 12-14　角接触球轴承轴向载荷分布

当外界作用在轴上的径向力 F_r 位置和大小固定时，分别作用在两个轴承上面的径向力 F_{r1}、F_{r2} 也就确定了，派生出来的内部轴向力 F_{s1}、F_{s2} 的大小可以参考表 12-11 来确定。

表 12-11　角接触轴承内部轴向力 F_s 的计算公式

角接触轴承	角接触球轴承 70000 型		
	$\alpha=15°$	$\alpha=25°$	$\alpha=40°$
$F_s=\dfrac{F_r}{2Y}$	eF_r	$0.68F_r$	$1.14F_r$

注：Y 是对应 $\dfrac{F_x}{F_r}$ 的值。

对于角接触轴承轴向力的计算，首先要分析判断轴承的放松端和压紧端。

1）当 $F_{s2}+F_x=F_{s1}$ 时，达到轴承平衡状态，轴没有移动趋势。

2）当 $F_{s2}+F_x>F_{s1}$ 时，轴有向左窜动的趋势，相当于左边的轴承被压紧，右边的轴承被放松。实际上轴承必须处于平衡状态，此时轴承座必然会通过轴承元件施加一个力阻止轴窜动。这个力的大小应该能与（$F_{s2}+F_x$）相平衡，即 $F_{x1}=F_{s2}+F_x$，右侧被放松轴承只受本身的轴向派生力 F_{x2}，即 $F_{x2}=F_{s2}$，如图 12-15 所示。

3）当 $F_{s2}+F_x<F_{s1}$ 时，同理此时轴有向右窜动的趋势，右边的轴承被压紧，左边的轴承被放松。此时左侧轴承轴向力 $F_{x1}=F_{s1}$，右侧被压紧轴承轴向力 $F_{x2}=F_{s1}-F_x$，如图 12-16 所示。

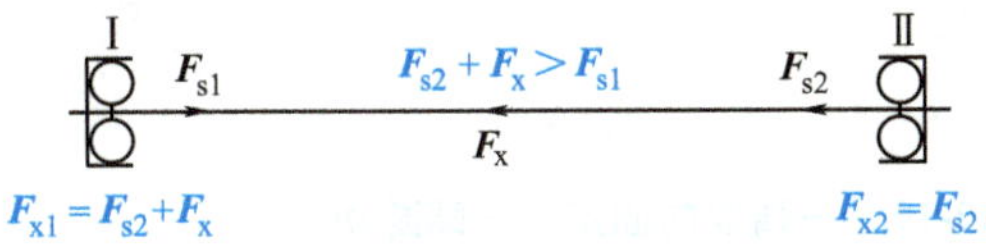

图 12-15　向心角接触轴承轴向载荷（一）

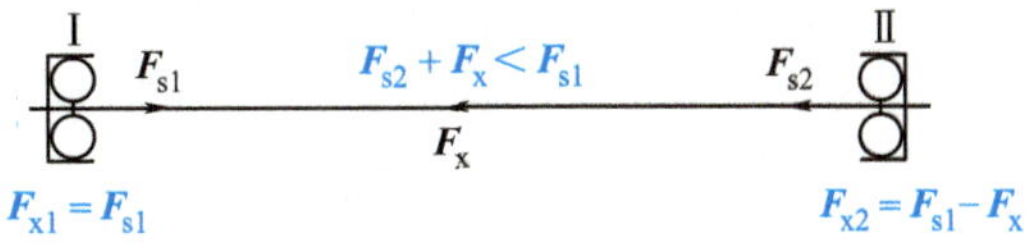

图 12-16　向心角接触轴承轴向载荷（二）

7. 滚动轴承的寿命计算

轴承的额定动载荷是轴承额定寿命为 10^6r 时所能承受的最大载荷，用符号 C 表示。图 12-17 所示为根据大量实验得出的轴承载荷—寿命曲线，此曲线表示轴承载荷 P 和轴承寿命L_{10}的关系。

$$L_{10}=\left(\frac{C}{P}\right)^{\varepsilon} \tag{12-6}$$

式中　L_{10}——额定寿命（圈数），单位为10^6r；

ε——轴承的寿命指数，球轴承 $\varepsilon=3$，滚子轴承 $\varepsilon=\frac{10}{3}$。

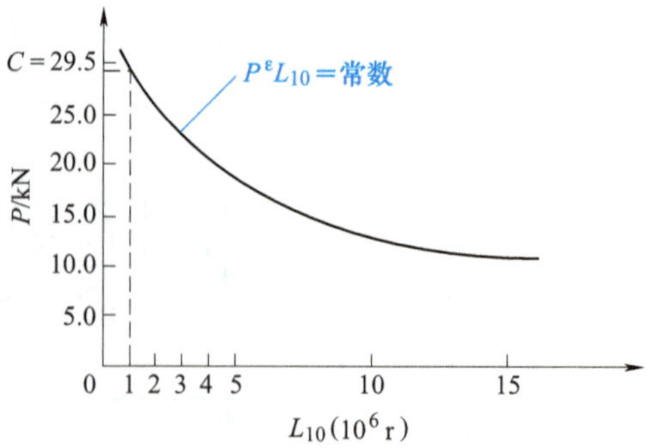

图 12-17　轴承载荷—寿命曲线

实际计算中往往会用时间来表示轴承寿命，则公式可以转换为

$$L_{\mathrm{h}}=\frac{10^6}{60n}\left(\frac{C}{P}\right)^{\varepsilon} \tag{12-7}$$

8. 滚动轴承的组合设计

为了能保证轴承的正常工作，除了要正确选择轴承的类型和尺寸外，还必须合理设计轴承装置，包括轴承的轴向位置固定，轴承与其他零件的配合，轴承的调整与装拆等。

（1）两端单向固定　两端单向固定是利用轴肩和轴承端盖的挡肩单向固定轴承内、外圈，每个轴承只能限制单方向移动，两个轴承共同作用便限制了轴的双向移动。这种支承方式结构简单，便于安装，适用于工作温度变化不大和支承跨距较小（跨距 L<400mm）的短轴，如图 12-18 所示。

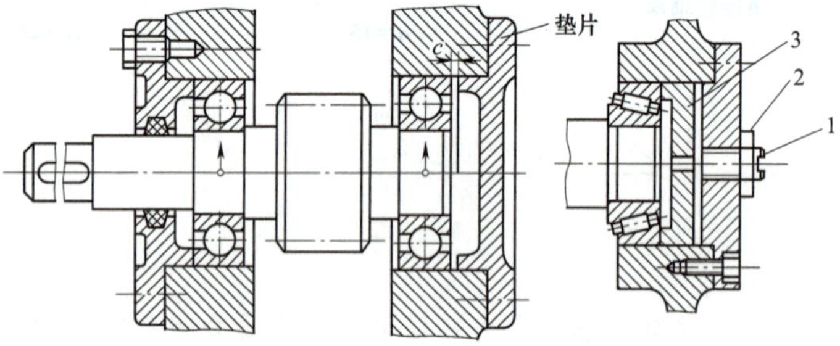

图 12-18　轴承的两端固定

（2）一端双向固定、一端游动　对于工作温度较高的长轴，受热后伸长量比较大，应该采用一端固定、另一端游动的支承结构。作为固定支承的轴承，应能承受双向载荷，因此内、外圈都要固定；作为游动支承的轴承，若使用的是可分离型圆柱滚子轴承等，则其内、外圈都应固定；若使用的是内、外圈不可分离的轴承，则固定其内圈，外圈在轴承座孔中应可以游动，如图 12-19 所示。

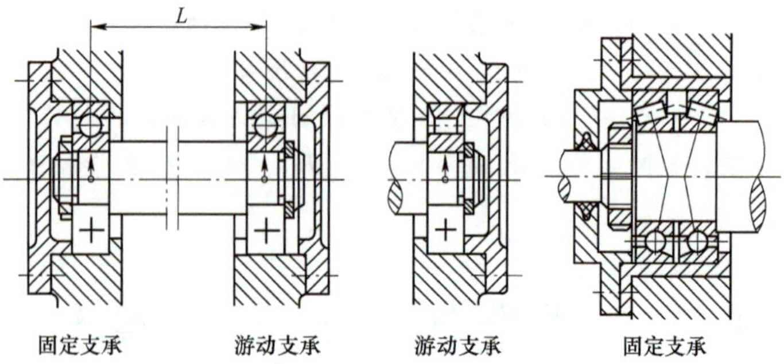

图 12-19　一端双向固定、一端游动

（3）两端游动支承　能左右双向游动的轴，可采用两端游动的轴系结构。图 12-20 所示为人字形齿轮传动的高速主动轴。为了自动补偿轮齿两侧螺旋角的误差，使轮齿受力均匀，采用允许轴系左右少量轴向游动的结构，故两端都选用圆柱滚子轴承。但与其相啮合的低速齿轮轴系则必须两端固定，以便两轴都得到轴向定位。

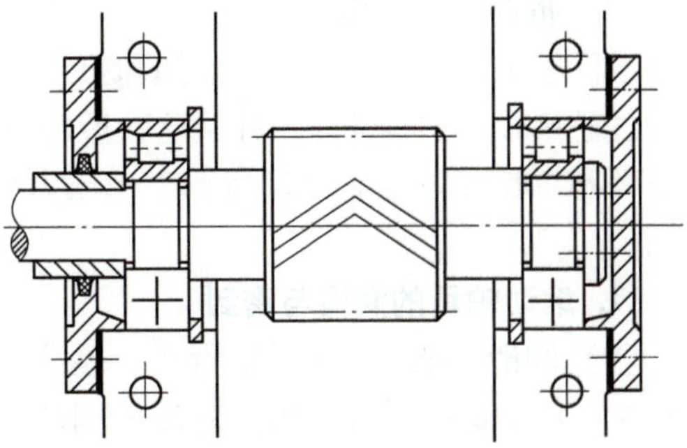

图 12-20　两端游动支承

9. 滚动轴承的调整

（1）轴向间隙的调整　轴承在装配时，一般要留有适当间隙，以利于轴承的正常运转。常用的调整方法有以下几种。

1）调整垫片，通过增减轴承端盖与轴承座端面间的垫片厚度来实现。

2）用调节螺钉推动轴承外圈压盖，通过移动外圈的位置来进行调整。调整后用螺母锁紧防松。

（2）轴向位置的调整　某些传动零件安装时要求处于准确的轴向工作位置，才能保证正确啮合。图 12-21 所示为蜗杆传动和直齿锥齿轮传动简图。在蜗杆传动中，要求蜗轮的中间平面必须通过蜗杆轴线；在一般的直齿锥齿轮传动中，应使两个锥齿轮的锥顶重合。因此，两轴的轴承组合必须保证轴系能做轴向位置的调整。轴系轴向位置调整的目的是使轴上零件有准确的工作位置。

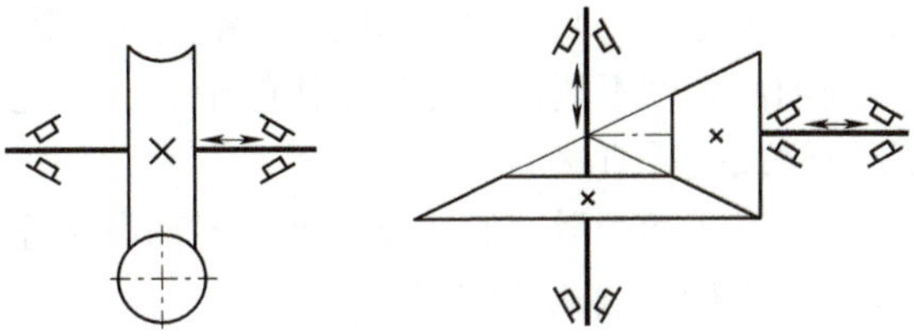

a) 蜗杆传动简图　　b) 直齿锥齿轮传动简图

图 12-21　轴向位置调整简图

10. 滚动轴承的安装与拆卸

（1）安装　安装滚动轴承时，为防止受力不均引起倾斜，不可用锤子直接敲打轴承外圈和内圈，可用铜或软钢制的套筒垫在内圈端面上用锤子敲入。轴承常用的装配方法主要是利用了热胀冷缩原理，有冷压法和热套法，如图 12-22a、b 所示。

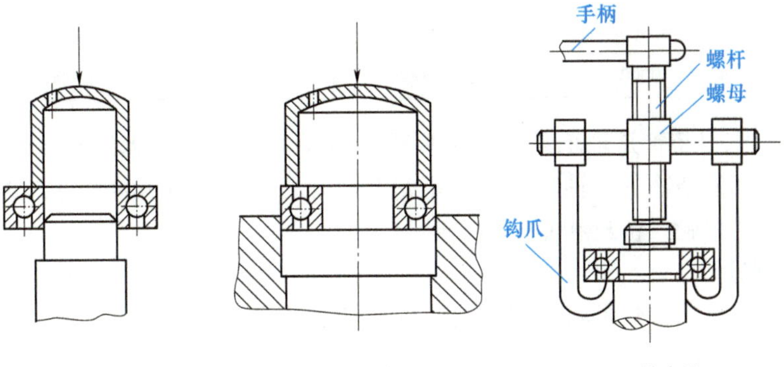

a) 冷压法　　b) 热套法　　c) 拉出器

图 12-22　轴承安装与拆卸方法

（2）拆卸　轴承常见的拆卸方法有压卸和拉卸等。为了便于拆卸，轴承的定位轴肩高度应该低于轴承的内圈高度，压卸和拉卸施力均匀，力的大小和方向容易控制，能够拆卸尺寸和过盈量较大的零部件，并且这种拆卸方法损坏零件的概率较小。但压卸和拉卸需要相应的设备和工具，如图 12-22c 所示。用压力机将轴承从轴上压出时，要特别注意垫块应抵住内圈。

11. 滚动轴承的润滑与密封

（1）润滑　滚动轴承的润滑主要是为了降低运动表面的摩擦阻力和减轻磨损，同时也有吸振、冷却、防锈等作用。合理的润滑对提高轴承性能，延长轴承的使用寿命有重要意义。轴承常用的润滑剂有润滑油及润滑脂两类。

润滑脂因不易流失，故便于密封和维护，且一次填充润滑脂可运转较长时间。滚动轴承中润滑脂的加入量一般应是轴承空隙体积的 1/2~2/3，装脂过多，不但浪费，而且会引起轴承内部摩擦增大，工作温度升高，影响轴承的正常工作。

润滑油的优点是比润滑脂的摩擦阻力小，散热效果好，主要用于高速或工作温度较高的轴承。有时轴承速度和工作温度虽然不高，但在轴承附近具有润滑油源（如减速器内本来就有润滑齿轮的油），也可采用油润滑。用润滑油润滑，油量也不宜过多，如果采用浸油润滑，则油面高度不超过最低滚动体的中心，以免产生过大的搅油损失和发热。高速轴承通常采用滴油或喷雾方法润滑。

润滑方式和润滑剂的选择，可根据轴承类型和速度因数 dn 值（即轴承内径 d 与转速 n 的乘积）来确定（表 12-12）。

表 12-12　选择滚动轴承润滑方式的 dn 值

轴承类型	脂润滑 dn/(mm · r/min)	油润滑 dn/(mm · r/min)			
		油浴润滑	滴油润滑	喷油润滑	喷雾润滑
深沟球轴承	160000	250000	40000	600000	>600000
调心球轴承	160000	250000	40000		
角接触球轴承	160000	250000	40000	600000	>600000
圆柱滚子轴承	120000	250000	40000	600000	>600000
圆锥滚子轴承	100000	160000	230000	300000	
调心滚子轴承	80000	120000		250000	
推力球轴承	40000	60000	120000	150000	

（2）密封　密封装置是轴承系统的重要设计环节之一。对轴承进行密封的作用是为了阻止灰尘、水和其他杂物进入轴承，并阻止润滑剂流失。滚动轴承的密封方式有多种，按照其原理不同可分为接触式密封和非接触式密封两大类。

1）接触式密封。

①毡圈密封。毡圈密封是将垫圈安装在轴承端盖的梯形垫圈槽内，利用垫圈和轴之间的接触来实现密封，如图 12-23 所示。

②密封圈密封。密封圈是标准件，适用于油润滑，安装时用螺旋弹簧将密封圈箍紧在轴上，具有良好的密封效果，如图 12-24 所示。

2）非接触式密封。非接触式密封利用间隙，固定件和转动体之间没有直接接触，因此适用于更高的转速。常见的非接触式密封有以下几种：

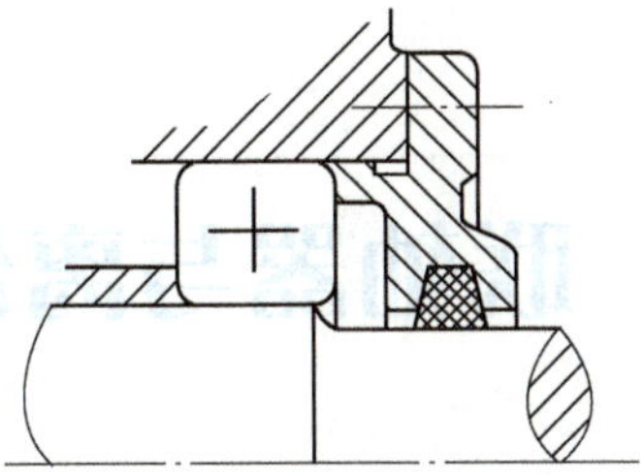

图 12-23　毡圈密封

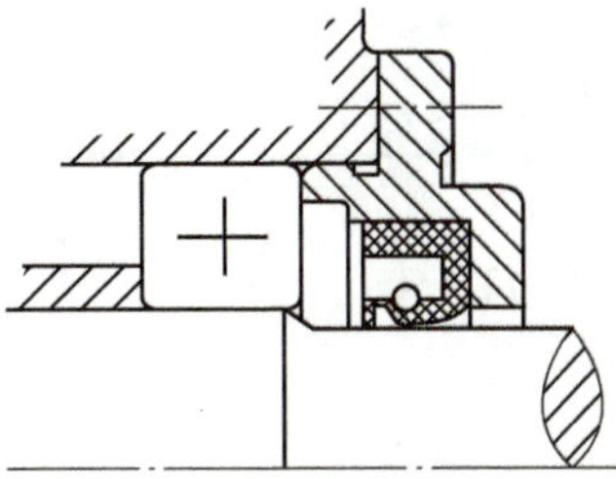

图 12-24　密封圈密封

①间隙密封。在轴与轴承端盖之间产生缝隙，缝隙越小，密封效果越好，适用于清洁、干燥、低速场合的油润滑，如图 12-25a 所示。

②迷宫式密封。密封可靠，适用于油润滑或脂润滑，如图 12-25b 所示。

③组合式密封。综合利用以上两种密封的组合，密封效果好。

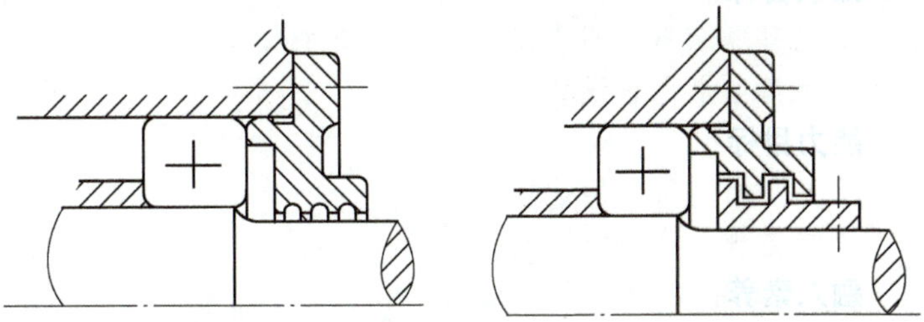

a) 间隙密封　　b) 迷宫式密封

图 12-25　非接触密封

例 12-2　图 12-26 所示为某减速器从动轴的装配简图，试看图说明：

1）该轴的支承为何种类型轴承？

2）每个轴承如何进行轴向固定？

3）整个轴系部件组合的轴向固定措施是什么？

4）轴承间隙如何调整？

5）采用了何种密封方式？

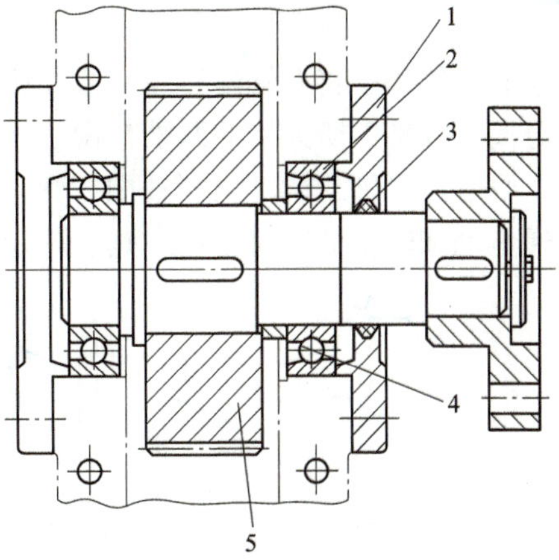

图 12-26　减速器从动轴装配简图

1—端盖　2—滚动轴承

3—密封圈　4—挡圈　5—齿轮

解　1）图 12-26 所示减速器从动轴选用的是角接触球轴承，采用正装方式。

2）左端轴承内圈采用轴肩固定，外圈采用轴承端盖固定；右端轴承内圈采用套筒固定，外圈也采用轴承端盖固定。两轴承内、外圈均为单向固定。

3）整个轴系部件组合采用的是双支承单向固定，即两端固定支承的结构形式进行轴向固定。

4）轴承间隙可利用轴承端盖与机座之间的垫片厚度进行调整。

5）右端轴承透盖孔内装有毡圈，故该轴系采用的是毡圈密封，属于接触式密封。

第 13 章

CHAPTER 13

联轴器与离合器

知识目标：

1. 了解联轴器、离合器的功用及类型。
2. 完善整理课程设计。

能力目标：

1. 能进行联轴器的选择。
2. 能整理、书写设计文件。

融入素养：

离合器和制动器的作用十分重要，它们各自扮演了不同角色。制动器，又名刹车，学会及时刹车才能化危机为转机，把握人生的每一次机遇。

13.1 联轴器

联轴器用于将两轴连接在一起，机器运转时两轴不能分离，只有在机器停车时才可将两轴分离。联轴器所连接的两轴，由于制造和安装误差、受载变形、温度变化和机座下沉等原因，可能产生轴线的径向、轴向、角度或综合位移，如图 13-1 所示。因此，要求联轴器在传递运动和转矩的同时，还应具有一定范围内补偿位移、缓冲吸振的能力。

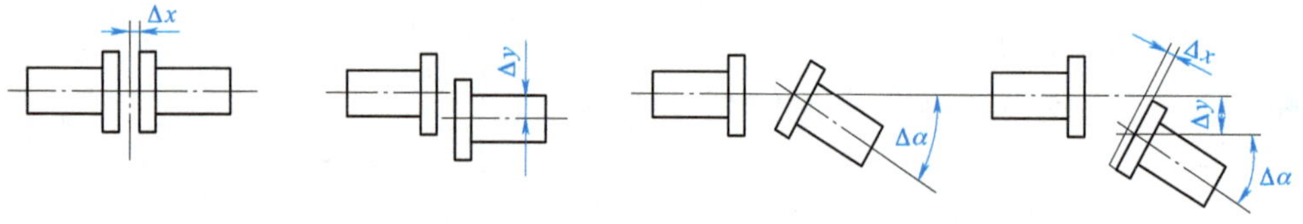

a) 轴向位移Δx　b) 径向位移Δy　c) 角度位移$\Delta \alpha$　d) 综合位移Δx、Δy、$\Delta \alpha$

图 13-1　两轴的相对位移形式

按照联轴器对各种相对位移有无补偿能力，联轴器可以分为无补偿能力的刚性联轴器和有补偿能力的挠性联轴器。挠性联轴器按照是否具有弹性元件又可以分为有弹性元件的挠性联轴器和无弹性元件的挠性联轴器。

一、刚性联轴器

这类联轴器无弹性元件，工作时不能缓冲吸振，可分为固定式和可移式两类。前者不能补偿两轴间偏移，用于两轴严格对中并在工作中不发生相对偏移的场合；后者具有补偿两轴间偏移的能力，用于工作时可能发生偏移的场合。

1. 凸缘联轴器

凸缘联轴器是应用最广泛的刚性联轴器。它是由两个带凸缘的半联轴器组成，两个半联轴器通过键分别与两轴相连接，并用螺栓将两个半联轴器连接成一个整体来传递运动和转矩。

按对中方式，凸缘联轴器分为 YLD 型和 YL 型，如图 13-2 所示。

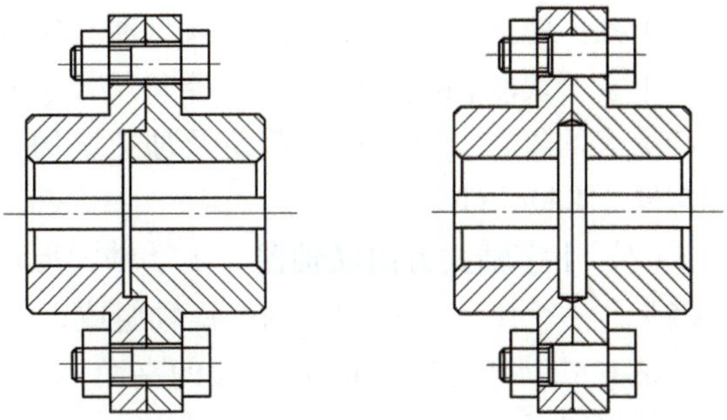

图 13-2　YLD 型和 YL 型联轴器

YLD 型联轴器凸肩和凹槽对中，并用普通螺栓连接，工作时靠两半联轴器接触面间的摩擦力传递转矩，装拆时需要做轴向移动，多用于不需要经常拆卸的场合。

YL 型联轴器采用铰制孔螺栓对中，螺栓与孔为略有过盈的紧配合，工作时靠螺栓受剪切与挤压来传递转矩；装拆时不需要做轴向移动，但要配铰螺栓孔，可用于经常拆卸的场合。

凸缘联轴器的材料可用灰铸铁或碳素钢，当圆周速度大于 30m/s 时，应该使用铸铁或锻钢。

凸缘联轴器结构简单、价格便宜，能传递较大转矩，适用于两轴同轴度误差小、载荷平稳的场合。

2. 套筒联轴器

套筒联轴器如图 13-3 所示，其结构简单，成本低廉，径向尺寸小，制造方便，但能够传递的转矩较小，广泛应用于机床传动系统中。套筒与轴之间常用圆锥销连接或平键连接。采用套筒联轴器时，两轴轴线的许用径向偏移为 0.002～0.005mm，许用角向偏移不大于 0.05mm。另外，销的尺寸设计适当，过载时销就会被剪断，可以防止损坏机器中的其他零件，故采用销连接的套筒联轴器也可用作安全联轴器。

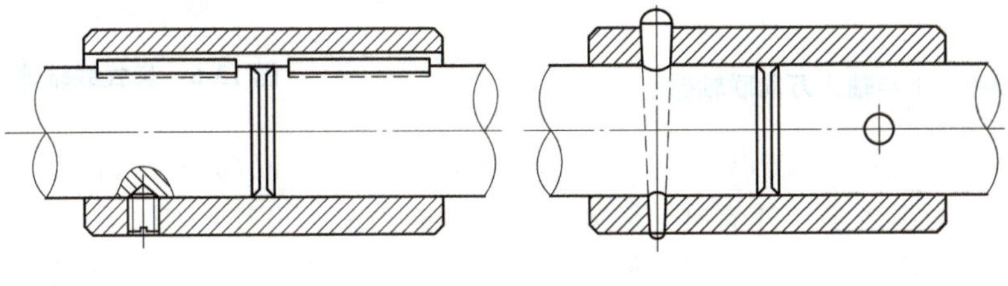

a)　　　　b)

图 13-3　套筒联轴器

二、挠性联轴器

1. 无弹性元件挠性联轴器

无弹性元件挠性联轴器包括以下几类。

（1）十字滑块联轴器　由两个端面开有凹槽的半联轴器和一个两侧面具有凸榫的十字滑块（浮动盘）组成，如图 13-4 所示。浮动盘的凸榫可在半联轴器的凹槽中滑动，故可补偿两轴间的相对位移。这种联轴器常用 45 钢制造，为了提高表面硬度需要进行热处理。同时为了减少摩擦及磨损，应该在圆盘油孔中注入润滑剂进行润滑。十字滑块联轴器结构简单，径向尺寸小，但中间圆盘的偏心产生大的离心力会增加动载荷及加速磨损，因此适用于最高转速低于 250r/min 的场合。

图 13-4　十字滑块联轴器

（2）十字轴式万向联轴器　十字轴式万向联轴器由两个叉型接头，一个中间连接件和两个销轴组成，如图 13-5 所示。这种联轴器可以允许两轴间有较大的夹角。当一轴位置固定时，另一轴可向任意方向旋转 α 角，夹角 α 最大可达 45°，在机器运转时，即使夹角发生改变仍可正常传动，主动轴角速度 ω_1、从动轴 ω_2 与夹角 α 的关系为

$$\omega_1\cos\alpha \leqslant \omega_2 \leqslant \omega_1/\cos\alpha$$

这类联轴器结构紧凑，维护方便，广泛应用于汽车、机床等机器的传动系统中，小型十字轴式万向联轴器已标准化，设计时可按标准选用。

（3）齿式联轴器　齿式联轴器由两个具有外齿的半联轴器和两个具有内齿的外壳组成，内、外齿数模数都相等，工作时靠啮合来传递运动和转矩，如图 13-6 所示。为能补偿两轴的相对偏移，将外齿环的齿侧做成鼓形，齿顶做成中心线在轴线上的球面，齿顶和齿侧留有较大的间隙，故齿式联轴器允许两轴有较大的综合位移。当两轴有位移时，联轴器齿面间因相对滑动产生磨损。为了减少磨损，可通过注油孔定期向壳体内注入润滑油。联轴器上的螺栓、密封圈具有封住注油孔和防止润滑油外泄的作用。

图 13-5　十字轴式万向联轴器

图 13-6　齿式联轴器

齿轮材料一般用 45 钢或 ZG310-570，为提高齿面硬度一般都需要对齿面进行淬火处理。齿式联轴器啮合的齿数多，外廓尺寸较紧凑，承载能力大，可靠性高，具有很好补偿综合位移的能力，并允许有较大的位移量；但其结构复杂，制造成本高，不适合用于立轴，通常在高速重载的重型机械中使用。

2. 有弹性元件挠性联轴器

弹性元件挠性联轴器包括以下几类：

（1）弹性套柱销联轴器　其结构与凸缘联轴器相似，如图 13-7 所示，不同的是用装有弹性套的柱销代替连接螺栓。弹性套的变形可以补偿两轴间的径向位移和角向位移，并且有缓冲和吸振作用。这种联轴器结构简单、制造容易、装拆方便、成本较低，但弹性套容易磨损、使用寿命较短，适用于经常正反转、起动频繁、载荷平稳的高速运动中，如电动机与减速器（或其他装置）之

图 13-7　弹性套柱销联轴器

间就常使用这类联轴器。

（2）弹性柱销联轴器　弹性柱销联轴器与弹性套柱联轴器的区别在于前者用尼龙柱销代替弹性柱销作为中间连接件，为了防止柱销滑出，两侧用挡环封闭，如图 13-8 所示。为了增加补偿量，常将柱销的一端制成鼓形。这种联轴器结构简单，两半联轴器可以互换，加工容易，维修方便；但补偿的相对位移量不大，常用于轴向窜动较大，低速以及较大转矩的传动轴系中。

图 13-8　弹性柱销联轴器

三、联轴器类型的选择

大多数联轴器都已标准化，一般机械设计的任务主要是选用。联轴器类型的选择主要根据联轴器自身的特点以及工况环境等进行确定。选择时应注意以下几点。

1）传递的转矩大小和性质以及对缓冲减振功能的要求。例如，对于大功率的重载传动，可选用齿式联轴器；对严重冲击载荷或要求消除轴系扭转振动的传动，可选用轮胎式联轴器等具有高弹性的联轴器。

2）两轴相对位移的大小和方向。在工作过程中，两轴将产生较大的附加相对位移时，应该选用挠性联轴器。例如，当径向位移较大时，可选滑块联轴器；角位移较大或相交两轴的连接，可选用万向联轴器等。

3）联轴器的可靠性和工作环境。通常由金属元件制成的无须润滑的联轴器比较可靠；需要润滑的联轴器，其性能易受润滑完善程度的影响，且可能污染环境；含有橡胶等非金属元件的联轴器对温度、腐蚀性介质及强光等比较敏感，而且容易老化。

4）联轴器的制造、安装、维护和成本。在满足使用性能的前提下，应选用装拆方便、维护简单、价格低廉的联轴器。例如，刚性联轴器不但结构简单，而且装拆方便，可用于低速、刚性大的传动轴；一般的非金属弹性元件联轴器（弹性套柱销联轴器、弹性柱销联轴器、梅花形弹性联轴器等），由于具有良好的综合性能，广泛用于一般的中小功率传动。

四、联轴器转矩的计算

由于机器起动时在动载荷运动中可能会产生过载现象，应当计算轴上的计算转矩T_c：

$$T_c = K_A T \tag{13-1}$$

式中　K_A——工况系数，数值见表 13-1；

T——轴的名义转矩，单位为 N · m；

T_c——轴的计算转矩，单位为 N · m。

表 13-1　工况系数 K_A

原动机	工　作　机		
	转矩变化小	转矩变化和冲击载荷中等	转矩变化和冲击载荷大
电动机、汽轮机	1.3~1.5	1.7~1.9	2.3~3.1
多缸内燃机	1.5~1.7	1.9~2.1	2.5~3.3
单、双缸内燃机	1.8~2.4	2.2~2.8	2.8~4.0

对联轴器进行计算时应该校核最大转速，确保被连接轴的转速 n 不超过联轴器的许用转速 $[n]$，即 $n \leqslant [n]$。

每一型号联轴器适用轴的直径均有一个范围。国家标准中规定了轴直径的最大和最小值，或者给出适用直径的尺寸系列，被连接两轴轴径应在此范围之内。

13.2　离合器

不同于联轴器只能在非工作情况下分离，离合器要求在机器运转中可将传动系统随时分离或接合。常用的离合器可分为啮合式与摩擦式两大类。

一、牙嵌离合器

牙嵌离合器是一种啮合式离合器，由端面带牙的两个半离合器组成，中间通过对中环使两轴对中，从动轴可以在对中环内自由转动，如图 13-9 所示。

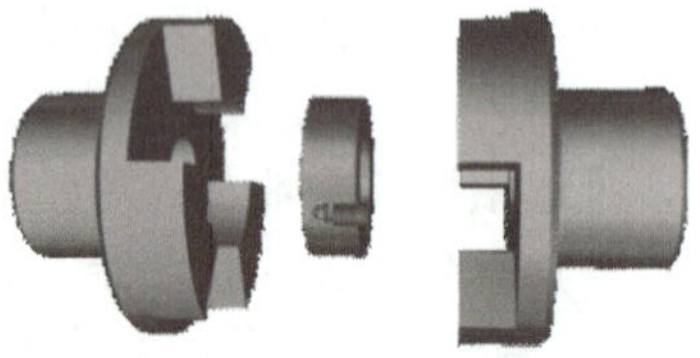

图 13-9　牙嵌离合器

牙嵌离合器主要牙型有三角形、矩形、梯形、锯齿形等。矩形牙易制造，嵌合困难，牙根强度低，磨损不能补偿，用于静态下的接合；梯形牙根强度高，传递转矩大，易接合易分离，磨损能自动补偿，应用较广；锯齿形牙根强度高，传递转矩大，适于单向传动。

牙嵌离合器的常用材料为低碳钢，热处理工艺为表面渗碳，硬度为 56~62HRC；也可采用中碳钢，热处理工艺为，表面淬火，硬度为 48~54HRC；不重要和静态接合的离合器，也可用 HT200 制造。

二、圆盘摩擦离合器

圆盘摩擦离合器可分为单盘和多盘两种形式。

1. 单盘摩擦离合器

单盘摩擦离合器只有一对接合面，主动盘固定在主动轴上，从动盘通过导向键与从动轴连接，它可以沿轴向滑动。为了增大摩擦系数，在一个盘的表面装有摩擦片；工作时利用操纵机构，在可移动的从动盘上施加轴向压力 $\boldsymbol{F}_x$（可由弹簧、液压缸或电磁吸力等产生），使两盘压紧，产生摩擦力来传递转矩，如图 13-10 所示。

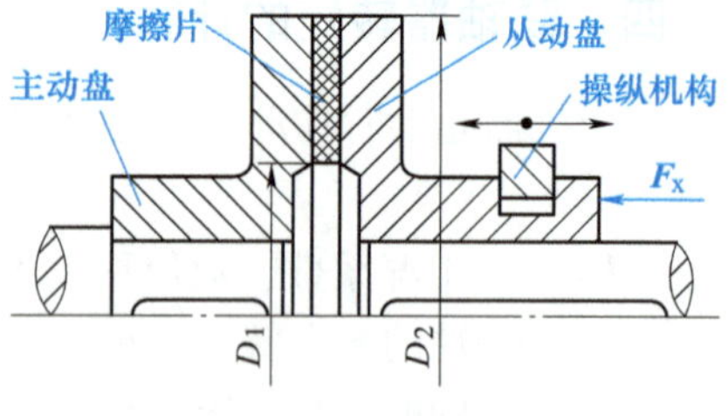

图 13-10　单盘摩擦离合器

单盘摩擦离合器结构简单，但摩擦力受到限制，传递力矩较小，一般很少使用。

2. 多盘摩擦离合器

在传递大转矩的情况下，因受摩擦盘尺寸的限制不宜应用单盘摩擦离合器，这时要采用多盘摩擦离合器，用增加接合面对数的方法来增大传动能力。多盘摩擦离合器的主动轴与外壳连接，从动轴与套筒连接。外壳又通过花键与一组外摩擦片连接在一起。如图 13-11 所示，工作时，杠杆向左移动滑环，通过杠杆、压板使两组摩擦片压紧，离合器处于接合状态；杠杆向右移动滑环，摩擦片被松开，离合器实现分离。这种离合器常用于车床主轴箱内。

摩擦离合器传递转矩的能力随着摩擦片数量的增加而增大，但数量过多又会影响离合器的灵活性。多盘摩擦离合器在接合和分离时往往会因摩擦产生高温，温度过高就会引起摩擦系数的改变，则进一步导致摩擦盘胶合和塑性变形。

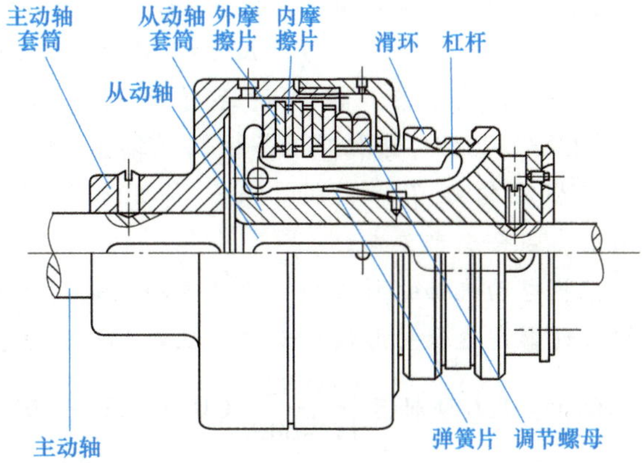

图 13-11　多盘摩擦离合器

3. 电磁摩擦离合器

电磁摩擦离合器是电磁力控制的多盘摩擦离合器，如图 13-12 所示。其工作原理是当直流电经接触环导入电磁线圈后产生磁通量，使电磁力吸引衔铁，两组摩擦片受压，离合器处于接合状态；当断电时由复位弹簧推开摩擦片，使离合器处于分离状态。

电磁摩擦离合器动作迅速，没有不平衡的轴向力，可以实现远距离控制。

例 13-1　图 13-13 所示一螺旋输送机，由电动机通过齿轮减速器、开式锥齿轮传动来驱动螺旋输送机工作。已知输送机的电动机功率 $P_1=5.5\text{kW}$，转速 $n_1=960\text{r/min}$，轴端直径 $d_1=38\text{mm}$，轴端长度 $L_1=80\text{mm}$。减速器输入轴的轴端直径 $d_2=32\text{mm}$，轴端长度 $L_2=58\text{mm}$。试选择减速器与电动机之间的联轴器。

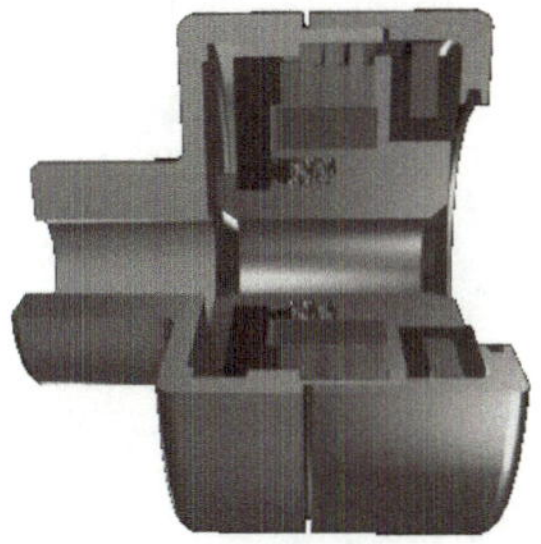
图 13-12　电磁摩擦离合器

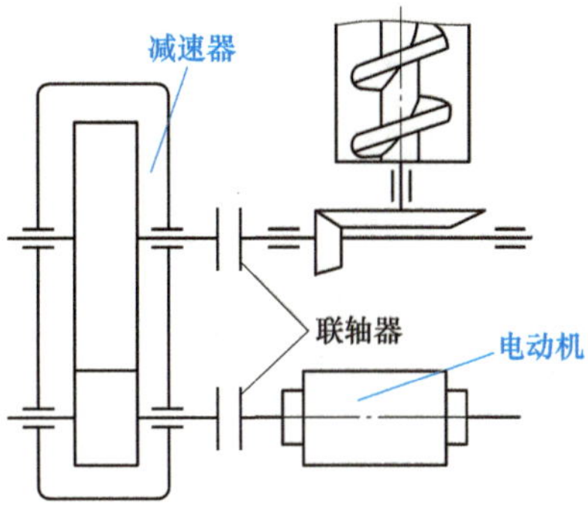

图 13-13　螺旋输送机

分析：为了减小冲击与振动及安装方便，选用弹性套柱销联轴器。联轴器的计算转矩可按式（13-1）计算。

在选择联轴器型号时，应使计算转矩 $T_c \leqslant T_n$，T_n 为额定转矩，单位为 N · m；工作转速 $n \leqslant [n]$，$[n]$ 为联轴器的许用转速，单位为 r/min。

解　1）计算转矩。高速轴传递的公称转矩：

$$T_1=\frac{9550P_1}{n_1}=\frac{9550\times5.5}{960}\text{N}\cdot\text{m}=54.71\text{N}\cdot\text{m}$$

查表 13-1，取工作情况系数 $K=1.8$，计算转矩为

$$T_c=KT_1=1.8\times54.71\text{N}\cdot\text{m}=98.48\text{N}\cdot\text{m}$$

2）选择联轴器。根据被连接两轴的转速、计算转矩和轴径要求，查国家标准 GB/T 4323—2017可选取弹性套柱销联轴器 TL5 型，但 TL5 型无 ϕ38mm 的孔，故选取 TL6 型，其公称转矩 $T_n=250\text{N}\cdot\text{m}$，许用转速 $[n]=3300\text{r/min}$，轴孔直径有 ϕ32mm 和 ϕ38mm，符合全部要求。

根据电动机轴的形状和长度，主动端采用 Y 型轴孔，A 型键槽，$d_1=38\text{mm}$，$L=82\text{mm}$；根据减速器高速轴的形状和长度，从动端采用 J 型轴孔，A 型键槽，$d_2=32\text{mm}$，$L=60\text{mm}$，其标记为：TL6 联轴器$\dfrac{\text{Y}38\times82}{\text{J}32\times60}$　GB/T 4323—2017。

参 考 文 献

[1] 王继焕. 机械设计基础 [M]. 武汉：华中科技大学出版社，2008.
[2] 孙桓，陈作模. 机械原理 [M]. 7 版. 北京：高等教育出版社，2006.
[3] 陈立德. 机械设计基础 [M]. 北京：高等教育出版社，2004.
[4] 刘建华. 机械设计课程设计指导 [M]. 北京：化学工业出版社，2008.
[5] 林宗良. 机械设计基础 [M]. 北京：人民邮电出版社，2009.
[6] 徐钢涛. 机械设计基础 [M]. 北京：高等教育出版社，2007.
[7] 曹惟庆. 连杆机构的分析与综合 [M]. 2 版. 北京：科学出版社，2002.
[8] 杨可桢，程光蕴，李仲生. 机械设计基础 [M]. 北京：高等教育出版社，2006.
[9] 周亚焱，程友斌. 机械设计基础 [M]. 北京：化学工业出版社，2008.
[10] 濮良贵. 机械设计 [M]. 8 版. 北京：高等教育出版社，2006.
[11] 吴克坚，于晓红. 机械设计 [M]. 北京：高等教育出版社，2003.
[12] 周开勤. 机械零件手册 [M]. 北京：高等教育出版社，2001.
[13] 成大先. 机械设计手册 [M]. 北京：化学工业出版社，2000.
[14] 陈积伟. 工程材料 [M]. 北京：机械工业出版社，2011.
[15] 朱明松. 机械基础 [M]. 2 版. 北京：机械工业出版社，2023.